摆渡者教师书架

国旗下课程

李唯○著

教育科学出版社

·北 京·

出 版 人　　所广一
责任编辑　　何　蕴
责任校对　　贾静芳
责任印制　　曲凤玲

图书在版编目（CIP）数据

国旗下课程/李唯著. 一北京：教育科学出版社，2012. 3
ISBN 978 - 7 - 5041 - 6302 - 8

Ⅰ.①国… Ⅱ.①李… Ⅲ.①德育—教学研究—小学—深圳市　Ⅳ.①G621.0

中国版本图书馆 CIP 数据核字（2012）第 009967 号

国旗下课程

GUOQI XIA KECHENG

出版发行	**教育科学出版社**		
社　址	北京·朝阳区安慧北里安园甲 9 号	**市场部电话**	010 - 64989009
邮　编	100101	**编辑部电话**	010 - 64989443
传　真	010 - 64891796	**网　址**	http://www.esph.com.cn
经　销	各地新华书店		
印　刷	莱芜市东方彩印有限公司		
开　本	169 毫米×239 毫米　16 开	版　次	2012 年 3 月第 1 版
印　张	19.25	印　次	2012 年 3 月第 1 次印刷
字　数	269 千	定　价	35.00 元

如有印装质量问题，请到所购图书销售部门联系调换。

序

有魂有根的课程转化

　　新一轮课程改革以来,学校教育者的课程意识萌生、强化并逐渐扎根于日常教育生活中。表现之一是校长专业能力的范畴体系中增添了校本课程、课程领导力、课程执行力等新概念,这并不是概念层面上的加加减减和花样百出,每一个新概念背后都是一种新视角、新方向和新的实践拓展空间。

　　所谓校本课程,以及由此衍生的诸多概念,都共享课程的核心特点:课程既是名词,也是动词。这意味着课程不仅是已然存在的静态之物,只需师生拿来就用,有的课程更像是一种隐于地下,尚未开采成形的矿石或胚胎,需要师生通过实践将其转化为课程。因此,课程是教育实践行动中活的课程,而不是头脑想象中死的课程,它不只是用来领导和执行的,而是一片可供学校教育者创造和驰骋的天地。在这个意义上,课程更像是造山,而不是爬山。校本课程就是这样一类造山性的课程,它需要学校师生的集体创造,更需要一校之长的智慧。

　　如果课程是一种创造,那么,它是一种什么样的创造呢?在我看来,如同教学一般,课程也是一种转化性创造,它需要课程主体将自己对教育的洞察、对课程的理解、对学校特殊性的认识,以及对师生的把握等加以汇总,转化为具体的校本课程,所以存在种类繁多的校本课程。由于其转化的对象、转化的目的、转化的方式和转化的过程各有不同,因而有了校本基础上的个性化创造。

　　深圳有个滨海小学,滨海小学的首任校长李唯历经三年的努力,通过种种转化,造了一座课程之"山",名为"国旗下课程"。

　　造山需有魂魄和根基,有魂有根的"山"才有育人的灵气和氛围,日日弥漫渗透于师生的精神深处,在润物细无声中化为生命成长的力量。国旗下课程的魂在于文化,即李唯校长孜孜以求的学校文化,作为学校的创始校长,重要任务之一就是通过构建学校文化为学校铸魂、立魂、安魂,从而为后来者奠定一种文化传统。文化的核心是价值观,这是文化的根。在这个意义上,通过"珍视童年价值,培育生命自觉"这一文化核心价值观在学校日常生活中的弥漫与渗透,李唯校长抓住了这一价值观潜在的课程价值,并借助国旗下讲话这一载体,将其转化为校本课程。国旗下课程由此而来。

课程即转化。国旗下课程的形成,经历了四次兼具隐性和显性特征的转化。

第一次转化是从讲话到课堂,化国旗下讲话为国旗下课堂。"讲话"一词蕴涵着如下假设和寓意:有讲者,就必有听者,讲者是教育者,听者是受教育者,这是一种传统的被动式的教育关系:讲与听的关系,即你讲我听。这令我们想起"灌输""说教"等久被诟病的字眼,也是导致许多学生不爱听讲话的重要原因:与学生太隔,离学生太远。课堂则不然,它不仅是教师教的场所,也是学生学习的场所,更是师生平等相待、互动共生的场所。它是双向的,不是单向的,是包容的,不是对立的,是开阔的,不是狭隘的。总之,这是一个开放大气的生态场,是促进生命成长的育人课堂。

第二次转化是从课堂到课程,化国旗下课堂为国旗下课程。课堂是一种空间性的场所和教学行为(即课堂教学),课程则与教育内容有关。课堂转化为课程,意味着相对抽象的课堂空间转化为制度性、主体性、系统性的教育内容,教学行为则提升并被纳入课程建设的层面上思考,从而成为国旗下课程,这是至为关键的一次转化。

第三次转化是从课程到文化,化课程建设为学校文化传统。校本课程建设的意义不在于课程本身,不是为课程而课程,而在于为学校创生新的文化要素和文化传统。从国旗下课程的形成历程可以看出,这样一个独具特色的校本课程建设的过程,就是校本课程文化创建的过程,同时也是滨海小学学校文化创生的过程。

第四次转化是从文化到成长,化学校文化为生命成长。学校文化存在的根本价值在于育人和成人,所谓文化氛围,就是育人氛围或成人氛围。基于国旗下课程而形成的滨海文化,最终指向于培育生命自觉之人,培育出有生命自觉的教师和学生。透析国旗下课程的创建历程,最大的成效并不在于一系列文章和一本专著的出炉,而是一批有生命自觉意识和行为习惯的人的生成,这是该课程最大的收获和最重要的特色。它以滨海方式和李唯方式回答了这样的问题:一所学校需要什么样的校本课程与学校文化?校本课程也好,学校文化也好,究竟为何而生?

本书就是对这些问题的系统且有创生意义的回答。这肯定不是终结性的回答,滨海小学的墙壁上写有美国诗人罗伯特·弗罗斯特的名篇《我有诺言,尚待实现》。

树林美丽,

幽暗而深邃。

但我有诺言,尚待实现,

还要奔行百里,方可沉睡。

继续奔行百里后的李唯校长,又当如何?让我们拭目以待……

是为序。

李政涛(华东师范大学新基础教育研究中心主任,教授,博士生导师)

前　言

　　学校作为育人的基本单位，是个体生命成长过程中必经的一段旅程。"学校究竟能为学生的生命成长贡献什么"应该是每一位学校教育工作者必须思考的问题。在办学实践中，我逐渐意识到，学校带给学生的不仅仅是基本知识和基本方法，更重要的是价值观和思维方式。因此，"学校教育应该创生并且坚持什么样的价值取向"便成为我在办学实践中不断思考的问题。作为滨海小学的创校校长，在2007年学校开办伊始，我确立了"珍视童年价值、培育生命自觉"的办学理念，主张一切教育教学活动从学生的年龄、心理特点出发，培养学生的生命自觉意识，为他们的后续发展打下良好的基础。为了实践培育生命自觉的办学理念，学校通过一系列的变革措施，建立起了良好的机制和平台。在实践中不断完善的国旗下课堂就是其中的重要形式，是我们培育生命自觉的新形式。

　　长期以来，国旗下讲话一直是中小学德育的一种固定活动，活动的形式和讲话的内容也逐渐模式化。在很多学校，从老师到学生，大家都觉得国旗下讲话只是一个形式，只是一种过场，并没有起到应有的德育实效。那么，如何在当前国旗下讲话流于形式且枯燥、乏味的状况下推陈出新，使其成为一种真实有效的德育课程，让学生受益，并享受、期待着每一次国旗下讲话的到来？带着这样的思考，2008年，我与滨海的教师们一起展开了独具滨海特色的国旗下课程的变革实践研究。三年过去了，滨海小学的国旗下课堂模式渐趋成型，而我也在这三年的实践中不断成长，更在实践中不断体悟与反思。学校变革的每一步不但改变着学校，也改变着我。当然，我相信这样的改变也发生在每一个滨海人身上。

　　于是，写本书的冲动越来越强烈，而写作思路也如水中石子般渐趋清晰。这本书至少要承载我三个心愿，或者说达到三个目的：其一，作为滨海小学成长的注脚;其二,作为我多年教育生涯的回顾与总结;其三,作为滨海小学与我未来成长的新起点。

在我的设想中,这本书要具有两个特点:第一,书的内容是滨海小学的一项具体变革,它集中在某项具体的尝试与探索,展现出鲜明的滨海特色,是土生土长的滨海实践。换句话说,意图从具象化的细节来窥宏观,而不是从宏观来看细节。第二,书中集中阐述的具体变革能够体现学校的整体变革,展示变革的基本精神,也就是能够窥一斑而见全豹。那么,什么是我心中所坚持的变革的基本精神呢?我把它总结为四个方面。

首先,学校变革具有整体性。学校是一个不可分割的整体,每一部分的转变都会影响到其他部分,如果不对学校的变革统筹规划、整体安排,就容易流于溃败。而且,具体的变革在整体的视角中才能够相互沟通,相互支持,从而共同成长,这就意味着具体变革是在统一的平台上成长的。从整体的视角规划展开具体变革,从具体的变革观察审视学校整体,这样的变革才会实现最终目的。

其次,学校变革具有连续性。连续性是要提醒学校变革的设计师,变革不可能在短期内实现,也不可能一次性完成。连续性反对零散和无序,反对每次的从头开始,而是鼓励把改革视为一个系统工程和长期工程,变革有不同的阶段,不同阶段之间存在内在的、有机的联系。无论是在变革的开始,还是在变革的途中,我们都要考虑变革从何起步,变革走向何方,从而保持变革的连续性与有效性。

再次,学校变革具有实践性。学校变革务必要保证教师和学生的可实践性与可参与性,在做中学,更重要的是在做中变革,通过做来变革。学校变革不是理论的纯粹堆积,我们不但要强调变革的重要性,更重要的是要衡量变革的可行性与可操作性。学校变革的参与者能够有所凭有所依,能够真正地进入变革,成为变革的践行者,才能保证变革的成功,保障参与者的成长。

最后,学校变革具有生命性。所有变革最终都要实现人的变革,学校变革更是如此。变革依靠人,变革也指向人。学校变革具有生命性不仅是指变革的目的指向人的生命自觉,还意味着变革的方法与途径具有生命气息。

国旗下课程正是从这两个特点上浮现出来的。国旗下课程作为滨海小学的创新之举,是地地道道的滨海实践,有着鲜明的滨海特色。此外,国旗下课程的生成过程,也是我的成长过程,反映了我所坚持的变革的基本精神,突出了变革的整体性、连续性、实践性和生命性,这也是贯串本书的基本思路与基本思想。我想呈现给大家的是一个学校在变革之路上的普通尝试，其变化过程既是思想的产物，也是实践的产物。它在最大程度上同学校的教育理念和办学目标相吻合，同时把目光聚焦在学生和教师这样一个个鲜活的生命上，其变革之路也是学校整体变革的真实缩影。

如果本书能够阐释清楚的话，前面我所提到的三个目的也就可以实现了。

那么，本书又该如何展开呢？本书不仅要表达自己的情感和成长性需要，更重要的是文以载道，能够尽力去陈述自己的思路及心中所想。而且，作为一个一线的教育工作者，文字应该更加贴近教育生活，应该是扎根的、近心的、贴面的和暖人的，最好从那种产生的历史维度中找寻被理解的可能性，而不是在理论的循环辩证中找寻突破口；在实践的环境中为学校言说，为他人讲述，而不是在抽象的语词概念间来回玩味。这便意味着本书更多的是实践与理论的相互印证、启迪、滋养的表达，而不是理论到实践的指导或者实践到理论的总结这样一种单向过程。更重要的一点，文章最好从内到外都是平静与温和的，它所带有的开放的姿态使所有实践与实践、实践与理论之间的对话成为可能。

对教育实践工作者来说，他们最为迫切的是对新的教育思想与教育观念进行正确解读，进而转换为自己的思想，在实践层面了解到如何从整体思考学校发展，并展开学校工作。而对教育理论工作者来说，更希望得到的是来自实践中的经验，了解实际情况如何，故事详情是什么，从而形成新的认识并转而进行更好的实践指导。当然，无论是在问题的开始阶段，还是在问题的结束之际，理论和实践都是有机结合在一起的，在个体身上，也在文字方面。所以在本书中，除了结构性的文字、理论的解说之外，滨海的经验性做法也作为重要的内容呈现其中，校长、教师、学生和家长的心声也得以呈现。

本书在整体结构上可分为五章三个部分，第一章为全书的第一部分，主要从纵向的历史角度描述了国旗下课程的生成与发展过程，解答了国旗下课程如何从国旗下讲话一步步转化来的，变化过程所依赖的原则是什么，是何种原因促成这一转变，转变又为了实现何种目的，并且从整体上对国旗下课程的本质进行剖析。可以发现，第一章既是全书的开始部分，也可以视为全书内容的一种概括，因此在全书中居于重要地位。接下来三章作为全书的第二部分，分别从学生、教师和学校三个层面对国旗下课程进行分析和描述，将会回答这样一些问题，譬如，如何理解国旗下课程中的学生、教师和学校，国旗下课程是如何促进学生成长、教师发展和学校变革的。而选择学生、教师和学校三个层面，正是滨海小学的办学目标"学生健康成长，教师幸福工作，学校优质示范"的展开，以此作为对办学目标的回应。最后一章作为本书的第三部分，主要是在前面两部分叙述的基础上，分析如今国旗下课程的发展存在何种问题，并提出解决途径，对国旗下课程的未来发展提出展望。

有一点必须明确，本书在整个行文中都有一个或隐或显的主线，即滨海小学的教育理念和办学目标，不仅因为在理论中它的确统领了全文，也因为在实践中它指导了国旗下课程的整个变革与发展过程，故而书的成型也将对此种关系进行投射与回应。这样自然将国旗下课程之根基、变革发展之形迹、未来成长之宏旨都表现出来了。

文字，从来都是一种探险之旅，或许知道起点，但总猜不到终点，这难道不正是文字的魅力吗？如此说来，如果赋予本书一个最终的目的的话，我倒是希望它能完整讲述一个故事，而又引出另一则故事，足矣！

李　唯

目　　录

第一章　国旗下课程的生成与本质

　　学校发展离不开创新，离不开创新的意识、创新的思维、创新的视野、创新的举措和创新的路径。创新与学校的成长血脉相连，尤其对一个新建立的学校来说，它的命脉从创新而来，它的生成方式也和创新盘根错节地连接在一起。

　　校长以及学校所有的教育者都必须是创新者，创新意识理应进入个体生活，成为个体的生活习惯和生活方式。创新不该成为一个表示结果的词，不该作为一种要求、负担和不得不做的差事，而要以一个充满温情和理性的形象进入个体，和个体相容。首先，创新应该是一种精神，鼓舞个体生命成长的精神，能够激励着个体和学校的发展，在面对困难之时使我们能够想到通过努力去解决，而不是退缩和逃脱到老套与习惯中去。其次，创新应该成为一种态度，它鼓励个体直面问题，积极寻找解决之道，更关键的是鼓励个体面对自己，向自己发问。前者指向外在，后者指向内在，外在和内在的态度形成一种合力，使个体解放自己，肯定自己。最后，创新理应成为一种行动，创新如果只是心动，那它最多是理念层面的，而不是实践层面的，它最多是妙想，而不可能是实干，想法最终需要回归到实践中来，完成实践创新。

　　那么，又在何种方式上理解创新呢？创新就意味着一种全新的方法的产生吗？创新是一种只同奇思妙想相关的结果吗？我们如何赋予创新一种新的内涵？其实，创新既可以是一种全新的方法，也可以是对某事、某物所做的部分改变或改进；创新既可以是无中生有的突进，也可以是对事物陈列的方式进行重组，在不变的内容中呈现出新的姿态，甚至是对原有结构所进行的部分增减。沟通不同层面的创新含义的正是创新的内在本质。创新表达了这样一种含义，它需要鼓舞起个体的态度，能够从整体理解事物，并对其进行优化、重构、重新解读、增添新意等，使其呈现出不同以往的独特状态，发挥不同以往的独特作用，产生不同以往的效果。如此来看，创新最直接的体现在实践的土壤最丰厚之地，最多发生在传统与现代交接的地方。

如果是这样的话，我们就不再因自谦或信心不足而对创新望而却步，它和实践贴近得如此真实，仿佛就在我们左右。而对一线教师来说，创新也潜在于日常的教学生活中。这样的理解又带给我们什么？我们第一次重新认识了创新之意，使整个生活的基调发生某种转向，对自己充满了信心，对生活充满了期待，对未来充满了好奇，所以才会将创新与变革的血液注入自己、生活和未来。

这样的想法主导、引导和指导着我的生活以及教育事业。从滨海小学成立伊始到如今初步成型，其本身就是一种尝试和创新之旅。可以说，每个步骤、每种举措和每个制度都需要建立在一个共同的、整体的和不变的平台上；同样，每种改变、每次尝试和前行都需要建立在一个优雅的、完美的和贯串始终的基调上。整个平台就是我们的教育理念，整个基调就是我们的创新改革旋律。有了基调，有了平台，我们的学校改革才会有章可循，有法可依。每一次尝试和创新都可以在这里找到它的"根"，寻到它的"因"。

基于此，在滨海小学的教育实践中，作为校长的我更多地开始质问自己如何办教育，如何领导一个小学。角色的改变既为自己增添了一个将自己的教育理念实践化的机会，更使自己多了一份责任。当所有的教育理想确立了之后，当所有的教育理念都完成更新之后，事情还远没有到达终点，我们的教育才刚刚起步。对一个教育者，尤其是一个校长来说，我要做的是思考如下问题：

如何将新的教育理念融合在日常的教育生活中？

如何将教育理论转化为可行的、有效的教育实践？

如何体现学校的教育特色和办学方针？

如何在一个整体的框架里思考学校的每一项教育改革和教育创新？

……

这些问题从学校所有的发展问题中凸显出来，它们不比其他问题更有价值，只是它们突然变得那么正当其时地需要解答，它们也没有比其他问题更本质，但是在这个时间节点上它们显然更为重要。这恰好体现了学校变革过程中的一个新阶段——成长反思阶段，也反映了校长成长过程中的新阶段——成长反思阶段。这个阶段是问题最为突出也是最为复杂的阶段，所有问题都似乎突然跳出来一般，纠缠在一起，数不清，理还乱。而且，这些问题往往指向教育改革和学校发展的核心，这时需要冷静反思整个学校变革。

国旗下课程正是这样的产物。我必须强调的是，它绝不是一个冲动性的产物，而是一个过程性的产物。如果你有耐心往回看的话，你就可以找到它的根在哪里，你也可以找到它的因是什么，如果你还有足够的耐心去探讨探讨的话，那它所蕴涵的那种同整个教育的一致性、同整个教育理念的契合性就完全可以呈现在你眼前。国旗下课程是在整体环境中发育的，是不断变化成长的，是从呱呱落地之时就代表了滨海特色的。

在本章中，第一个方面，我将着力呈现国旗下课程的整个生成过程：它作为一个有机体是如何从我的大脑里面"蹦"出来的？这一"蹦"又如何迅速地抓住了我之思，如何迅速地撩拨了我之心？当国旗下课程的念头如同种子一般扎根心田的时候，有怎样的土壤、水分、阳光为其营造了成长的环境？种子是如何发芽和成长的？现在的国旗下课程所展现出来的是一个怎样的有机体？

有理由相信，我对国旗下课程的生成过程的描述和展现是带着十万分感情的，这不仅仅是因为我投入了自己的心血去做了，更关键的是我是在反思中去做的。我也寄希望于这样的描写能够清楚地把一个看似简单的教育举措的内涵展现出来，清晰地说明它同整个教育和滨海特色是一脉相连的。

第二个方面，我将尽我所能地去挖掘国旗下课程的本质：国旗下课程的教育理念是什么？国旗下课程同学校的培养目标、生命自觉文化生成之间的关系是什么？我们应该怎样解读国旗下课程？如何让国旗下课程产生新特点，彰显新特色，体现新面貌，发挥新作用？

本质的揭示非常重要，因为只有清楚认识国旗下课程的结构才能更合理地去谋求后续的发展，也才能更加主动地为其寻找新的材料，拓展新的内容，丰富它的内涵。

一、国旗下课程的生成

周一是一个新的开始，它是一周的起点，它代表了希望。学生从周末休息的巢穴里飞到学校，拍打着身体和精神的翅膀，整装待发。他们需要激励，需要鼓舞，需要洗涤，需要像一个出海打鱼的渔翁一样充满斗志，而学校就是孩子们出发前的那个海港。在某种意义上，我们可以说，周一是起点，而周一早晨的全校集中就是集体的加油站，学生需要起航，教师需要起航，校长也需要起航。如果能够给大家某种希望、启迪或召唤，那么一周的生活都将是有意义的和充满期待的。

另外，毋庸置疑，周一早晨是全校师生集中的时间，而且它本身是非常自然和顺畅的，它不是特意安排的一项活动，在传统的顺承性上它似乎具有天然的优势。教师、家长、学生和学校的领导都承认和接受"周一集中"这样一种方式来开始我们的教育生活。所以，我总觉得与其苦觅一个集中的场所做全校的教育工作，倒不如充分利用好周一这一难得的机会。这里是教育的场所，它理应发挥比我们所认识到的更多的教育效果。

正是对"发挥更多的教育效果"这样一种信念和期望的执著，我才能够不断去探索"国旗下"这样一个教育场所中独有的教育形式，才能不断推进"国旗下"教育的思考和变革，思考它现在怎么样？它遇到哪些问题和瓶颈？它有什么可以突破的地方？它应该朝哪些方向做出发展？等等。

（一）从"讲话"到"课堂"

同其他学校一样，滨海小学在建校之初，每周一早晨也会组织全校师生参加学校组织的升国旗仪式。简单的升国旗仪式枯燥而又乏味，并没有形成一个统一的整体，更不用说丰富的形式了。升完国旗之后，是例行的教师主题讲话。这个阶段的活动可以称之为"国旗下讲话"。

所谓讲话，是一个被割裂的语言表达，往往在传递某种信息或者规范。不论这样的讲话如何吸引人，都是讲者的独白，听者的旁白，就其教育性而言，是有限的、单薄的。从讲话的内容来看，建校之初的国旗下讲话并没有形成一个统一的整体，所有教师的表达都是自说自话，很难构成一个合力，可谓是"江水滔滔，四面八方"。但是，对于真正具有教育性的东西和材料来说，教育素材的整体性和一贯性，是产生良好教育效果的前提条件。学校不应该抛给学生一些具有教育价值的内容，让他们自己理解和消化，也不能不考虑结构和方式，而使学生迷惑不解。因此，提供结构合理、方法得当、内容健康的教育内容是学校的责任。

随着时间的推移，这种机械的讲话方式的弊端就显现出来了，同其他大多数学校一样，讲话主题集中，人员集中，但学生的思想并不集中。学生有的交头接耳，有的窃窃私语，甚至伸手踢腿；有的学生站在操场上，虽能保持安静，但面孔呆板，表情麻木。回到教室后，如果有教师问今天有何收获，学生往往回答不出来，一脸茫然。教育效果之差可想而知！原因何在？我认为至少有三个方面的原因导致了这样的结果。

一是照本宣科，泛泛而谈。讲话者只是根据德育处或相关部门在学期初拟好的讲话计划和主题，在网上下载相关内容，然后照本宣读。很多讲稿都是高屋建瓴式的通用稿，讲的是大道理、大事情，铺陈的是一个大场面，没有注意到学生的年龄、认知和兴趣特点，学生要么听不懂，要么不想听。对教育而言，没有比忘掉学生更可怕的事情了，没有比不顾学生的需求更糟糕的事情了。同时，这样的照本宣科和泛泛而谈也增加了学生的逆反心理，你所要求的我就不做，你所提倡的我就反对，教师在上面苦口婆心，学生在下面吵闹相应。

二是脱离实际，无针对性。有些讲话内容往往截取历史的、崇高的、伟大的人物和事件作为内容，这些内容很经典，但和当今的社会实践和学生的现实生活相距甚远，学生难以产生情感共鸣。而且，有的学校的国旗下讲话主题是在学期初就安排好的，没有根据学生的思想动态及时进行调整，也难以吸引学生。讲话内容与学生的生活实际脱节，学生难以产生共鸣，也难以在其中找到可供自己应用的东西，因此也就收不到应有的效果，或者效果很差。

三是形式单一，流于表面。多年来，升旗仪式基本不变，程序也千篇一律。尤其是国旗下讲话，总是领导拿着一份稿子在不停地讲，没有惊喜，没有波澜，没有情节，更缺乏和学生的沟通、交流和互动。这使得国旗下的教育越来越标签化和表面化。学校没有深入询问、追问和审问学生听完之后的收获和感想，"不计效果"成了其代名词，久而久之，国旗下讲话就没有了教育的意义，在学生心中变得可有可无。

整体来看，以往的国旗下讲话缺乏教育层面的考虑，缺乏学生的视角，缺乏规划和思考，更缺少学校层面的考虑，难以凸显学校的特色，没有从学校的教育理念、教育思考、教育追求出发，对国旗下的讲话进行反思。正是从这里出发，我发现了国旗下讲话存在的问题。问题是这样一个词汇，它表达的是一种差距，现实和理想之间的差距和障碍，差距同时意味着发展的可能性及空间，而障碍则意味着成长的垫脚石。因此，如果是在问题面前保持了正确的心态，能够心平气和地面对它，分析它，找到解决它和突破它的方法，并将这样的方法落实到实践中，转化为实际的行动，那么问题就会朝着一个全新的方向发展。在问题解决的过程和问题发展的过程中，我们会看到一个成长的过程以及成熟的结果，这就是问题所蕴涵的最珍贵的含义，也是它的全部意蕴。

因此，我从学校"培育生命自觉"的办学理念出发，重新思考国旗下讲话应该的转向是什么，应该的归宿在哪里，它的出发点应在何处。在第一个层面上，变革讲话的内容，要求讲话者的演讲应该改变"集中的学生，不集中的思考"的现状，建议在演讲中拿出"情节"来，拿出"惊喜"来。第二个层面上，变革演讲者，我希望能够使演讲者集中而形成固定的意义，我自己先担当这一任务，把原先教师各自独立而散乱的演讲集中在校长这一环节上，既可以让自己更深一步地融入学校的教学和教育工作中去，也可以积极地探索全新的国旗下讲话应该如何展开。

这样，我在"国旗下"争取实现这样一种转变，从"讲话"跃升为"课堂"。我要实现以下三个方面的转变。

一是说的方式的转变，单向的说变为互动式的说，训导式的说变为指导式的说，命令式的说变为关怀和理解的说，从根本上改变讲话所内含的那种盛气凌人与咄咄逼人，改变讲话所携带的威权意识甚至恐吓口气。这一点非常重要，因为说话方式的变化，使得"国旗下"在表达方式上突然具有了"课堂"的含义，它仿佛从荒山野岭的粗莽进化为学校文明的温顺，脱下了自己的野蛮气息，而变得平易近人了，"课堂"气息来了，教育气息也就重了。

二是说的内容的转变，散乱的主题要开始慢慢集中，当然集中的不是把内容单一化或者简单化，而是要把内容的言说放在一个统一的平台和主旨上面，把内容按照某个具体的教育目标进行整合和规划，主题之间于是立即建立起某种联系，它们指向了同一个目标，合力而为。而且，内容也开始更加的多样化，不再围绕某种说教和规章制度展开，而是走向学生，面向时代，开始在时代的浪潮里寻找力量、道德、文化、品质的素材，在学生的日常生活中发现言说的必然。这一转变是完全基于学生的，从教育的目的到教育素材的时代感都围绕学生而转。

三是说的主体的转变，演讲的主体从教师转移到校长并不是剥夺了教师的主动权，而是从解决演讲者不集中这一弊端出发，把教师解放出去，同时把校长融入进来的一个过程。校长作为学校的领导者，他应该在教育之中，而不是在教育之外，他应该是学生教育的积极倡导者、贯彻者和落实者，而不是一个外围打转的管理者、指导者和说教者。当校长能够在一个集中的场合开辟自己的教育空间的时候，他便开始了实践和创新，而且具有其他独立的课堂形式所不具有的特色和优势。

这三个转变也终于促使国旗下讲话往国旗下课堂的方向上慢慢发展，虽然比较缓和，但是总在变化。这样的变化在一定程度上实现了教育的解放，其实它是呼唤了教育的回归。它告诉我要怎么去回答"国旗下的教育"这个话题，那就是按照课堂的标准来对待它，遵照教育的要求来审视它，把它看做另外一个教育的场所，把它类同于我们的正规课堂。与此同时，"国旗下"名正言顺地获得了自己的地位和尊严。这里，需要补充的是，把"讲话"转变为"课堂"并没有拒绝讲话，也没有把讲话和课堂对立起来，国旗下课堂也需要讲话，但是"课堂"里的讲话和"非课堂"里的讲话迥然有别，课堂里需要围绕学生展开，立足于学生，围绕一个统一的目标展开，这和简单的讲话差异很大。

（二）从"课堂"到"课程"

滨海小学建校第二年，也就是 2008 年，我开始决定着手试验并改变国旗下讲话的状况，自己承担第一个学期的国旗下讲话，而且首先就是从改变国旗下讲话的内容开始，改变过去那种偏离学生实际生活的内容。小学生不同于中学生，不同于大学生，不喜欢长篇大论，学生发展指导和经验分享，越贴近他们的生活，越能激发起他们的兴趣。基于此，我经常采用故事的形式，小处见大，平中见奇，力求将每一个简单而寓意深刻的故事展现得更为生动，让学生"钻"进故事里，自己去领会，去学习。同时，我也尽力让国旗下课堂走向学生生活，从学生中来，到学生中去，从学生的生活中寻找资源，为学生的现实生活提供服务与引导。坚持了几周以后，国旗下讲话的状况有了明显的改善。

随着时间的推进，国旗下课堂开始具有一定的影响力，开始步入正轨。如果周一天气恶劣，别的学校都会按惯例取消升旗仪式，我校则坚持在室内利用校园电视台举行室内升旗仪式，直播我的讲课。我一直认为，校长是学校的精神领袖，对学生拥有极大的影响力，学生希望认识校长、亲近校长，但校长却不可能到每个班去上课，而国旗下的课堂却为我提供了给全校学生上课的机会，从而发挥校长应有的影响力。

　　然而，我的思考并没有到此为止，从讲话到课堂只是完成了"国旗下"这样一个固定空间里的整合，内容还是单调的。我把讲话的主体和内容做了变动，但是它还需要进一步的发展。从讲话到课堂，我思考的问题并没有减少，反而更多了：

　　国旗下课堂如何同其他课堂形成整体，构成合力？

　　教师、学生和家长如何参与到国旗下课堂中来？

　　国旗下的元素如何更加丰富起来，对学生形成一个整体的影响？

　　……

　　问题并不会令我沮丧，反而使我充满期待。是的，国旗下课堂太局限了，太逼仄狭窄了，它的空间只能容纳下非常有限的一点资源，无论我们讲话的内容如何的丰富多彩，讲话之后的效果还是难以把握。此外，课堂是一个具有"集中"这层含义的词汇，但是反过来说，它似乎把教育的场所限制住了，课堂里面的东西出不去，课堂外面的东西进不来，而我想把它打开，向外界开放，容许别的有价值的资源随时进来，对一些外在的刺激及时做出反应。这样做也许最终实现的效果是有限的，但只要有改变就可以。这种改变或许只是我们对于这个话题的解读的心态和视角发生了一些转变，那也是难能可贵的，是有价值的。

　　当然，还有一个问题困扰着我。国旗下课堂的元素单一，它难以表达学生对于周一的期待，如果能让一些更加丰富的元素进来，调动学生参与的积极性，效果是否更好呢？当学生能够自己参与其中的时候，他本身就获得了解放。还有环境，这个不得不考虑在内的要素，如何让它也发挥自己的教育作用呢？周一是个时间，我们给予了关注；而国旗下是一个地点，我们能否给予更多的关注，也就是说，我们能不能在环境上下更多的工夫，使学生一走进这个环境中，便浸染其中，受到了熏陶，从而情不自禁地受到了情绪上的感染和心灵上的震撼！这种感染对学生发展的影响和作用却一点也不比课堂里的讲授来得少。

　　此外，学校发展到这个地步，我开始冷静下来去审视过去，当然也是审视自己。活动只是学校的某种表现方式，活动的开展，就像国旗下课堂这样，能否实现它自身的价值，这样的价值如何整合到学校的整个发展框架和办学理念中去，这些问题才是最为关键的。浮华褪尽终是金，滨海的金在哪里？它应该在哪里？我们的步伐在往前走，但是我们的心却开始往回走，走到教育的原点、起点、中心点上去，那里是教育出发的地方，那么教育最终的归宿也应该在那里。

因此，我开始考虑滨海小学的教育之魂是什么，教育之根在哪里。滨海小学把"健康、尊重、诚信、责任"作为自己的校训，而其教育理念是"珍视童年价值，培育生命自觉"，那么我现在就应该去考虑国旗下课堂有没有做到珍视童年价值，有没有培育生命自觉，为了更好地体现学校的教育理念应该做怎样的改变。学校的生命自觉离不开校长的生命自觉，需要教师的生命自觉，最终要培育学生的生命自觉，同时还需要把家长的生命自觉融入其中，形成一个整体。这样来思考，就把校长、教师、学生和家长四个有机体紧紧地联系在了一起，这就是当前最需要做的。这里不是校长的独角戏，在国旗下课堂这样的话语体系中，它必须展现出自身的一种包容性。它要成为一台活色生香的京剧就必须有生旦净末丑不同的角色，而且需要不同的角色相互配合，共同努力，缺一不可。生命自觉不是说出来的，而是感悟和做出来的。

是的，我自己的所思和所想就是把国旗下课堂扩展开去，深化下去，而"课堂"这个字眼就显得捉襟见肘，急需一个新的、包容性更强的字眼来代替它，这就是"课程"。因此，国旗下课堂也就自然而然地过渡为国旗下课程。正如我前面所述，这不是文字游戏，而是深思熟虑后的结果。它或许还没有发展成熟，但是它的确代表了我对国旗下课堂向一个更好的方向转化的期待和愿景。它应该更好，它肯定会更好！

在最宽泛的意义上来说，课程是一种有组织的经验的集合。国旗下课堂正是缺少了从学生经验的角度考虑问题的视角，或者说这样的经验的视角还太薄弱，还不系统，还不足够。把课堂转向课程，也就使得国旗下的视野和场所更为宽广了，可供发展的空间更大了，可以建立的联系更多了。课堂是刚性的，而课程是柔性的；课堂是空间固定的，而课程是空间拓展的；课堂是时间有限的，而课程是时间延伸的；课堂是以讲授为主的，而课程是共同参与的。那么国旗下课程在国旗下课堂的基础上做了哪些拓展和创新呢？

首先，拓展了参与主体。如前所述，学校教育是一个包括校长、教师、学生和家长，还有社会在内的整体，是一个系统。要想发挥教育的最大功效，就必须是他们共同参与的。国旗下课程不是一个围绕校长的课程，而是围绕学生的课程，在这个课程共同体中，校长、教师和家长都能够在其中找到自己的位置，发挥自己的作用。

其次，丰富了参与形式。每个主体的作用各不相同，他们都有自己的角色和经验，主体参与只是第一步，还需要在课程中把他们串联起来，地点从国旗下扩展到教室，甚至扩展到家庭；时间从周一早晨扩展到周一下午，甚至一周，再或是把整个学期都纳入其中；其他形式的学校活动同国旗下课程逐步建立联系。

最后，整合了参与元素。整合后的国旗下课程应该是一个考虑到人、物、景、事、地点和时间的大课程。它不仅调动了人的主动性，更强调人所处的环境、周围的物理空间和时间节点，在不同的情况下应该做什么事情。这样一个全新的视角为我们的课程构思和展开打开了窗户，也打开了创新的思维。

需要说明的是，课堂与课程的区别与其说主要表现在它们的内容和形式上，不如说更根本地表现在它们的出发点上。这里所用的课堂二字，是更多取其限定之意的，因此它也等价地使用了空间这一概念。因为如前所述，国旗下课堂是从国旗下讲话转化来的，它所反对的也正是国旗下讲话所表现出的那种没有统一的目标、没有明确的形式的弊端，所以课堂的引入就是要将国旗下讲话所自带的这种盲动性去掉，使其具有班级课堂教学的正规性，只不过这里的空间概念不是班级，而是国旗之下而已。

与此相对的是，课程概念的引入却走了一条相反之路，如果说课堂是限定之意更多的话，那么课程则是解放之味更浓，通过这一途径，国旗下教育形式从杂乱无序（国旗下讲话）走向有序限定（国旗下课堂），最终走向有序开放（国旗下课程）。走向有序开放的过程是借助课程这一概念实现的。相对于课堂而言，课程具有更大的包容性与灵活性。课程既是一个过程性的概念，也是一个结果性的概念。课程强调经验生成，而空间只是经验生成的场所。这里的场所不是限定的，而是开放的，它可以指传统意义上的教室，也可以指国旗下，可以指教育发生的任何地点或空间。所以，课堂可以作为课程实施的一种场合，但并非唯一场合，课程也就把国旗下课堂从原有的单一和限定中再一次解放出来，使其具有更大的灵活性，从而也为教师提供了创造性的机会。

由此可见，在实际的教育变革中，在教育变革的不同阶段，我们总需要依据不同的概念界定和引导学校某项变革。在这一过程中，不同的概念有不同的内涵与外延，在不同阶段也起着不同的作用，起步阶段的关键词和成熟阶段的关键词显然不同，代表成熟阶段的关键词只会在发展的后期出现。正如国旗下"课堂"和国旗下"课程"所表达的那样，"课堂"使松散的形式正规化和组织化，这里的限定在变革的早期阶段是合理的，而且是必需的，但是随着变革的深入，新的问题的出现，对一个新的引导词的呼唤就显得正当其时。这样，国旗下"课程"就是为着解决问题而生的，是在对"课堂"这一概念的变革中出现的。

（三）教育的返璞归真

至此，我也基本完成了国旗下讲话向国旗下课程的转化，下面将对国旗下课程的具体形式和内容展开叙述。这里，我们一起来回顾一下这一转变过程就不难发现，我对国旗下课程的认识是建立在教育返璞归真的基础上的。当教育淹没在浮华与杂乱无章的活动中时，就需要尽快冷静，需要重新梳理，这个时候是最需要反省、最需要智慧的。那么，让我们共同来回答前面所提出的问题，我可以肯定地说，对这些问题的回答将会为我们厘清自己的思路带来绝大的好处，将会为我们未来的发展指明方向，同时对于成为一个智慧的教师和智慧的校长将发挥重要的作用。

首先，国旗下课程本身并不是一个从无到有的事物，它孕育在我们的日常教育生活中，它的根还是在传统的教育经验里，我们不是创造了它，而只是把它从尘埃掩盖的状态下解放了出来。如果不含偏见地去审视它的话，我们不难发现，传统的国旗下讲话是充满了创造性和教育意味的，它只是在古老的泥土里沉睡太久了，又不断被新时代的脚步所抛弃和远离。它被冷落不在它自身，而在于我们，在于我们这些当代的教育者没有发现它的价值的锐眼与智慧。当教育的敏感通过不断的观察和反思直达国旗下讲话的核心与内在之时，它被重新发现、重新认识、重新改造和重新利用就是顺其自然的事情了。我也是充满着感激之情与它相见的，它能够迅速撩拨我之心，抓住我之思完全是顺理成章的。

其次，滨海小学是一所新成立的学校，新生的事物把解放思想和创新诠释得非常通透，它不夹杂学校自身传统所带来的阻滞，年轻教师也能够把活力倾注在教育事业上，而生命自觉在学校的起点上就能够及时跟进、生根和发芽，的确为滨海的成长施足了肥料。而这本身构成了国旗下课程生成的环境，滨海小学、滨海小学的所有师生、滨海小学所在的社区以及滨海小学所着力打造的文化环境构成了国旗下课程发芽生长的土壤、水分和阳光。

最后，把课程引入"国旗下"的生活，这本身是一种对传统的国旗下讲话的全新解读和全新探索，它其实是要用课程看待国旗下讲话，用课程改造国旗下讲话，用生命自觉的教育理念丰富国旗下讲话。当它在发展过程中遇到困难时，我们回头审视教育的原点，看滨海小学的立校之基是什么，那么滨海小学的国旗下课程就会重新找到方向，重新获得力量。

【案例一】种下一颗童年的种子

校长的话

老师、同学们：

早上好！

滨海小学第三届缤纷节就要在本周三、四、五正式展开。同学们，你们是不是已经期待很久了？

（生：是。）

最近不断有同学问我："校长，缤纷节什么时候开始啊？"我也和你们一样非常期待。

经过前两届缤纷节系列活动的开展，滨海小学的缤纷节已经声名远播。本届缤纷节将会有众多的领导、专家、嘉宾、家长参与。其中，最令人激动的是著名歌唱家李光曦爷爷将参加周五下午的"温暖我们的童年"主题大队会，并将和同学们同台演出。

同学们，李光曦爷爷是我国享有盛名的歌唱家，他的歌声曾温暖了一代又一代中国人的心，他虽然已经80多岁了，但依然愿意为同学们演唱。届时他将为大家演唱广为人知的《祝酒歌》，以庆祝我们的缤纷节。你们开心吗？

（生：开心。）

连续三天的缤纷节系列活动，每天都会有专家、嘉宾的参与，这对我们是一个巨大的鼓舞，同时也是一个巨大的挑战。为什么也是我们的巨大挑战呢？因为这正是检验我们每一个滨海师生是不是一个有教养的人的最好时机。

见到客人，你是否有礼貌地微笑问好？上完厕所你是否记得冲水洗手？上下楼梯你是否靠右行走？前段时间，新疆阿克苏有个学校就是因为上下楼梯同学们之间拥挤造成了踩踏事件，140多人受伤，其中7个人是重伤，你们想想多危险啊？我们要避免这种事发生。观看演出时你是否保持安静有序？每个节目演完了，你是否报以热烈的掌声？在前几届缤纷节，我发现有些同学就只给本班的同学鼓掌，不是本班同学表演就不鼓掌，这就不对了。所有的演出，我们都应该鼓掌，这是对参与表演的同学的礼貌和尊重。等待演出间隙你是否大声喧哗？休息时你是否和同学追逐打闹？

同学们，你们有教养的行为不仅将给客人们留下良好的印象，也将保证缤纷节系列活动的顺利开展。同学们，你们喜欢缤纷节吗？

（生：喜欢。）

那么，用你们有教养的行为来表达你们对缤纷节的喜爱吧！在这次缤纷节系列活动中，有一项活动是"种下一颗童年的种子"的科学体验活动。开学初，学校给每个同学发了一颗种子，希望同学们栽种在改造后的矿泉水瓶子里。两个月过去了，有些同学的种子已经长出了小苗，但有些同学的种子还没有发芽。没有发芽的原因有很多种，有些是因为同学们缺乏种植的知识和经验，有些则是同学们疏于照顾。不管怎样，我们都希望同学们能从这次种植活动中体验到种植的道理，好好想想别人的种子为什么发了芽，自己的种子为什么不发芽？从而培养科学探究的精神。

虽然同学们的种植情况不理想，但我们这项活动仍然要开展。因为同学们在童年时的所有言行举止都是种下了一颗童年的种子，它将决定你会成长为一个什么样的人。你上完厕所冲水洗手，不随地乱丢垃圾，你就种下了一颗健康的种子；你言行礼貌，乐于助人，你就种下了一颗尊重的种子；你不说谎话，不抄作业，你就种下了一颗诚信的种子；你按时值日、按时交作业，你就种下了一颗责任的种子。

中国有句古话：种瓜得瓜，种豆得豆。你在童年种下什么样的种子，你成年后就会收获什么。你在童年种下健康、尊重、诚信、责任的种子，你将来就会成为一个具有健康、尊重、诚信、责任等优秀品质的社会栋梁。同学们，好好想想！你应该在童年种下一颗什么样的种子？你要在童年种下一颗什么样的种子？

谢谢大家！

2009 年 4 月 20 日

班会实录

四年级（5）班第十五周班会实录

主持：杨芳

记录：罗莉华

杨老师：李校长今天讲的话题，我们已经连续几周在讲了？

邹嘉砚：5周。

杨老师：还有什么原因要展示我们的素养？

何宇轩：缤纷节马上要到了。

舒凡：因为有很多的客人要来我们学校。

杨老师：缤纷节期间，身为滨海小学的一员，你认为应该怎么做才能向嘉宾们展示我们良好的教养？

李海森：见到客人要问好。

杨老师：是板着一张脸向客人问好吗？应该怎样问好？谁来展示？（请牟文瑞杰同学示范）

葛乐鹏：表演的同学要好好表演，也要认真看别人的表演，要向客人标准敬礼，面带微笑。

张米兰：要安静地看表演，要给表演的同学以热烈的掌声。

杨老师：那要如何鼓掌？掌声要求持续5秒以上，自己在心里数15下左右。

（训练鼓掌）

曹远屹：排队下去的时候不能跳楼梯。

杨老师：缤纷节里有2天是穿自己的衣服，不穿校服。要求自己穿的衣服要整洁，这是有素养的表现。

杨老师：那我们要怎样做？

张紫兰：见到客人，有礼貌地微笑问好；上完厕所，记得冲水洗手；上下楼梯，靠右行走，有秩序地走，不拥挤。

杨老师：谁还有补充？

张米兰：观看演出时，保持安静有序；每个节目演完了，报以热烈的掌声；等待演出间隙，不大声喧哗；休息时，不和同学追逐打闹。

杨老师：非常好。用你们有教养的行为来表达你们对缤纷节的喜爱吧！用你们有教养的行为来展示滨海人的风采吧！

杨老师：上个月你们种下了一颗种子，你们想在童年种下一颗什么样的种子？你们又希望收获什么？

张凌鹏：我希望种下诚信的种子，我希望收获诚信。

张诗淇：我也希望种下诚信的种子，我希望收获别人的信任。

沈楚京：我希望种下乐于助人的种子，我希望收获别人的帮助。

李海森：我希望种下好习惯的种子，我希望收获好的习惯。

葛乐鹏：我希望种下健康的种子，我希望收获不仅是身体的健康还有心理健康。

邓辛岚：我希望种下爱心的种子，我希望收获爱心。

张紫兰：我希望种下梦想的种子，朝着梦想不断努力，长大以后我希望收获自己的梦想。

王秋萌：我希望种下乐于助人的种子，我希望收获别人的爱戴。

陆纯鑫：我希望种下勇敢的种子，我希望收获更多的勇气。

杨老师：你们说得太好了。如果你们上完厕所冲水洗手，不随地乱丢垃圾，你们就种下了一颗健康的种子；如果你们言行礼貌，乐于助人，你们就种下了一颗尊重的种子；如果你们不说谎话，不抄作业，你们就种下了一颗诚信的种子；如果你们按时值日、按时交作业，你们就种下了一颗责任的种子。老师真心希望你们在童年种下健康、尊重、诚信、责任的种子，将来你们就会成为一个具有健康、尊重、诚信、责任等优秀品质的社会栋梁，拥有幸福快乐的人生。

学生的话

我要播种一颗健康的种子，我不乱扔垃圾，上厕所记得冲水，让空气变得清新，在这样的环境里，身体就健康了。

—— 一（1）班 李翠铭

我想种下一颗珍惜时间的种子，希望我能够珍惜每一分每一秒，因为时间是非常宝贵的。我还想种下一颗诚实的种子，做一个诚实不会撒谎的好孩子，因为诚实是一种美德。

——二（1）班 刘曦乐

我要种下一颗责任的种子。在我第一天上学的时候，妈妈就告诉我每天要早睡早起了。

上学是我自己的事，这是我的责任，所以我要对自己负责。第一天，妈妈就送给我一个小闹钟，妈妈说："你要和小闹钟做朋友，每天小闹钟都会叫你起床，爸爸妈妈不会再叫你起床了。再困也要起来，迟到也是你自己的事。"刚开始的时候，我觉得很难，每天小闹钟一响，我还是躲在被子里不想起来，好几次都差点迟到了。过了几天，我觉得习惯了，就不难了。每天小闹钟一响，我就马上爬起来，准备好书包上学了，而且我从来没有迟到。我非常感谢妈妈，为我种下了一颗责任的种子。

——二（3）班 郑钧元

听了李校长的讲话，我决定要做一个有教养的滨海人，不但在缤纷节时要做到，而且以后一直都要做到。我还想在我的童年种下健康的种子、尊重的种子、诚实的种子和责任的种子。

——四（1）班 周美翔

我觉得我要在缤纷节中拿支笔和一个本子来记录。在看最难听懂的莎士比亚英语戏剧时，我会先了解中文版的莎士比亚戏剧，然后看看英文版的莎士比亚戏剧，这样就可以勉强看懂。或者可以问问英语老师，这是演的哪出戏剧，这样就可以加深对剧情的了解了。还有，我要努力学好英语。

——六（2）班 忻俊杰

教师的话

今天，听了李校长在国旗下的感想，颇受感动。种下一颗童年的种子寓意很深，俗话说得好，种瓜得瓜，种豆得豆。一个人在幼儿时的学习习惯、人格培养打下了终生的基础。种下一颗诚心的种子，细心呵护，长大后就拥有诚信的品格；种下一颗责任的种子，不断坚持磨砺，长大后就能成为一个有责任感的人；种下一颗宽容的种子，长大后就能宽以待人；种下一颗健康的种子，天天锻炼就会收获一个健康的身体……小小种子，用心照顾，一定能够开花结果，变成有用之才。

——房存尧

种下一颗种子，当初我们只是从科学的角度来看这一活动。在秋季接近冬季的时候来种花的种子，这个气候对花的生长肯定是不利的，花很难发芽，即使发芽其生长也不会是健壮的，更不要说开花了。种下一颗童年的种子，让这颗种子发芽，长大开花。这个比喻非常贴切。我们要在学生身上种下什么种子呢？我想我们首先要在学生身上种下健康的种子，其次是良好的修养，再次是会学习的种子。

——杨应琼

种下一颗童年的种子，多好的主题啊！老师就是学生童年种子的播种者，我们要把尊重、诚信、健康和责任的种子深深地扎根于孩子们的心中，让他们的人生从此丰富和精彩起来。

——徐雅婧

今天国旗下讲话的主题是种下一颗童年的种子。种子象征着希望与未来，既然种下了就希望这颗种子能开花结果。每个人都有着美好的向往，如果儿时也有人让我种下童年的种子，我一定会种下无数美好的梦想，然后努力且有计划地去实现这些梦想，那么我将会拥有一个不一样的童年，五彩缤纷的童年。人的很多能力、潜力都是童年挖掘出来的，我想滨海的每个学生都将拥有不一般的童年，他们每个人都种下了一颗或几颗属于自己的种子，希望他们的梦想如花朵一样，总有盛开的一天。

——耿　瑾

【案例二】读书，这么好的事

校长的话

老师、同学们：

早上好！

今天我讲话的题目是"读书，这么好的事"。同学们，你们是不是很熟悉这句话啊？你们在哪里看到过？

（生：在班上的读书展示板上。）

同学们说得很对。在我们每个班级后面的阅读展示板上都写着这句话。在深圳经济特区成立30周年之际，第十一届深圳读书月在今天（11月1日）正式启动。同学们，我想考考你们，你们知道今年读书月的主题是什么吗？好，这位同学，请你上来。

请问你叫什么名字？今年几岁呢？

［生：我是一（2）班的孙毅泽，今年六岁半了。］

孙毅泽同学，你告诉大家今年读书月的主题是什么？

（生：读书。）

哦，读书？你可能还不太懂它的主题是什么意思，你觉得读书就是以读书为主题是吗？

（生：是。）

谢谢你，孙毅泽同学，谢谢你勇敢地走上台来回答老师的问题，谢谢你。

还有其他同学知道吗？看来没有人知道。那这个谜底就由我来揭晓吧。第十一届深圳读书月的主题是"文明公民、阅读为荣"，请大家跟我一起说一遍。

（生：文明公民、阅读为荣。）

深圳读书月是深圳市委、市政府于2000年创立并举办的一项大型综合性群众读书文化活动，迄今已连续成功举办十届。不仅有效地推动了深圳的全民阅读活动，还促进了深圳的学习型社会建设和文明城市建设。在纪念深圳经济特区成立30周年100件大事评选中，深圳读书月荣膺其中，这充分说明了深圳人对读书月活动的喜爱。同学们想一想，每年100件大事有多少？所以深圳读书月的活动在我们深圳市是非常重要的。在滨海小学图书室的墙上，也有这样一句话，我想问下有哪个同学知道？这位同学，请你上台来。

你叫什么名字？来自哪个班？

［生：我是四（4）班的，我叫谢星。］

你告诉大家，图书馆的墙上是哪句话？

（生：智慧里没有书籍，就好比鸟儿没有翅膀。）

哦，你说的是图书室对面墙上的。我说的是一推开门图书室的墙上写的话，你还记得吗？

（生：不记得了。）

哦，不过你记得对面的话也很不错。再请一个同学上来。

［生：我是四（2）班的，我叫罗裕。］

罗裕同学，你告诉大家是什么话？

（生：阅读就是阅世，书生活就是真生活。）

嗯，你说得非常好。你真是个有心人。阅读就是阅世，书生活就是真生活。读书与社会的进步，与我们每个人的成长都是密不可分的。我们通过阅读了解历史、了解世界、了解宇宙，并在借鉴前人的经验和失败的教训中学会独立思考。在滨海小学每个班的读书展示板上，都印着这样一句话：读书，这么好的事！有书读是幸福的。读书不仅可以使我们掌握科学文化知识，还可以使我们的心灵更加丰富。我们在读书中学习海伦·凯勒乐观坚强的意志，我们在读书中学习德兰修女悲天悯人的情怀，我们在读书中学习布鲁诺尊重科学的精神……读书使我们成为一个善良的人，一个有修养的人，一个热爱科学的人。

同学们，你们热爱读书吗？

（生：热爱。）

那么就赶快行动吧。去学校图书室，去走廊的图书角，去班级的流动书车旁读书吧……你可以在学校里自己读，可以和爸爸妈妈在家里一起读，还可以在外出旅行时带上自己心爱的书……文明公民，阅读为荣。我衷心地希望你们能每天坚持阅读1小时的课外书，以读书为荣，以读书为乐，让阅读真正成为你生活中不可或缺的一部分。

谢谢大家！

2010 年 11 月 1 日

班会实录

三年级（3）班第十周班会实录

主持：黄小霞　李　唯

记录：张毛焰

黄小霞：看到同学们的眼睛转来转去，一直望着校长，是不是很意外？告诉大家一个好消息，李校长听说大家课间爱看书，特意来参加我们班的主题班会课。课间看书不仅休息好，又能获取知识。就在刚刚又有一个同学和我换表扬信，大家掌声鼓励下。希望大家越来越多地和我换表扬信。今天我们班会讨论的主题是什么？

学生：读书，这么好的事。

黄小霞：有没有同学和我们分享下，你是怎么理解这句话的？

谢玄：读书能让我们更加优秀。

黄小霞：今天校长在国旗下问了我们一个问题，谁记得是什么问题？

刘耿峰：第十一届深圳读书月的主题是什么？

黄小霞：那主题是什么呢？

欧阳天宇：文明公民，阅读为荣。

黄小霞：我们每个人都想成为优秀的人，而读书就可以让我们变得优秀，还可以让我们变得更加文明。像我们班爱读书的这些孩子，举止都非常文明。那读书还有什么好处呢？

吴欣蔚：增加课外知识。

刘卓：变得更加聪明灵活。

巫雨菲：写作文时不用发愁。

李唯：黄老师，看你们讨论得这么热烈，我可以加入进来吗？

黄小霞：可以。

李唯：我非常高兴你们都看了那么多的书。我问你们个问题，好吗？

学生：好。

李唯：读书，这么好的事，好在哪呢？

　　叶晓莹：读书使我增加知识，让我很有学问。

　　何超：可以让我们增加更多好词好句。

　　李唯：增加更多好词好句有什么用呢？

　　何超：有好词好句作文就写得好。

　　李唯：作文有好词好句就叫好吗？

　　蒋进：作文要写得生龙活虎。

　　李唯：我可以将你的"生龙活虎"理解成写作文要有真情实感吗？对，写作文要能流利地表达自己的想法，要有真情实感。让别人看了能够了解你的想法，我们看了别人的文章也能了解别人的思想。那读书还有什么好处呢？

　　刘卓：让我们变得更加聪明灵活。

　　李唯：请问你叫什么名字？

　　刘卓：刘卓。

　　李唯：请你上来。

（刘卓走上讲台）

　　李唯：你的卓是不是卓越的卓？

　　刘卓：是。

　　李唯：你爸妈一定是希望你各方面都很卓越。我们来看看你在读书板上读了多少本书。

　　（李唯带着刘卓走向教室后面，数起读书板上刘卓贴在上面写有书名的小贴纸）

　　李唯：你读的书不是很多啊？

　　刘卓：我没有贴纸了，所以读的书没贴上去。

　　李唯：我相信你读了很多书，那么你在读书方面很卓越。你还有什么方面很卓越呢？

（刘卓沉默）

　　李唯：我看你身体比较好，你在健康方面很卓越。同学们，我们的校训是什么？

　　学生：健康、尊重、诚信、责任。

　　李唯：那你在尊重方面卓不卓越？

　　刘卓：我看到老师会问好。

李唯：仅仅这样可还不够哦。你上课有没有认真听讲啊？

刘卓：有时没有做到。

李唯：看来你在诚信方面也还可以，因为你很诚实。我希望你下次在尊重方面能够做好，认真听老师讲课。同学们，他在责任方面做得怎么样呢？

（学生摇头）

刘卓：责任是什么东西？

李唯：责任就是回家要按时完成作业，每天准时上交作业。

刘卓：作业我有时候交。

李唯：你在健康、诚信方面做得都还不错，但责任方面有时不错，有时不行。怎么办呀？要不要改啊？

刘卓：要改。

李唯：我还想请这位同学上来说一说。可以告诉我你叫什么名字吗？

张柯：张柯。

（张柯走上了讲台）

李唯：张柯同学最初吸引我的是他桌子上有一个装土的小瓶子，上课铃响后他就一直在玩他的塑料瓶。我知道他这个瓶子是用来种老师发给同学们的种子的。看来张柯同学很认真地在观察他种下的种子。张柯，你上课认真听讲吗？

张柯：我有时候没有认真听。

李唯：你很诚实，这非常好。你为什么有时不认真听呢？

张柯：我有时听不懂。

李唯：同学们，学习新知识的时候，我们经常会觉得听不懂，那么我们应该怎么做呢？一种是这节课我听不懂，但我会认真听；另一种是我听不懂，我就不听，我就玩我的。你们说哪一种做法正确呢？

学生：第一种。

李唯：张柯，同学们说是第一种。你现在知道怎么做了吗？你能做到吗？

张柯：我能做得到。

李唯：我相信你能做到。下次你一定要把种出来的小植物拿给我看。

张柯：好。

刘卓：校长，我会提醒他上课要做好。

李唯：非常好。但是我们要求别人做到的自己首先要做到，所以你要先管好自己再去提醒张柯，好吗？

李唯：寿鹏飞同学，现在请你上来。我们刚刚说到校训中的四点，你做得怎么样？有没有哪一点没做好？

学生：尊重。

李唯：我听说你今天上午在上课时把种植瓶里的土倒在了地上，然后就赶紧用扫把扫地，虽然你打扫卫生是件好事，但在上课的时候扫地就不是很合适了，那样不仅影响你自己听课，也影响了别的同学听课，所以数学何老师就制止你继续扫下去，但你不听，偏要扫。你觉得你做得对吗？你觉得何老师说的有没有道理？

寿鹏飞：我当时没想。

李唯：你当时没有去想，那你现在觉得有没有道理呢？

（寿鹏飞沉默）

李唯：同学们，你们也要学会从别人的事情中思考问题。刚才他讲他没想老师说的有没有道理，这是不对的。因为你们才8岁，还是未成年的孩子。而老师是成年人，老师对你们说的那些话是为你们好，你们要听老师的话。寿鹏飞，那你现在觉得可不可以下课扫呢？

寿鹏飞：可以。

李唯：寿鹏飞同学，今天上午的这件事，你有两个地方做得不太好。第一，上数学课拿种植瓶出来，结果把土倒在了地上；第二，老师叫你下课再扫土，你不听，非要扫，结果影响同学听课。这个错可不可以避免呀？

寿鹏飞：可以。

李唯：我相信黄老师一定和你们说过，上课时不要做和学习无关的事，有没有？

学生：有。

李唯：那你可不可以下课后主动去找何老师谈一谈？谈完再去和我说说情况好吗？

同学们，文明公民，阅读为荣，通过阅读，我们和同学相处要文明。我衷心希望你们热爱阅读，过几天我还要到你们班上来，我希望你们下次养成了良好的习惯，多读书，学到礼仪，学到诚信，更要在我们的生活中将学到的这些道理贯彻进去，每个人都知道尽责。比如，我有责任尊老爱幼，我有责任按时完成作业，我有责任帮助同学。回去你们再好好思考下：作为一个小学生，你们有责任做到哪些？我希望你们班越来越优秀，每个星期都能评上"生命自觉班级"。

从三（3）班回到办公室，我收到了老师的信息：

校长您好！通过这次班队课，我个人觉得您特别会利用学生资源，可以从两方面看出：一是您请学生上讲台，面向全班；二是让学生主动说出自己的不足，这两者恰好就是学生的个人资源和班级资源的整合运用，也正是生命自觉之"觉自我"和"觉他人"的完美结合，让学生的个人问题成为教育全班的资源，让全班的关注成为教育学生个人的资源，其中的奥妙我还需要时间体会。

——李爱荣

学生的话

以前，妈妈叫我看书，我根本就不想看。今天李校长跟我们说要多读好书，我也觉得读书好。以后，我要坚持每天看书半个小时以上。

——二（5）班　陈柏同

读书，这么好的事！这句话我是从图书角那儿看到的。我喜欢看的书有《皮皮鲁》《格林童话》《天方夜谭》等。读书有很多好处，一是可以放松心情；二是可以从书中体会到你现实生活中体会不到的快乐和激动；三是可以让你学会更多的知识。

——四（2）班　肖宇杰

今天，李唯校长在国旗下讲话的内容是关于读书的。在每年的阅读日，我们学校都会举行一次阅读典礼。还记得上一年时，阳光姐姐伍美珍来到我们学校，开了一次阅读会。让我更加明白，阅读是每一个人的营养。还记得莎翁（莎士比亚）曾经说过：书籍是人类的营养品。

读书，这么好的事，有些人却不珍惜，这是很不应该的。我要努力读书！

——五（4）班　刘晓懿

教师的话

作为教师我们应该怎样引导孩子喜欢读书，我觉得这是我们教师义不容辞的责任，孩子们喜不喜欢看书也要看我们教师会不会引导孩子。在教学中我是这样引导的：

一是课外阅读课内指导。（略）

二是通过引导学生创作绘画本使孩子们喜欢看书。（略）

三是课前故事会。在我们班成立了四人合作小组，周一至周四四人轮流当组长。要求小组长在当组长的前一天必须准备好一个故事；第二天在语文课的课前故事会环节中在小组中讲故事，讲得好的小组成员可以给他一颗红星，累计十颗红星可以到老师那儿换礼物。

四是带孩子们到图书馆看书。

五是不定期地向孩子们推荐读书目录。（略）

六是进行亲子阅读活动。（略）

我认为老师们不管用什么方法，只要能调动孩子们的阅读兴趣就是好方法。条条大路通罗马，愿我们带着孩子们以最近最直接的道路通向"罗马"。

——陈利云

工作之后，渐渐地喜欢上读书，当然读得并不多，"多"只是相对大学之前而言。工作后，发现自己欠缺太多东西，不会写通讯稿、教学语言不够简练、教学设计不够新颖、国旗下感想无从落笔……

太多的不适应，逼着自己要去书中找答案。同时读书也可以让自己的视野变得开阔，心情变得平和。读书，多好的事！

——曾幸美

学校教育所承担的任务之一，就是培养终生的读书人。身为教师的我们，自己先读书，再自然而然地带着学生们读书。所以，作为英语学科的教师，我先从自己所教的学科领域读起，累土成丘，积微成著，我慢慢发现了教科书里包含的学科基础知识，不过是一些入门的常识。学生课上所需的，与教师本身所拥有的相比，只相当于沧海一粟。然后，由此出发，广泛涉猎人文社科，深读教育理论、专业著述，使自己的教学能够高屋建瓴，具备理论基础和经验智慧。并且，渐渐培养出一双慧眼，所到之处，处处留心，对自己专业的所需能够敏锐识别，广泛吸纳。有了这样的储备，备课时就不会有"书到用时方恨少"的无奈。

——赖月明

【案例三】漂亮是天赋　教养是选择

校长的话

老师、同学们：

早上好！

上个星期我在这里呼吁大家要努力做一个有教养的人。一个星期过去了，同学们努力得怎么样了呢？上周五我们的运动会方阵队的入场仪式上，有一个场面特别让我感动，就是三（2）班两位家长义工，他们走得比我们的同学和老师都更加展现了运动员的精神风貌。希望我们滨海小学的老师和同学们都要向他们学习，他们是来帮忙的，他们都可以做得这么好，我们有什么理由做不好呢？

在运动会期间，我高兴地看到同学们在努力，在相互提醒，有着不同程度的进步。但我也看到了一些不文明的行为。比如，有几个同学在操场上把自己手中的矿泉水瓶子往空中抛，而他周围都是同学，这样很容易砸到同学。就算他技艺高超，每次都能接住，但也会给周围的同学带来焦虑和担心。我走过去提醒这些同学不要再抛了，他们答应我不再做这样的事了，也有同学就没再继续抛了。然后我就走了，但有那么一两位同学看见我走远了，又开始抛起来。这说明了什么？如果说开始抛的时候没有意识到会影响别人，那情有可原，可经过提醒后答应不再抛了却又抛，就不仅是明知故犯了，而且是人前人后表现不一了。这种行为就不是一个有教养的人的表现。由此可见，判断一个人是不是有教养，不是看他是如何说的，而是看他是如何做的，特别是在没有人监督的时候是如何做的。

文明水平体现着一个人的教养程度的高低。要做一个有教养的人首先要做一个文明的人。文明既尊重了别人，更尊重了自己。文明、教养离我们有多远呢？文明、教养离我们并不远！它其实就在我们的一举手一投足之间。它体现在一切细微之处，有时候只是一句文明用语，有时候只需要举手之劳，有时候简单到只是一句"对不起"或者"谢谢"。当大家互相问候、笑脸相迎时，我们看到了文明；当人们在公共场所自觉排队、礼貌相对时，我们看到了教养；当人们自觉将饮料瓶丢进垃圾桶时，我们看到了文明；当行人站在斑马线前自觉等待时，我们看到了教养……

同学们，我们每个人都没有办法选择外表的美和丑、家境的好与坏，但却能选择文明，选择教养。文明和教养的最大特点就是时刻考虑自己的言行举止有没有影响别人，妨碍别人。

这个星期，"好书漂流在滨海"的活动将正式启动。我们读书长廊的书都会放回图书馆。每个同学选出一本自己最喜爱的书，然后在书上写上自己的班级、姓名交给班主任，学校将统一把这些书放到图书走廊的活动书车上和班级的书车上供大家阅读。请同学们想想，如果你的书被别人乱涂乱画你是什么心情。所以，好书漂流的活动，我们能不能做到不丢失一本书，我们能不能做到完璧归赵。同学们，你们能做到吗？

（生：能。）

我希望同学们能享受这种读书的快乐，并以自己的行动证明自己是一个有教养的人。我相信同学们一定可以做到。

谢谢大家！

2010 年 11 月 15 日

班会实录

四年级（3）班第十二周班会实录

主持：张洁

记录：房存尧

主持人：请同学们回顾李校长国旗下讲话的内容。

梁丁尹：李校长说运动会时看到几个同学在操场上把自己手中的矿泉水瓶子往空中抛，她走过去提醒这些同学不要再抛了，但有那么一两位同学看见李校长走远了，又开始抛起来。开始抛的时候没有意识到会影响别人，可李校长提醒后答应不再抛了却又抛，这种行为就不是一个有教养的人的表现。

邱涵：今天，李校长在国旗下对我们说了文明与教养。李校长还说了美丽是天生的，生在富贵或者贫穷的家庭也是无法改变的，可是，文明和教养都是可以改变的，只要用心改正，就可以做讲文明、讲礼貌的人。想要做文明人，先不要乱扔垃圾，不要随地吐痰。做好了这两点，就基本上可以说是文明人了，通过努力可以大有长进哦！

韩伟奇：李校长要求我们选出一本自己最喜爱的书，在书上写上自己的班级、姓名交给班主任，把这些书放到图书走廊的活动书车上和班级的书车上供大家阅读。希望我们能享受这种读书的快乐，并以自己的行动证明自己是一个有教养的人。在活动结束的时候，所有的图书都能完璧归赵，没有一本书丢失。

主持人：从李校长的讲话里你明白了什么？

邹龙凯：今天，李校长在国旗下讲话的主题是"文明与教养"。听了李校长的讲话，我就有了许多感想。怎样做一个有教养的人呢？比如，上课认真听讲，不说小话，不插嘴；不乱扔垃圾；见到老师或同学要打招呼；要多阅读，丰富自己的知识；不搞恶作剧；说到就要做到，不做伪君子……劳伦斯曾经说过，使人高贵的是人的品格。我们要努力做一个有教养、有品格的人。

杨盈：要做一个有教养的人首先要做一个文明的人。文明既尊重了别人，更尊重了自己。

主持人：你认为你身边有有教养与文明的人吗，哪里做到了，哪里做不到？

苗苗：我认为每一次黄一州在排队的时候、集会的时候都保持安静，不影响别人，这就是有教养和文明的行为。

况晨熹：我认为有些同学上课总是插话，打扰老师讲课和同学们听课就不是很文明，也是没有教养的体现。

庄乐鹏：我上卫生间以后总是冲水并且洗手，但是有的时候喜欢讲话，这是不太好的。

房老师：讲卫生的行为非常好，大家都像庄乐鹏一样，那我们的校园环境就非常美丽整洁了，每一个人都会觉得很舒服，过得很愉快，但是插话，课堂上随意开玩笑就是不好、不文明的行为，应该好好改正。

主持人：你认为怎样做才是有教养和有文明呢？

刘欣妮：我认为文明与教养是共存的：当你只顾着自己而不考虑别人的时候，文明与教养便从你身上消失殆尽；相反，当你做到言行一致的时候，文明与教养便在你身上显现了出来。

"文明是什么呢？"有的同学问。文明即注意约束自己的言行，养成良好的习惯，使自己的言行尽可能达到较高的水平。

"教养是什么呢？"有的同学问。教养是指文化和品德的修养。有教养即在文化和品德的修养方面达到了较高的境界。

文明与教养既有联系又有区别：教养是高层次的文明。所以，对于在公共场所吸烟的人来说，如果你认识不到在公共场所吸烟起码是不文明的行为，那恰恰说明你对文明的认识尚处于低级阶段，你离有教养还有着相当远的距离。

其实，教养很简单，就是自重、自觉和自制，这三点可以引致生命的崇高境域。愿我的朋友们人人讲文明，并不断提高自己对文明的认识，争取做一个有教养的人！

熊冉：判断一个人是不是有教养，不是看他是如何说的，而是看他如何做的，特别是在没有人监督的时候是如何做的。

主持人：下面请同学们读一读这几句名言。

插嘴和争辩也不符合礼仪的要求，别人谈话的时候去插嘴是一种最大的冒犯，因为我们在知道人家将说什么之前就去答复人家，若不是鲁莽愚蠢，也是一种明白表示即对方的话他已经听腻了，不愿对方说下去。

——洛克

甘居下位不算美德，能往下降才是美德，承认低于我们的事物高于我们，也是一种美德。

——歌德

使人高贵的是人的品格。

——劳伦斯

自重、自觉、自制，此三者可以引致生命的崇高境域。

——丁尼生

张洁：使人高贵的是人的品格，这句话让我深深感动。我们班有的同学在上课铃响之后才急急忙忙地跑去上厕所，你有没有想过，等你回来的时候，别人已经在上课了，这对其他同学和班级都不好，也是很不文明的。有些同学每天都会及时打扫卫生，为班级争光，这就是很有教养的行为。

主持人：是啊，要做到有教养，需要每一个人的努力，每人付出一点心思，出一点力，这个社会就会变得文明起来。

主持人：让我来告诉同学们怎样做才算是一个有教养的人吧！不会随意打断别人的话。见到老师会问好，很懂礼貌。上厕所会冲水。上课时会精神抖擞，不会看上去懒洋洋的，很没有精神。在走廊上行走的时候不会勾肩搭背。说话很讲文明，不会说脏话。

……

学生的话

今天，李校长给我们讲了一个学生的不文明行为。在我们班上也有类似的情况存在，比如，有人偷偷带溜溜球到学校来玩，结果一失手，不小心打到别人的头上。有的同学带锋利的东西到学校来玩，也有可能会伤害到别人。学校是一个公共场合，我们都在这里学习，所以一定要注意，不要因为自己的行动给别人带来不便，如果那样，那他就不是一个有教养的人了。

——四（2）班 姚芷莹

要做一个有教养的人，要懂得讲文明懂礼貌，要懂得尊重别人。我们只有尊重别人，才能获得别人的尊重。有时我和妈妈坐公共汽车，有叔叔、阿姨、哥哥、姐姐都会让位给我坐，我会说谢谢。我长大了也会这样做。做个有教养的人，要真诚、勤奋、尊老爱幼。我们要通过学习和锻炼才能成为一个有教养的人。

——二（2）班 李倩慧

今天国旗下讲话的题目是：漂亮是天赋，教养是选择。意思是：漂亮是天生的，是不可选择的，而教养是可以选择的。我也做过有教养的事：我上下楼梯靠右行，上下楼梯轻声慢步；我会把垃圾扔进垃圾桶里，不会把垃圾乱扔；我见到老师、校长、客人、保安叔叔和护导老师会主动问好；下课不追逐打闹。我要努力做一个有教养的人。

——五（3）班 甘壮思翰

教养，不是让你在胸前系上这个大牌子，更不是让你去虚张声势，而是从你的行为细节表现出来的。如果你不能选择外貌，就请选择教养吧！

——五（2）班 罗璇

教师的话

我想优秀是培养出来的，那么文明也是可能培养出来的。不单单和我们国家的经济有关。文明体现在方方面面。我们应从现在起，从自己做起，做一个文明的传播者。让学生在滨海体会到文明，通过自己的言行来体现文明。

——王俊

马丁·路德说过："一个国家的兴盛，不在于国库的殷实、城堡的坚固或是公共设施的华丽，而在于公民的文明素养，也就是人们所受的教育、人民的远见卓识和品格的高下。"最具有说服力的道德教材是大人以身作则，儿童目睹大人如何生活，如何与他人相处……教师的学校教育是家庭教育的延续和发展，我们教师要进一步引导孩子从课堂上吸纳英雄人物的道德光辉，把孩子塑造成为道德的典范。具体来说，就是试着让学生学会照顾别人，照顾自己。

——汪姗姗

俗话说得好：人可以不漂亮，可以不美甚至没有多少气质，但是不能没有教养。可见教养是一个潜在品质，也不会直接地吸引人的眼光，但是，对于凡尘中的我们来说，生活需要我们有教养，学校需要老师、学生和家长都有教养。这样遇到矛盾，大家才能静下心来沟通，处理好矛盾。

——何美萍

李校长的一席发言，让我又一次体会到了教养的重要。教育是一种人类道德、科学技术、知识储备、精神境界的传承行为，更是一种人类文明的传递行为。教养是人们发自内心的一种修养，是人的一种内在美。有教养的人懂生活、爱生活，他对身边的每一个人都热情、真诚、友善。一个人有教养，才会拥有良好的人际关系，才会赢得他人的尊重。作为老师，应该切实抓起，从小抓起，使孩子们懂感恩、讲诚信、有责任、有度量、气质佳、会自信、怀爱心、知礼仪、习惯好。

——徐彩苑

【案例四】人有两只手——助人为快乐之本

校长的话

老师、同学们：

早上好！

我有一个问题想问大家。人为什么要有两只手？有哪位同学愿意回答这个问题？请这位同学上台来和大家说说。

（生：人长两只手是为了保持平衡。）

你说得很有道理。谢谢你。但是美国著名影星奥黛丽·赫本却认为，人之所以长两只手，一只手是用来帮助自己，另一只手是用来帮助别人的。

上周是新学期的第一周，我们滨海小学迎来了 369 位新同学，其中有 41 位转学生，他们都已进入一至六年级的各个班级开始了他们新的学习生活。我很高兴地看到，我们滨海小学的学生充分发扬了互助友爱的精神，充分体现了我们是相亲相爱的一家人。六（1）班的叶文姗和母雅舟同学每天下午放学后都留在学校教新来的同学陈点点做我们学校的手语操。六（2）班的施经纬同学在新同桌还没有领到课本的时候，主动拿出书和他一起看，另外还拿出笔和本子借给他。六（3）班的曾展铧同学主动向班里新来的同学介绍学校的情况，帮助他熟悉校园新环境。当然，我相信，还有许多同学和他们一样都在热心地帮助新来的同学，因为他们懂得助人为快乐之本。

同学们，在 2009 年香港大学颁发名誉院士时，名单中有一位 82 岁的名叫袁苏妹的老太太引起了大家的注意和好奇。因为她既不是著名教授，也不是知名的公众人物，而只是一位在香港大学饭堂工作了几十年的普通的工作人员。那她究竟是凭什么获颁名誉院士这么高的荣誉呢？虽然袁奶奶没有上过学，也没有做出什么伟大的成就，但是她数十年如一日地关心、照顾住宿的大学生。她不仅关心学生们的饮食起居，还经常为他们排解忧愁，深受学生们的信任和爱戴。因为在兄弟姐妹中排行第三，她被学生们亲切地称为"三嫂"，是学生宿舍不可缺少的灵魂人物。

同学们，在生活中，其实我们每个人都离不开别人的帮助，当你需要别人帮助的时候，请你记住你的胳膊上也有两只手：一只手是用来帮助自己，另一只手是用来帮助别人的。助人是快乐之本。

谢谢大家！

2010 年 9 月 6 日

班会实录

四年级（6）班第二周班队会实录

主持：王博永、许曼淳

记录：高春艳

主持人：（播放PPT）今天早上国旗下讲话中的故事告诉我们一个怎样的道理？

周浩宁：帮助他人也就是帮助自己。

叶浩程：人有两只手，一只手用来帮助自己，另一只手用来帮助别人。

主持人：你认为怎样才能做到帮助他人就是帮助自己呢？

徐章鸿：比如，在外出时乘坐公交车，我们可以给老奶奶让座，给有需要的人让座。这就是帮助别人。

钟舒怡：同学和我一起玩球时，不小心受伤了，我送他回家，这也是帮助别人。

郑硕：同学生病不能到校上课，我帮他把作业本带回家，就是帮助他。

钟舒怡：假如同学做值日，我能够帮助他，也是很好的一件事。

主持人："帮助他人也就是帮助自己"可以为我们带来什么好处呢？

魏嘉润：我觉得可以给我们带来快乐，帮助别人的同时自己也会很开心的。

梁铭珏：我认为帮助别人，以后会得到很好的结果，俗话说，善有善报，恶有恶报。

郭万祺：不是说，人在做，天在看吗，我觉得帮助别人，老天也在看。

罗雨圣：我们帮助别人时，以后等我们也需要帮助了，别人也会帮助我们的。

高老师：那假如我们一直都不需要别人的帮助，我们只是帮助别人，不是很亏吗？

何泽鑫：不会啊，帮助别人是很快乐的事。

高老师：假如帮助别人反而被误解，没有收获快乐，是不是就不帮助别人了呢？

王薇皓：也要帮助别人。因为，只有你帮助我，我帮助我，这个世界才快乐。

高老师：是的。就好像我们的科学室，刚才高老师上完四（1）班的课，结果有几位同学没有收拾好自己的实验工具就走了，凳子也不摆。大家说，假如下一个上课的班就是我们四（6）班，你们上课舒不舒服？

全体：不舒服。

高老师：所以，我们要主动做好自己分内的事，要帮助同桌做好小组的事情，这样就保证了整个科学教室的整洁。每个人都能够这样帮助自己、帮助别人，这个公共场所才在每个班到来时整洁卫生，达到上课的要求。你们说，我们帮助别人的时候，是不是也帮助了自己？

全体：是。我们明白了。

主持人：同学们，相信大家都知道，帮助别人是一件好事，那你们知道，帮助别人为什么会快乐吗？帮助别人，是件快乐的事，那你认为我们的生活中有哪些需要帮助的人呢？我们要怎么帮助他们？请大家认真思考。

主持人：同学们，经过这节课，大家也明白了不少，如果你尽自己的能力帮助需要帮助的人，你的心里会有一丝不知名的快乐。也许，是看到那些人受到了你的帮助很快乐，你自己也很踏实；也许，是为需要帮助的人尽了自己的一份力，很快乐。赠人玫瑰，手留余香！

学生的话

放学后，我和妈妈在说双手的问题。妈妈问：人为什么长两只手？我就说人长两只手，一只手帮别人的，另一只手帮自己的，帮别人而自己觉得快乐。

——二（2）班　许　青

　　今天，李校长讲话的主题是关于帮助他人的。星期四，我在回家的路上看见一个老人，我看见她过马路不方便就去扶了她过马路。过完马路，老奶奶说了一声谢谢，我忽然感到很开心。星期二，老师叫我们写国旗下感想。许楚萍有几个字不会写，我就教她写，当她跟我说谢谢的时候，我感觉非常开心，后来她也教了我几个字。啊，帮助人真开心啊！

——三（3）班　洪浩荣

　　一天，我在外面玩，准备回家，我走到离磁卡门有一段距离的楼梯上时，正好瞧见一个老奶奶往只容得下她一个身子的门缝走去，但她走得又有点慢，她走了过去……眼看就要夹上了，这时，我一个箭步冲上去，把门缝又推大了好多让她过去，然后我又快速帮她按上了电梯。是呀，我们要帮助别人，这样自己也快乐嘛。俗话说：乐于助人。我们这样不是也乐于助人了吗？相信你的生活中也会有很多乐于助人的例子，只要你认真发现，一定会找到的。最后，不要忘记乐于助人哦！

——五（1）班　罗元君

　　我暑假回了趟老家，跟我一个好朋友玩得特别开心。她期末考试数学不及格，利用暑假我就帮她补习数学，如果通过这些天的补习，她考试能考个好成绩，我也感到非常快乐。俗话说：赠人玫瑰，手有余香，只有帮助别人，才能快乐。让我们一起尽全力去帮助别人吧！

——五（2）班　张子欣

教师的话

　　助人为乐原本是我们中华民族的传统美德，可是随着时代的发展，很多美德都丢失了，教孩子们懂得乐于助人，传承中华美德是我们教师义不容辞的责任。借此东风本周我准备做如下工作：

　　一、让学生小组交流自己帮助别人快乐自己的事例。

　　二、寻找古今中外有关助人为乐的名人故事，在家与父母一起进行"亲子阅读"。

　　当然，我们教师也应该以身作则，做好孩子们的表率，让助人为乐的风气在滨海小学蔚然成风。

——陈利云

　　初识滨海，感觉它是那么的富有朝气，充满了青春的气息。星期一早上的升旗仪式让我的心灵产生了震撼。庄重且充满了人文关怀！看似简单的提问把师生都带入了深深的思索中。校长更是能够俯下身倾听小孩子们的心声，着实让我佩服！"人有两只手，一只手帮助自己，一只手帮助别人。"我想它所强调的还是多帮助别人。在滨海的这几天时间里，我得到了无数双手的帮助，他们帮助我解决了许多的困惑，让我更快更好地融入了这个温暖的大家庭里，我是非常幸运的！感谢这些帮助过我的手！已经而立之年的我重新出发，来到了新的工作环境，尽管我的力量微薄，尽管我面对的是我从未教过的二年级，但是我愿意也有信心用我的手去帮助更多的孩子，去保护他们的兴趣，去呵护他们的心灵，去带领他们体会英语世界的快乐！我会全力以赴，希望就在前方！

——万志军

【专家点评】

因"敏感"而生的课堂

　　当今的教育变革已经深入到学校内部，学校成为教育变革的主体。因此，关注学校、围绕学校、进入学校、为了学校、变革学校，在学校变革实践中实现基础教育改革的理想，创造新的教育世界，愈益成为今日教育改革者的共识。在这个过程中，学校自身的变革意识和变革能力也成为决定学校发展的重要因素。如何推动学校的转型性变革理应成为学校管理者尤其是校长们思考的问题。在我看来，成功的变革者应具备六种敏感：时代敏感、生命敏感、课程敏感、文化敏感、机制敏感、创新敏感。

　　我们以此标准来看学校的国旗下课堂，可以发现，国旗下课堂形成的过程中，反映出学校的管理者尤其是李唯校长本人，具备了上述的几种敏感，国旗下课堂正是因"敏感"而生的课堂。

首先，李唯校长和学校管理者敏感地意识到了传统的国旗下讲话存在的弊端。这种弊端说到底是由于传统的活动已经不能适应时代的发展，进而不能发挥出其应有的教育作用。李唯校长意识到这个问题的存在正是因为她对时代的敏感；她和学校管理层在发现问题后没有回避问题，而是积极地分析问题产生的原因，这是对学生生命发展负责的表现，也说明他们具备了对生命的敏感。

其次，如果只是把国旗下讲话变成国旗下课堂，仅仅是在校本德育实践转型过程中迈出的一小步，李唯校长的可贵之处在于：她的思考和实践继续延伸到课程领域，这种课程敏感推进、提升了国旗下课堂的层次，并因而有了更广阔的普适性。显然，她的课程敏感与时代敏感是不可分割的，毕竟这是一个课程改革的时代。

再次，在意识到问题之后，李唯校长和学校管理层还积极探索解决问题的有效途径。在这个过程中，李校长根据问题存在的原因，大胆尝试改变，通过自己亲身实践的方式，改变了原有国旗下讲话的内容和形式。这一变革过程充分体现出了李校长的创新敏感，敢于通过内容和形式的改变创造一种新的校本课程；同时，在这一创新过程中，她们还将原来只是每周一早晨的国旗下讲话延伸到下午的班队课，将教师、家长都纳入到课程实施的过程中，这正是组织敏感和机制敏感的集中体现。通过上述的创新，学校最终实现了由国旗下讲话向国旗下课堂，再到国旗下课程的转变，从而使得问题丛生的国旗下讲话变成实践学校教育理念的新天地。

此外，无论是国旗下课堂，还是国旗下课程，都是以学校为载体的一种思考和实践，是校本化的探索形式之一，其最终的归宿，除了在人的意义上能够促进师生真实的生命成长之外，在文化的意义上，还有助于学校特色文化的创生，这种文化敏感因此又与课程敏感构成了相辅相成的关系。

学校的国旗下课程创生的过程启发我们：作为学校的领导者，应具备一些基本的敏感。这些敏感说到底还是对问题的敏感，因为问题即是改进的起点，改进即是发展的开端。

希望有越来越多的校长能像李唯校长那样，做敏感的变革者。

（李政涛）

二、国旗下课程的本质

(一) 国旗下课程的形式

任何一种教育形式都应该有自己的出发点和立场，理应把教育者、教育资源和受教育者都考虑在内，这也是我对国旗下课程如何组织所做的思考。我认为国旗下课程的展开需要坚持以下几个原则。

首先，国旗下课程是从儿童自身出发的。所谓从儿童出发，就是要遵循儿童的发展规律，把握儿童的心理特点和认知特点，能够按照儿童所喜欢的方式展开课程。因此，了解一定的心理学知识，尤其是儿童心理学和发展心理学的知识就显得至关重要。一个优秀的教育者首先是一个能够读懂儿童并按照儿童规律办事的心理学者。简单来说，儿童喜欢活动要胜过训话，喜欢参与要胜过收听，喜欢故事要胜过道理，喜欢幽默要胜过刻板，喜欢丰富要胜过单调。如果能够让故事进入课程，能够幽默风趣地得到表达，能够使活动课程更多地进来，能够让儿童有表达自己的机会，能够使儿童积极地参与其中的话，那么课程就在最大程度上符合了儿童的心理特点，他们对这一课程产生兴趣的可能性也就大大增加，课程实施取得的效果也肯定比较高。从儿童出发，把儿童放在教育的中心，本质上是要为国旗下课程找到一个立足点，我所担心的是一两个玄乎的词汇和标新立异的表达迷失了教育的方向，国旗下课程也不例外，如果能够坚持从儿童出发，坚持儿童立场，那么我们教育者就不会犯方向性错误，最终所呈现给儿童的就是他们所乐于亲近、易于接受的。

其次，国旗下课程是从教育规律出发的。教育本身有其规律可言。教育的对象同其他社会活动的对象不同，它是人对人的一种有计划性的活动。国旗下课程需要遵循教育的规律，强调一种综合性的影响，并且始终考虑到其影响的对象是人，是具有生命价值和生命意义的儿童，课程的安排应该充满着爱与温情，它的生成与发展过程始终坚持着生命的维度。这样来看，课程应该从外到内都蕴涵着生命的气息，可以让我们感受到生命的温度。它遵循着生命成长的规律，它必须是温润的，而不是尖锐的；是光明的，而不是黑暗的；是熏陶和浸染的，而不是灌输和强迫的；是循序渐进自然展开的，而不是揠苗助长、急功近利的。而且，教育是一项综合性的事业，这里的综合性不仅体现在培养儿童综合素质上，也体现在教育的利益相关者上。教育的所有利益相关者，无论是学校的工作人员、学生，还是家长与社会，都有权利参与其中。这为国旗下课程的安排打开了门路和思路，使国旗下课程能够保持开放的姿态。

最后，国旗下课程是从课程结构出发的。课程是有序规划的经验组织。经验是一个实践的词汇，它强调参与性，而且课程所提供的经验必须是一个有组织的、系统的集合。它既有时间上的跨度，也有空间上的跨度。它不是一个点，而是一条线，甚至是一个整体，一个多维空间。时间、地点、人物、事件是这个多维空间里必不可少的要素。课程需要有不同的层次和不同的内容，它从不同的目的出发（接触、掌握、理解、技能、情感，等等）安排不同的经验，在不同的时间节点上能够对儿童产生有益的、有力的影响，从而最终对儿童产生教育意义。另外，课程的成功与否还需要及时的反馈和思考，应该有一个对课程的反思机制，这是学校在后续的课程开发中所必备的。

正是基于上述三个原则，我把国旗下课程的形式从时间、空间、人物、事件四个维度进行扩展。在时间维度上，国旗下课程不仅仅是指周一早上，它应该贯串到周一全天，甚至可以继续延伸到整个一周；在空间维度上，国旗下课程不仅仅是在国旗下、操场上，它还包括班级里、家庭中，甚至社会上；在人物维度上，国旗下课程不仅仅包括校长，还包括教师和学生，甚至包括家长；在事件维度上，国旗下课程不仅仅包括讲话，还包括讨论、总结和对话。至此，国旗下课程中的"国旗下"只是某种名词上的延续，它顺承了过去的一种表达方式，但是其内涵和外延都已经发生了很大的变化，极大地丰富了自身。按照先后顺序，国旗下课程大致可以分为三个部分，我亲切地称之为国旗下课程三部曲。

第一，序曲。

周一的早晨，在滨海小学的操场上、国旗下，全校师生欢聚一堂，迎接新的一周的来临，这是新的开始，应该被我们所重视。入场、列队、升旗，然后是讲话，我的讲话以学生喜欢的故事形式呈现，内容有自己身边的榜样，有同龄人的故事，也有发生在学校中的一些教育教学案例。这些故事要让学生感觉到自己就是其中的主人公，他们可以褒扬、可以贬抑、可以判断、可以改正、可以发展、可以展望，在这里，学生可以表达自己的观点。我尽量使自己远离一个训导者的角色，而是作为一个教育者、贴心人的角色。无论是从说话的内容，还是从说话的方式上，我都希望自己是学校建设的一员，和所有在场的教师、学生一样，关心着学校的发展、教师的发展和学生的发展。

我想指出的是，这里不仅仅是我在说，学生在听，更重要的是我在说，让学生也来表达，对说的内容做出评价，使学生能够对我所呈现的过程做出积极的回应，对的为什么对，错的又错在哪儿。当然，我必须表达自己的某种价值判断，而且清楚地传递自己对他们的某种期待，要让他们觉得我就在他们身边，看着他们，听着他们，关心着他们，维护着他们，期待着他们的表现，期待着他们的未来。这样，校长能够以一个朋友的身份出现在大家面前，就使他们感到亲切而又自然，舒心而又坦然。

序曲是开始，是起步，我想把某个话题呈现在大家面前，作为一个引子，能够引起大家的注意，但它仅仅是个开始，在一个集体的环境里即使它发挥了作用，也还需要正曲把它传接下来，把它引入思维的正堂，把讨论和思考的部分再加强。如果说序曲起到了抛砖引玉的功效，那它的作用也就真正发挥出来了，我的目的也就达到了。

第二，正曲。

国旗下课程如果没有后续的跟进，只是停留在国旗下这一固定的场所，那么它的作用就不可能那么大，也不能称之为真正意义上的课程转化。学生如果没有把早晨的内容进行思考和内化的话，那么我们只能称早晨的内容为某种经历，而不是经验，因为经验包含了一定程度的反思，它需要努力持续的关注。因此，正曲就在这样的要求下奏响了，这里教师们可以充分发挥自己的想象力和智慧，通过各种各样的活动和形式，通过周一下午的班会课对早晨还没有消化的内容进行思考和沉淀。

在此，我想强调的一点是，正曲不是对校长所讲内容的学习，不是要去遵照实施，因为它本身不是一个规则和某项指令，它只是学生生活中所遇到的、即将遇到的，或者有可能遇到的情景的呈现，它只是想把一个故事讲完整了，讲完满了。它也只是代表了我所理解的一个层面，如果这样的言说能够引发出一系列的探讨和思考，那就再好不过了。恰是如此，正曲里的教师需要从这样一个主题中展开，把自己的创造性和主动性发挥出来，让学生能够对早晨可能有的那种震撼、同情、愤怒、快乐、知识、理解、赞同等重新梳理，重新沉思，在研讨中表达自己的观点，发表自己的看法，说出自己的疑问，并得到一定程度的解答。我想，正曲让课程真正转变为某种经验的东西，学生也重新经验了一次，在理智、思维和判断的条件下重新温习过一次，这对于学生锻炼自己的表达能力、思维能力、对比能力等非常有帮助，也非常有必要。

第三，尾曲。

在前面的序曲和正曲中，校长、教师和学生都参与其中，但是学生没有学以致用，学生的观点或许依然没有得到充分的表达，而且家长也没有参与到这一经验中来，那么学生的转变就显得势单力薄。因此，尾曲就是要把家长引进来，引进课程中来，引到教育的场地中来，而不是观望。当然，也是把课程延伸出去，延伸到家庭中去，不仅仅是在课堂中教育孩子，还要在家庭中教育孩子，同时也在这样的延伸中教育了家长，促进了共同的成长。

国旗下课程把家庭作为课程很重要的一个部分来开发和应用。学生回到家里，需要向家长讲述早晨的故事，讲述课堂讨论的过程、别人的观点、自己的观点、自己的认识和态度，并询问家长的态度和观点，然后同家长展开讨论，家长自然就加入了这一教育活动。有了家长的参与，我们的教育效果必定会更加显著。

至此，我们的国旗下课程也算是告一段落了，滨海小学激励教师、学生和家长的参与，的确带动了学校的发展，国旗下课程的三部曲始终都是一个完整的链条，不能断裂。在每个不同的阶段都有不同的时间、不同的地点、不同的人物和发生不同的事件，共同组成了国旗下课程。在每一个阶段都去坚持三种视角：儿童的视角、教育的视角和课程的视角，使得国旗下课程能够以一个完整的、系统的姿态展现自己。如表1所示。

表1 国旗下课程三部曲

	时　间	地　点	人　物	事　件
序曲	周一早晨	操场国旗下	全校师生	升国旗、讲话
正曲	周一班会	班级课堂	班集体	讨论、思考
尾曲	晚上回家	家庭	家庭成员	复述、讨论

（二）国旗下课程的内容

国旗下课程不是一个新鲜事物，至少国旗下讲话不是一个新鲜事物，它扎根在我们的教育传统中，只是我们习以为常，认为没有多少创新可言。然而事实正好相反，在最为古老的土地上生长出新品种，只需要我们教育者们灌入新鲜的血液，只需要我们再度关注和重新解读即可。当然，这也正是我们所缺乏的。

在我对国旗下课程的内容展开具体叙述之前，我还想就国旗下课程在操场上的那个场面及其具有的教育价值再做进一步的说明和阐述，因为我觉得那里有着最为古老的教育土壤，这些古老的教育土壤却能滋养出最为现代的教育新形式。依我之见，集中有着原始的教育价值，像孔子集中授徒、班级授课制，以及马卡连柯的班集体的力量一样，集体在它最元初的形式上就携带着教育的种子。不可否认，如果我们仔细一点去观察的话，就不难发现，集体的力量远远大于相同数量的个体加在一起的力量，集体也不是所有个体的简单累加。集体的产生不是一个物理过程，而是一个化学过程，在集中的过程中不断发生着相互的作用和反应，原有的一些性质消失了，原先没有的一些性质悄然出现了。

那么，集体的教育意义又体现在哪里？回答这个问题，我们不得不把目光转向集体心理学或集体无意识这样一些心理学的词汇。是的，集体中的个人不再是独立的，他无时无刻不在受着周围人的影响，受着一个隐隐约约、被称之为"集体"的物体的影响，他们似乎被某种看不见的力量牵引，似乎被某种神秘的气息所渲染和鼓舞。这里，需要提到的是，集体所产生的作用有好的，也有坏的，教育利用集体的力量就是要把集体的那种好的影响独立出来，并把它扩大化、纯净化。集体既有鼓动作用，也有鼓舞作用；既有压抑作用，也有创造作用。教育就是把集体所独有的那种鼓舞作用和创造作用释放出来。

说到这里，我们大概可以明白传统的国旗下讲话所隐含的某种教育意味。它本身把学生集中在一个固定的场所，而且这个场所以国旗为中心，蕴涵了国家、国歌、国旗、庄严、法律这样一些字眼。但是，这样一个具有教育意义的环境和活动并没有引起我们足够的重视，反而通过死板的讲话和训导掩盖了它的教育价值，压抑了它的教育意蕴，不能不说令人非常惋惜。

滨海小学的国旗下课程正是要把这种集体环境里的教育价值重新挖掘出来，并加以发扬光大，这几乎是我的一种情结。我觉得孩子们能够在一个集体的环境中，相互影响，相互照应，他们应该可以找到属于自己的情绪上的释放，我们教育者也应该给他们这样一种集体的影响。他们被神秘的、明快的、乐观而又敞亮的力量所指引和鼓舞，虽然感觉不到它，但是这样的力量的确存在，我们称之为熏陶、感染、感悟、领会、浸润的力量。那么，现在来看我在亲历滨海小学的国旗下课程之后记录的文字吧。

每周一的升国旗仪式如约而至，我几乎是按捺不住自己期待的心情，要和大家分享自己的一些想法和感受，作为一个教师，没有比和孩子们在一起更令人幸福的事了；作为一个校长，没有比和全校的师生欢聚更令人期待的了。

早晨，初升的太阳把整个滨海小学都照亮。滨海小学如同大海里的海豚一般，破浪而出，生动、有力而又充满智慧。周围的树木开始舒展，鸟儿开始鸣唱，人群在校外的车道上穿行。当学校广播台的音乐从喇叭里传出熟悉的旋律时，我总恍恍然如同回到自己的童年，孩子们，今天是你们的，未来更是你们的。音乐如同山涧的清泉汩汩流淌，潺潺作响，引得沿路花开芬芳。孩子们出来了，他们几乎个个都是从楼梯口和楼廊里蹦跳着出来的。是的，蹦跳本身就是你们的旋律，是你们给自己设定的音符，你们在生命的五线谱上谱写自己的乐曲。

操场上的孩子们多起来了，原本还在晨曦中微睡的操场就这样突然热闹起来了，操场肯定是被孩子们的脚步声给打动了，老迈的它也要说说话。老师们领着自己的孩子们，踏着音乐，迎着朝阳来了。当孩子们都集中在操场上后，鼓乐队敲响了，它们是要把我们体内还有的那点点懒惰、空气中留下的那点点沉寂都吓跑，注入新鲜的血液，直到你心里唱起自己的歌。国歌响起，孩子们看着国旗在湛蓝的天穹升起，他们一定看到了过去，想到了前人为了今天的美好所做出的牺牲和奋斗，整个操场立即充满了庄严的气氛。对的，孩子们，无论在何处，无论在何时，都该记着过去，记着祖国。

我今天跟大家分享的是"诚信是做人之本"，讲的是秦朝末年的季布诚实守信，一诺千金。我想诚实守信是每个人都应该秉持的信仰。看着孩子们充满智慧的眼睛和认真聆听的劲头，我想你们一定会说到做到的。

时间总是过得这么快，国旗下的这段时间对我而言是最幸福的，我在这里看到自己的过去，看到自己的现在和未来，从孩子们身上，我学到了很多，我愿意把自己的所思所想同孩子们分享。

孩子们，不知你们此时是否有着和我一样的感受，不知你们是否听到了属于自己的心跳，激情而又充满感动，为自己的现在和未知的未来而无限憧憬。我们共同成长，滨海小学与你们共同成长。

国旗下课程就是要达到这样一种效果。如果它仅仅是讲话那么简单，我想它难以发挥最大的效果。我所期待的国旗下是一个地点词汇，也是一个场景词汇，能够把集体环境中的感染力生动地表现出来，使孩子们在其中深受感动，使他们自己本身受到音乐、演讲、集会等的影响，这样的影响才是持久而深刻的。如此来看，我们就能理解：国旗下这一地点如果被单一的故事所统占，那么可悲的结果就是必然的，它在出发点上就错误百出了，因为国旗下被解读为一个讲话的场所、一个训诫的场所。如此来看，教育的大门就被打开了，我们所做的很多，要比我们想象的还要多。在地点中所做的丰富性工作把教育诠释得生动而又形象。在滨海小学的国旗下，不但有校长的讲话，更注重营造集体成长的气氛，让学生自己的鼓乐队来奏响生命的凯歌，列队、表演、对话、升旗、口号等都成了教育空间中升腾起的音符，每个音符都必不可少，每个音符都有自己的魅力，当它们集中在一起之时，教育的力量自然表现出来了。

到这里为止，我大致把国旗下的那个场景呈现给大家了，下面我将转到国旗下课堂的具体内容，即主要讲我演讲的内容，我如何选择主题，主题的内容又有哪些类型，当然还会提到一些在主题选择中所发生的小故事。

学校国旗下课程的内容非常丰富，主题涉及的范围比较广，既有关心人类前途和命运的保护环境的话题，又有联系国家大事、地区事务等内容的话题，也会从古代的一些故事中阐述一定的道理，当然更多的是学生周围发生的小故事。我在选择主题的时候，主要考虑了三个方面的原则。

一是尽量从孩子们的身边来。让他们更多地参与其中，更便于他们的理解，从而有利于他们产生情感上的共鸣。这一点非常重要，谈论的东西如果是孩子们身边发生的，孩子们觉得这是与他们切身相关的，因此会表现得更为重视；另外，孩子们也可以据此认识到校长和老师总是在他们身边，关心着他们的生活起居、学习和发展，觉得自己是被重视的。所以值得表扬的要及时表扬，应该批评的要及时批评。

二是尽量同当下相呼应。每个时期都有不同的任务和具体内容，每个时期也有自己的重点和要求，国旗下课程的内容也要尽量把握学生当下最为关心和最为重要的问题，能够始终把握时代的脉搏，跟上时代的步伐。如在开学的时候，如果能够就学生一年的规划和展望做一个相关主题的演讲，对于学生来说就显得非常有用，因为这和学生当前最为关心的事情相呼应了，学生可以立即着手去思考这学期的发展、任务和要求，这样的演讲产生的效果就会非常好。

三是内容尽量丰富。学生发展包括很多方面，即使难以照顾到所有方面，也需要尽量丰富课程的内容，让学生受到多方面的教育。如学生安全、自我保护、学习、生活习惯、品德养成等，都应该成为课程的内容。这样安排课程内容，既有利于学生的全面发展，也有利于保持学生的兴趣，而不至于使学生对同一个话题产生厌烦情绪。

我也是在上面三个原则的基础上选择话题的。表 2 是 2009—2010 学年度第一学期国旗下课程的内容。从这个表格中我们可以窥一斑而见全豹，演讲主题涉及的范围相当广泛，也算是"家事，国事，天下事，事事关心"了。

表 2　学校 2009—2010 学年度第一学期国旗下课程主题一览表

时　间	主　题
2009 年 2 月 11 日（第一周）	新年是一个下决心的时刻
2009 年 2 月 16 日（第二周）	学习贵在专心
2009 年 2 月 23 日（第三周）	滨海因我而精彩
2009 年 3 月 2 日（第四周）	你有良好的卫生习惯吗？
2009 年 3 月 9 日（第五周）	责任心可以让我们把事情做完整
2009 年 3 月 16 日（第六周）	学会对自己的行为负责
2009 年 3 月 23 日（第七周）	心动不如赶快行动
2009 年 3 月 30 日（第八周）	加强防灾减灾，创建和谐校园
2009 年 4 月 13 日（第十周）	向身边的榜样学习
2009 年 4 月 20 日（第十一周）	你会像他们一样去做吗？
2009 年 5 月 4 日（第十三周）	无处不在的母爱
2009 年 5 月 11 日（第十四周）	学习防震抗震知识，增强自救互救意识
2009 年 5 月 18 日（第十五周）	诚实守信，重在实践
2009 年 5 月 29 日（第十六周）	作业为谁而做？
2009 年 6 月 1 日（第十七周）	我有诺言，尚待实现——2009 年庆"六一"发言稿
2009 年 6 月 8 日（第十八周）	立即行动并竭尽全力
2009 年 6 月 15 日（第十九周）	你希望自己是哪种人呢？
2009 年 6 月 22 日（第二十周）	坚持是成功的秘诀

我一般都会从学生的学习、生活和品德培养这样三个方面来寻找话题，如学习方面的课程内容有"立即行动并竭尽全力""作业为谁而做""人生不能像树懒一样活着""学习贵在专心"等。生活方面的课程内容有"学习防震抗震知识，增强自救互救意识""加强防灾减灾、创建和谐校园""人生第一要事是健康""你有良好的卫生习惯吗""今天你低碳了吗""关爱生命从有秩序的走路开始"等。品德培养方面的课程内容占了很大一部分，这也凸显出德育在学校教育中的重要性，以及国旗下课程这样一个特殊环境里德育的适切性，如"诚信是做人之本""责任心可以让我们把事情做完整""比天空更宽阔的是人的胸怀""诚实守信，重在实践"等。当然，也有一些对于学生的期待和有关学校发展的话题，如"学校价值提升的表现""滨海拾贝的快乐""和太阳一样颜色的缤纷节"等。国旗下课程的内容分布如表3所示。

表3　国旗下课程内容分类

类　型	举　　例
学习	"立即行动并竭尽全力""作业为谁而做""人生不能像树懒一样活着""学习贵在专心""让我们在阅读中健康成长"
生活	"学习防震抗震知识，增强自救互救意识""加强防灾减灾、创建和谐校园""人生第一要事是健康""你有良好的卫生习惯吗""今天你低碳了吗""关爱生命从有秩序的走路开始"
品德	"诚信是做人之本""责任心可以让我们把事情做完整""比天空更宽阔的是人的胸怀""诚实守信，重在实践""我有诺言，尚待实现"
学校	"学校价值提升的表现""滨海拾贝的快乐""和太阳一样颜色的缤纷节"

（三）教育敏感与教育细节

我心中的好教师，必须具有教育的敏感，同时能够注意到教育的细节。

教育是最简单的事情，当然教育也是一件最复杂的事情。说简单，它只表达了我们人类的某种与生俱来的天性，人人相传，代代相沿，再简单不过了；说复杂，它把几乎所有的因素和社会元素都含纳其中，为着孩子们的成长"纠缠"在一起。

正是因为教育的复杂性，我们都呼吁教师应具有对教育的敏感性。敏感原本是个生理学和心理学词汇，它表达了生物体对于外界刺激的反应，刺激小而反应大的我们称之为敏感，刺激大而反应小的我们称之为迟钝（或不敏感）。对教育来说，几千年地这样延续下来，我们对很多东西习以为常，感觉慢慢地迟钝了，因此也就发现不了教育中的变化，不能把握教育中的变量。敏感的教育者需要对外界的环境做出及时的反应，能够及时而又准确地发现环境里的教育资源，他需要几乎是出自天性的那种触发性，这对教育来说就是种幸运。因为敏感，教师能够关照到学生；因为敏感，教师能够发现教育的资源；也因为敏感，教师能够对自己的行为进行反思和调整。

国旗下课程的内容的发现也是一个敏感的结果，敏感的神经能够帮助我及时地捕捉到一些充满教育气息的资源，从而能够把握它，并对它进行完善，使之成为适合的教育资源。国旗下课程的内容并不是完全由我一个人确定的。为了及时寻找国旗下课程的课程资源，我不但自己主动出击，找班主任及其他教师了解学生学习生活中的动人事迹，还公开了自己的邮箱，让学生和教师主动爆料。许多国旗下课程的内容就这样在校长、教师、学生的共同参与下生发出来。"滨海因我而精彩"中拾金不昧的许晓茵、黄倩；"向身边的榜样学习"中"请老师带着好心情批改作业"的周美翔；"你会像他们一样"中主动清扫同学呕吐物的邓梓杰、邓辛岚、张凌鹏……学生身边的一个个感人故事也就这样被发掘出来。这些看似平凡的小事，彰显着学校"珍视童年价值，培育生命自觉"的办学理念。正因如此，国旗下课程才变得越来越灵动，越来越充满生命的气息。

优秀的教师不仅仅是一个具有教育敏感的人，还必须是一个注意教育细节的人，他必须关注教育的方方面面，这是由教师这一职业的独特性决定的。因为教师是一项培育人的职业，任何错误都有可能对孩子造成不好的影响，这种不好的影响有可能影响孩子将来的发展，甚至影响孩子的一生。在国旗下课程内容的选择过程中，我也不断遇到这种情况。因为并不是所有感人的情节和人物都适合走进国旗下课堂，成为国旗下课程的一部分。作为一种特殊的课程，国旗下课程的内容也需要经过科学的甄别和选择。教育需要的不仅是对生命的感悟和感动，也需要理性的智慧。

例如，五年级的一个学生在信中说，她们班有一个智障学生，每天，鼻涕都垂到嘴边，同学们都感到很恶心，而他的同桌却每天都拿出自己的纸巾帮他擦掉，已经坚持一年多了。这个学生希望校长用国旗下讲话的形式对这位同学提出表扬。我读到这封信时，感动得流泪，立即决定下一周的国旗下课堂好好讲讲这件事。主题和内容都写好了，可临讲前的晚上，我经过慎重考虑又放弃了。我觉得表扬了那位做好事的同学，可能会伤害那位智障学生。保护每一个学生的尊严，特别是智障儿童的尊严，是教育者的责任。于是，我找到了该班的班主任和那位同学，在我的办公室举行了一次特别的"表扬会"。

【案例一】向身边的榜样学习

校长的话

老师、同学们：

早上好！

同学们，如果哪天老师没有布置作业，你们一定很开心，对吗？

（生：对！）

同学们，我理解你们的开心。爱玩是孩子的天性，这是每个大人都了解的。可是学生时期的主要任务是学习，做作业的过程不仅加深了我们对课堂上所学知识的理解，还巩固了我们对所学知识的记忆，可以说按时完成作业是学习任务的一个最基本的要求，也是每一个学生的责任所在。

可是在我们滨海小学每天都有一些同学不交作业或者迟交作业，老师、家长都为此很苦恼。是什么原因导致这种情况呢？根据调查我们发现，主要是这些同学没有养成按时做作业的好习惯？比如，有些同学在放学后要玩到天黑才回家做作业；有些同学回到家要看很长时间的电视，爸爸妈妈再三催促还磨磨蹭蹭舍不得离开，刚打算做作业，睡觉的时间又到了；有些同学一边做作业一边玩；或者一边做作业一边吃东西……本来一刻钟或半小时可完成的作业，他们一小时甚至两小时都做不完；还有些同学害怕作业做完了，爸爸妈妈又布置新的作业，所以就故意拖拖拉拉，时间长了，就养成了拖拉的习惯。那么如何才能快速完成作业呢？我想上课专心听讲、认真专注地完成作业应该成为同学们努力的方向。

同学们，在我们滨海小学有这样一位同学：她上课非常认真，神情专注，思维活跃，几乎每堂课都见到她举手发言；她作业书写整洁，字迹清晰，写完作业后，她往往会写上做作业所用的时间，还不忘在作业本上写上一句："请老师带着愉快的心情改作业。"你们想知道这位同学是谁吗？这位同学就是二（1）班的周美翔同学。现在，我想采

访周美翔同学，请周美翔同学到台上来。（响起了热烈的掌声）

你好，周美翔同学。

（生：您好，校长。）

我和同学们都想知道，你为什么要在每次作业后面写上用了多少时间呢？

（生：因为我读一年级的时候，写作业的速度很慢，每次写作业都要花很多时间。妈妈就让我在每次作业后写上时间，这样我就可以比较每次做作业所用的时间，慢慢地，我发现我做作业的速度就加快了。）

哦，是这样。你真了不起。知道自己做作业慢，就听妈妈的话去努力改变。将来你一定会很有出息的。那你又是怎样想到要在作业本上写上"请老师带着愉快的心情改作业"的呢？

［生：我是听数学老师说有位二（2）班同学是这样写的，我很喜欢，就向他学了。我也不知道他叫什么名字？］

哦，向不知名的同学学习。是二（2）班的哪位同学？也请你上台来好吗？怎么？（班主任走到一位男同学面前，请他上台，他扭捏着）不好意思上来吗？那校长带你上来好吗？（我走下台去，牵着那位同学的手走上台来）

告诉我们你叫什么名字？

（生：王静儒。）

王静儒同学，你好！你又是怎样想到要在作业本上写上"请老师带着愉快的心情改作业"的呢？

（生：是我们班的郭心怡先写的，我是向她学的。）

也是向同学学的，真好！请郭心怡同学也上台来好吗？（一个小女孩大大方方地走上来）

你好，郭心怡同学！你是怎样想到要在作业本上写上"请老师带着愉快的心情改作业"的呢？

（生：我觉得老师每天改作业很辛苦，我希望老师改作业的时候心情愉快！）

看到你写在作业本上的话，老师一定很开心！谢谢你！

同学们，郭心怡同学能体谅老师的辛苦；王静儒、周美翔两位同学能自觉地向身边的榜样学习。他们的这种精神很值得大家学习。在滨海小学，在我们周围，有很多这样的榜样，我们要多多地向身边的榜样学习。我提议，今天下午的班会课，我们就来谈谈身边的榜样，看看他们是怎样做到按时完成作业的，好吗？

谢谢大家！

2009 年 4 月 13 日

那天升旗仪式结束后，曾女英老师在校讯通上给我发来了这样一段话：

校长：今天的升旗台上真是高潮一浪接一浪，惊喜连绵不断。刚开始，您跟学生说作业是学习的一部分，然后列举了很多现象教育学生要认真、按时完成作业。我和身边的同事（我今天站在学生后面）都忍不住点头，那些现象确实是真真实实发生在我们的身边。

我以为您就只停留在教育学生认真、按时完成作业而已。我猜您后面可能会教育学生自己对自己的学习负责，进行责任教育。没想到您介绍了一个学生认真做作业的事例：她书写整洁，字体清晰，完成作业后，在作业后面写上完成的时间，并请老师愉快地批改作业。我一边听一边猜会是谁班的学生呢？这样的学生我暂时没有遇到，肯定不是三（1）、三（2）班。我经常要求学生要限定时间完成作业，但我没有想到让学生在作业本上写上完成的时间。

当您揭开谜底，那个学生是二（1）班的。我羡慕、钦佩地望了望身边的黄惠芳老师。我以为讲话应该就到此结束了。没有想到后面还有高潮。您先是请二（1）班的那个学生上升旗台，然后采访她："你为什么要写上完成的时间？"她回答："我原来做作业也是很慢的，后来王俊老师告诉我二（2）班一位同学是那样做的，于是我向他学习。"我这时看看时间，以为您的讲话应该结束了，最后会呼吁大家向这两位同学学习。但您居然继续请出二（2）班的那个学生，对他进行采访，他居然又很老实地回答："是向另一位同学学习的。"然后您又把那个学生请出来……我和黄老师由衷地觉得您很机智，很善于利用生成的东西对学生深入教育。

最后，您说下午的班会课主题是请同学找找身边的好榜样。我

· 51 ·

很好奇您原本的讲话主题是什么呢?

我原先的讲话主题是:你有按时完成作业的习惯吗?

第二天,张淑萍老师也在校讯通上对我说:

李校:你昨天国旗下的讲话,对四(2)班孩子有很大的触动。今早我查阅我班同学写的国旗下感想随笔,在44位同学中,竟然有36位同学在练习本上写上做作业所花的时间,也在本子上写了"请张老师带着愉快的心情看我的作业"。孩子们稚嫩的笔端流露出他们的天真与可爱。我发现敢于写这句话的同学都是用心写作业的人,相反,没有写这句话的同学的作业就是在应付老师。李校这些贴近孩子们学习生活的话题,让孩子们有样可学,对孩子们的教育很有实效性。谢谢你!

【案例二】只追前一名

校长的话

老师,同学们:

早上好!

从前有一个小女孩,小的时候由于身体纤弱,每次体育课跑步都落在最后。这让好胜心极强的她感到非常沮丧,甚至害怕上体育课。她妈妈知道了呢,就安慰她说:"没关系的,孩子,这次你可以跑在最后。不过,孩子你要记住,下一次再跑步时,你要给自己定一个目标,这个目标就是:只追前一名。也就是说这次跑倒数第一,下次就努力跑倒数第二,然后倒数第三。"小女孩点了点头,记住了妈妈的话。再跑步时,她就奋力追赶她前面的同学。结果从倒数第一名,到倒数第二名、第三名、第四名,再到倒数第六名、第七名、第八名……一个学期还没结束,她的跑步成绩已超过了全班一多半学生的水平,而且她也慢慢地喜欢上了体育课。接下来,小女孩的妈妈又把"只追前一名"的教导,用到了她的学习中。妈妈告诉她:"如果你每次考试都超过一个同学的话,那你就非常了不起啦!"

同学们,你们仔细想想看,如果只超过一个同学,对你们来说,难不难啊?

(生:不难。)

可是为什么我们没有超过呢？因为我们没想去超。这个小女孩就做到了，小女孩刻苦学习，每次考试都会超过一位同学，学习成绩越来越好。1997 年，她高中毕业时顺利地考上了中国最好的大学——北京大学。2001 年 4 月，她又被世界上最好的大学之一——哈佛大学教育学院以全额奖学金录取，成为当年哈佛教育学院录取的唯一一位中国本科应届毕业生。她就是朱成。2002 年 6 月，朱成获得哈佛大学硕士学位。同年 9 月，她被哈佛大学文理学院聘为全职教师。2003 年 9 月，她在哈佛大学攻读博士学位。2006 年 4 月，她当选为有 11 个研究生院、1.3 万名研究生的哈佛大学研究生院学生会总会主席。这是哈佛 370 年历史上第一次由中国籍学生出任该职位，这在当时引起了巨大轰动。

同学们，朱成的故事告诉了我们一个简单的道理，那就是：只要你努力，每次只追前一名，你就一定会不断取得进步，你就一定会获得成功。特别是六年级同学，你们说是不是这个道理啊？

（生：是。）

上个星期，我在这里也讲到卫生间的状况，没有以前好。所以我就叫德育处又做了一个调查，调查结果显示没有以前好的原因是因为很多同学上完厕所不冲水。冲水率最低的是一年级的女生，其次是一年级男生。一年级女生 100 个人，只有 28.78 个同学冲水，男生 100 个，只有 37.5 个同学冲水；二楼的女生表现最好，上完厕所全部自觉地冲水，男生不到一半同学冲水；三楼的男生女生都只有 60 几个同学冲水；四楼男生只有 80 几个，女生很好，全部冲水了；五楼的男生也是比较低的，只有 60 几个。那么全校的同学统计下来，平均起来 100 个只有 70 几个同学冲水。我们一起算一算，全校有 1600 个学生，1000 个就有 200 个，再加上 600 个呢？我们一起想想看，我们的洗手间能不臭吗？冲水很难吗？为什么有那么多同学不去做呢？因为他们没想到要去做，没有想到这些臭味对其他同学有伤害，对我们自己也有伤害。

结合我刚刚讲的故事，每天上课认真听讲，回家按时完成作业，每天想着超过前面一位同学，你们的学习成绩没有理由不好。我们仔细看看学习成绩好的，你去观察一下，往往学习成绩好的都是上课认真听讲，回家完成作业的同学。同学们，无论是养成良好习惯，还是提高学习成绩，我们都要竭尽全力，只追前一名。现在跟我说一遍："竭尽全力，只追前一名。"

（生：竭尽全力，只追前一名。）

谢谢大家！

2011 年 5 月 23 日

班会实录

五年级（3）班第十周班会实录

主持：王成友

记录：杨应琼

王老师：这堂课我们的主题是……

全体：只追前一名。

王老师：我们回忆一下校长今天早上的讲话，故事中的朱成一步一步走向成功，她成功的原因是什么？

吕思源：她的目标很具体，只要努力就能达到。

徐颖：只追前一名。

卢汇泽：目标。

王老师：定一个目标。如果没有目标就像飞机、轮船没有航向。她的目标不是像我们同学那样的目标，我长大了要当科学家，要当……她的目标就是只追前一个，目标永远是前一个，目标很近。

王老师：目标虽小，它需要什么？

黄焕龙：耐心。

徐颖：坚持。

王老师：需要恒心、目标、执著、毅力。她能考上北大，靠什么？

全体：只追前一名。

王老师：她能考上哈佛，靠什么？

全体：只追前一名。

王老师：同学们，想想看当朱成跑步超越前一名同学的时候心情怎么样？

马逸颖：我想她有点自豪。

王老师：坚定了自己的信心。

吕思源：她一次又一次地超越别人，没有止境。

全体：奋斗无止境。

王老师：是啊，我们遇到困难的时候要学会增强自信，并且坚持不懈地努力，最后才会取得成功！

王老师：我们来看小故事：希华·莱德是英国知名作家兼战地记者。"二战"结束后，他谋到了一个写广告剧本的差事。出于信任，广告商并没有跟他签订什么合同，也没有明确规定他一共需要写多少个剧本。平心静气的莱德一直不停地写，竟然一口气完成了2000个广告剧本，这个成绩令世人震惊，甚至连他自己都感到十分意外。而如果当初广告商要与他签订合同的话，别说是2000个剧本，就是1000个，他也会退避三舍。

王老师：这个故事告诉我们什么道理？

马逸颖：希华·莱德一下写完2000多个剧本，就是坚持不懈的努力。

徐颖：之前要希华·莱德去写这么多剧本，目标太大，可能他会觉得很难，但是当他一点一点去做的时候，目标就是具体的。

王老师：再来看一个小故事，世界著名撑竿跳高运动员布勃卡有个绰号叫"一厘米王"，因为在一些重大的国际比赛中，他几乎每次都能刷新自己保持的纪录，将成绩提高一厘米。当成功地跃过6.15米、第35次刷新世界纪录时，他不无感慨地说："如果我当初就把训练目标定在6.15米，没准儿会被这个目标吓倒。"

卢汇泽：一次超越一厘米，很多次累积就很高了。

徐颖：每次进步一厘米，长时间累积起来就不得了。

王老师：不要好高骛远，就每次一厘米。

王老师：联系生活，在我们的生活中，你们有哪些想超过的人？你又打算怎么做呢？

何泓漫：我刚进游泳队时，我就给自己定了一目标，用两年的时间超过队里的一个游泳高手，两年过去了，我现在已经超过了，我现在又给自己定了一个目标，再超过另一个高手。

徐颖：我的目标是超过那些成绩好的同学，课堂上多举手发言。

潘永鑫：我的目标是在数学上超越我前面一名的同学。

赵子源：我的目标是在跑步上超过班上最快的同学。

吕思源：我要超越孟子博，他在很多方面都比我好。

王老师：要定好一个目标，首先是执著、专一，然后一定要持之以恒。

学生的话

刚进羽毛球队的时候，我觉得颠球很难，每次都颠几个就掉了下来，而旁边的大哥哥他们都能颠很多个。现在我要给自己设定目标，每一次颠球都比上一次多五个，追上我的前一名！

——二（1）班 彭博琛

今天听了李校长的话，我有一个感想：这样日积月累地追，一定会追到第一名的。就比如今年的六一儿童节，就快到了。上一年的六一儿童节的时候我们在看我们学校合唱团表演的时候，总听到一些同学在讲话。今年，我们班全体同学说今年六一节的时候不讲话了，我相信我们能做到的！

——二（2）班 吴彤

在成绩上，我也打算只追前一名。那么，我先暂定刘圣恒。那么，我又该怎么做呢？我想，上课我一定要更加认真听讲；遇到不会的题目要做到"不耻下问"；认真写作业，100％完成老师交代的作业，做作业时认真看、读题，做到精确。

我想我一定会获得成功。对吗？

——五（4）班 陈希

教师的话

"只追前一名"，就是所谓的"垫一垫脚，够一够，摘桃子"。没有目标便失去了方向，没有期望便失去了动力。但是，目标太高、期望太大的结果，不是力不从心，便是半途而废。明确而又可行的目标、真实而又适度的期望，才能引领人脚踏实地、胸有成竹地朝前走。对于孩子和我们一部分人来说，"只追前一名"，目标虽小但是具体。在实现这个目标时，孩子会心无杂念、扎扎实实、认认真真地去做，放弃了只说不做、华而不实。孩子在一次次小的成功中，得到了他人的认可和赏识，就会逐步走向大的成功，就会做出一番大的事业来。

——何美萍

今天校长的国旗下讲话，说了一个只追前一名的女孩的故事，其实这个故事不仅对学生的生活和学习有很大的帮助，对于老师来说也有很大的启发。对于成绩比较差的学生，我总是希望能让他们一蹴而就，马上取得巨大的进步，而每每这种急功近利的心理让我在教学中表现得很急躁，不能清醒地认识学生，更不能冷静理智地对待自己。其实我也可以细化目标，让后进的孩子一点点地进步，只要坚持不懈，就一定能帮助学生走向成功。

——盛　璜

朱成的故事再一次说明了一个人成功总是有原因的，没有人能够无缘无故地成功。成功同样需要枯燥和艰苦的积累，一个一个小目标的积累。对于我们的学生，我们的要求也不能太高，我们要帮助他们实现一个一个符合他们实际的小目标，尤其是那些学习困难的学生，小目标就更重要了。可是我们往往等不及那一个个小目标的实现，觉得太慢了，拖了进度，那些学困生的小难题也就积累成了一个大难题。

——孙耀辉

【案例三】如果没有天使　那就自己做天使吧

校长的话

老师、同学们：

　　早上好！

　　从前有一个女孩，从小就失去了父亲。她的继父是个酒鬼，经常打她、骂她，继父的儿子也常常欺负她。她像一只丑小鸭，受尽了屈辱和冷眼。一次，她被几个男孩追打，躲进了一座教堂。她听见一位老婆婆说："天使就在我们身边，每个人都有天使守护。"她气愤地站起来反驳说："这世上根本就没有天使，我总是受人欺负！"老婆婆抚摸着女孩的头说："孩子，那是因为，你是上帝派来给别人当天使的。"就是这句话，改变了小女孩，改变了小女孩的一生。

小女孩开始试着像天使一样去爱别人，去帮助别人。继父喝醉了酒，她就为他端茶倒水；她对继父的儿子也不再冷眼相对，而是见了面就亲切地唤他哥哥；在同学面前，她也不再孤僻冷漠，总是向他们送去微笑、热情和友爱。渐渐地，她变成了一个讨人喜爱的孩子，不仅赢得了继父和哥哥的关怀，也赢得了同学们的友谊，她在爱和被爱中享受着生活的幸福和快乐。

后来，女孩选择做了一名护士，因为在她看来，护士就是天使的化身。她在医院做护理工作整整二十年。二十年里，她不知护理了多少病人，对每一位病人，她总是用爱去化解他们的痛苦和灾难。被她护理过的病人，都亲切地称她为天使。最后，她所在的城市、所在国家的人民都尊敬地称她为天使。2006年4月4日，这位名叫希罗的天使，因突发心肌梗死而永远离开了她所爱着的人们，整个国家都在悼念她，整个南非都称她为天使。连南非前总统曼德拉也在别人的搀扶下赶来为她送行。她在这个世上留下的最后一句话是"自己当天使去拥抱别人要比自己被天使拥抱更幸福"。希罗用她的一生告诉我们，如果身边没有天使，就让我们自己去做天使吧。

上个星期，我收到了我们学校一位同学的来信。在我心目中，她就是一位爱心小天使。她在信中写道："亲爱的校长：您好！您最近有看新闻和报纸吗？如果您看了，就一定能看得到两个关于地贫儿的消息吧！地贫儿哥哥发信为地贫儿弟弟丘斯桔求救的消息，打动了我的心。丘斯桔哥哥终于找到合适的骨髓，可家人付不起50万的手术费。我希望校长您，可以发动全校为他捐款，也为他的生命加油！希望您能同意！谢谢！速回信！我希望丘斯桔哥哥快快康复！"

同学们，你们想知道这个小天使是谁吗？她就是四（2）班的天使罗裕。罗裕同学，你今天来了吗？请你快步上来。请大家鼓掌欢迎。

罗裕同学在信中附了一份《宝安日报》，报上报道了地中海贫血患者丘斯桔兄弟的情况。地中海贫血是种遗传性疾病，一般都是在很小的时候就会病发的，在目前来说还没有非常有效的治疗方法。这种病分为轻度和重度两种情况。在轻度以上的就要输血治疗。信中提到的丘斯桔兄弟俩自幼便患有此病，每天都必须进行输液输血治疗，每月的医药费都要八九千元，家里早已一贫如洗。重症地中海贫血唯一有效的治疗方法就是进行骨髓移植，但适合的骨髓并不容易找，很多人愿意捐献但不一定适合，而且医疗费昂贵，丘斯桔的哥哥就错过了最佳治疗的时机。因为他今年已经 17 岁了，一般来说要在 12 岁以前。而丘斯桔现在是在建安小学六年级读书，幸运的是在广州的一家医院找到了适合丘斯桔的骨髓，但他的家人却付不起 50 万的医疗费。他们家已经一贫如洗，他所在的学校建安小学的师生已经捐了 20 多万，这两天我看到报纸，我们宝安区福永万福街舞队也为他捐了款。那么我想问罗裕同学几个问题：

你是怎么想到写信给校长，让滨海小学的学生来捐款呢？你平常经常看报纸吗？

（生：我平常经常看报纸，我想帮助他，让他快快康复。）

你为什么要天天看报纸呢？

（生：因为我想关心天下的大事。）

哦，那么你打算为丘斯桔哥哥做什么呢？

（生：捐款。）

捐多少钱呢？

（生：200 元。是我过年的压岁钱。）

你想跟同学们说些什么呢？

（生：同学们，让我们一起捐款吧。来帮助一个生命垂危的人，帮助他健康成长。）

同学们，我事先没有告诉罗裕同学，所以她今天有点紧张。同学们，让我们响应罗裕同学的倡议，为挽救丘斯桔同学的生命尽我们的绵薄之力吧！

谢谢大家！

2011 年 3 月 7 日

班会实录

四年级（2）班第四周班会实录

主持：李思琦、吴雨彤

记录：徐彩苑

主持人：首先有请龚老师来给大家讲讲关于丘斯桔同学的事情吧。

龚老师：罗裕同学看到3月2日《宝安日报》报道的建安小学关于"全校动员为生命加油"的文章，被建安小学同学们的爱心深深感动了，于是想到要给校长写信，让她也发动滨海小学的全体同学为丘斯桔同学献上爱心，为他的生命加油。

主持人：校长说的"天使的爱"指的是什么？

梁小立：校长说的"天使的爱"指的是对人的关怀。

主持人：同学们，希罗用她的一生告诉我们，如果身边没有天使，那我们自己就去做天使吧。自己当天使去拥抱别人要比自己被天使拥抱更幸福。

主持人：你认为什么样的人才能做天使？天使应该是一个什么样的人？

徐紫俊：天使应该是有爱心的人。

吴雨彤：天使应该是有爱心、主动帮助别人的人。

陈雨静：天使应该是热心帮助别人，不求回报的人。

叶淑仪：天使应该是有礼貌、讲文明的人。

肖宇杰：每个人都是天使，只要你能信守承诺，帮助别人。

陈泽伦：天使应该是在别人有困难时，帮助他，鼓励他。

主持人：我们虽然不是天使，但是我们能做些什么，使自己成为天使呢？

叶淑仪：在别人有困难时，能主动伸出友爱之手。

主持人：你身边有哪些天使呢？他们都做过哪些让你感动的事情？

陈婷：李思琦同学就是我身边的天使，他在同学生病时，总会放下手里的事，把同学送到校医室。

刘晓斯：黄凌峰就是我们身边的天使，当我们有同学生病呕吐时，他不怕脏，总是拿起扫把清洁污秽物。

　　陈佳：我的父母是我身边的天使，他们给了我生命，在我有困难时总是帮助我，支持我。

　　吴雨彤：清洁工阿姨也是我们身边的天使，她们每天为我们打扫卫生，给我们带来整洁干净的学习环境。

　　主持人：请同学们阅读《购买上帝的男孩》的故事，然后谈谈你的感受。

　　刘晓斯：我觉得小男孩邦迪是一个天使。他用他的孝心感动了老人。

　　肖宇杰：我感到真正有爱心的人就是天使。邦迪的爱心深深地打动了老人，也让邦迪叔叔迎来了生命的春天。

　　主持人：让我们看看罗裕同学写给校长的信吧。

　　龚老师：我觉得罗裕同学的信非常真诚，我相信在我们的共同努力和帮助下，丘斯桔哥哥的生命之光又能焕发光亮。我希望同学们也能伸出友爱之手，为丘斯桔的生命加油。

学生的话

　　今天，李校长在国旗下对大家说，她收到了一封信，信中提到了一个叫丘斯桔的哥哥得了一种很严重的病，需要50万元的手术费才能治好，写信的那人建议校长动员大家捐款。接着，校长又说了一个令我惊奇的名字，当她说到"四（2）班"时，我用诧异的目光看着周围的同学，最后校长说到"罗裕"的名字并请她上台时，我简直没有想到，这个人居然是我们班的班长，我用一种钦佩的目光看着她。罗裕同学说要用自己的行动来实现自己的爱心，校长还送她一个称号——"爱心天使"。我要向她学习。

——四（2）班　肖宇杰

　　今天，李唯校长在国旗下课堂讲了一个关于天使的故事。我对天使的理解是，那是上帝派来的使者，并且他是善良和喜欢帮助别人的。在我们的学校也有一个小天使，她想要让我们全校的同学为一个患地中海贫血的人捐款。在今天下午，我也为那个贫血的人捐了款。如果身边没有天使，就让我们自己来做天使吧。

—— 六（1）班 罗一鸣

做一个天使不难，只要能无私地帮助和关爱别人，就能成为一个受欢迎、受尊重的天使。今天，我捐了14元钱给得了地中海贫血症的哥哥，我也当了一次天使。

—— 三（5）班 钟奇睿

今天我在国旗下听说了丘斯桔哥哥的事情很感动，我希望能够帮助丘斯桔哥哥。于是我决定回家把我的零花钱拿出来捐给他。虽然，我的零花钱不多，但是能够帮助他一点，我也很开心。希望丘斯桔哥哥能够尽快康复，回到学校和同学们一起快乐地学习！

—— 二（1）班 盛 鹏

教师的话

罗裕同学的爱心让我感动，更让我感动的是在她的这个行动背后家人的支持。我想，一个优秀孩子的培养绝对离不开一个良好的家庭环境。我在和罗裕同学的家长电话交谈中得知，一直以来，他们都在进行类似的爱心活动。在班会课上，罗裕同学向同学们表达了她的单纯而真实的想法，她的行动感染了同学们，同学们也为她感到骄傲！

——龚明超

今天校长讲话的主题温暖人心。现在的绝大部分学生，从他们出生到现在，身边一定不乏天使，他们的爸爸妈妈、爷爷奶奶们都像天使一样地呵护着他们。对于这些身边一直围绕着天使的学生来说，他们甚少想过自己也要来做天使，因为他们太习惯于被天使包围了，也因为他们甚少有机会自己来做天使。但是，学生们应该清楚地知道，自己应该有这样的意识，如果他们自己不学着来做天使，不学着来关爱他人，那么天使终有一天是会离他们而去的。

——李意新

【案例四】无处不在的母爱

校长的话

老师、同学们：

早上好！

下个星期天就是母亲节了。你们知道母亲节的来历吗？

母亲节起源于美国。1906 年的 5 月 9 日，在宾夕法尼亚州的费城，有个名叫安娜的女士，她母亲不幸去世了，她很伤心。第二年，在她母亲去世的这一天，她组织了盛大的追忆她母亲的活动，然后她向社会各界呼吁，号召设立母亲节，这年是 1907 年。那么到了1913 年，当时的威尔逊总统就签署公告，把每年 5 月的第二个星期日定为母亲节。在这天，人们可以随意以自己的方式表达对母亲的爱。到安娜女士 1948 年去世时，全世界已有 43 个国家设立了母亲节。到现在，全世界绝大部分的国家都有了母亲节。为什么母亲节可以得到这么多人的响应呢？因为在我们每一个人的成长历程中，可以说走出的每一步都浸润着母亲对我们无微不至的关怀，是不是这样啊？

（生：是。）

母爱的确无处不在。同学们，当你们生病时，最着急的人肯定是妈妈；当你们由于各种原因不想吃饭的时候，最着急的人是妈妈；当你们淘气时，最伤心的人也是妈妈。

在去年汶川大地震的时候，流传着这样一个感人的有关母亲的故事。汶川地震中，很多房子都倒塌了，救援人员被派去搜救，当有个搜救人员搜救到这位母亲的时候，发现她已经死了，她的姿势是怎么样的呢？她是跪着的，就像古人行跪拜礼时的姿势，整个上身向前匍匐着，双手扶着地，支撑着身体，因为她是被垮塌下的房子压死的。在她的身体下有个空间，躺着她的孩子，大约有三四个月大。因为母亲身体的保护，孩子没有受到任何的伤害。就是说他还活着！旁边有一部手机，屏幕上有一条已经写好了的短信，你们想知道上面写着什么吗？

（生：想！）

上面写着："亲爱的宝贝，如果你能活着，请记住我爱你，请一定记住我爱你。"这个母亲在生命的最后关头想到的还是如何保护自己的孩子。

在20世纪80年代初，当时全国人民的生活还不是很富裕。那时我在一所中学教书。我学校有一位同事，她的儿子非常喜欢吃排骨。每次家里做了糖醋排骨，她三四岁大的儿子就尽情地吃，吃到最后他总是发现他妈妈在吃他没有啃干净的骨头。有一天，儿子竟然天真地问妈妈："妈妈，你喜欢吃骨头吗？"小朋友们，你们觉得这位妈妈真的喜欢吃骨头吗？

（生：不是的。）

对，她妈妈并不喜欢吃骨头，她只是自己不舍得吃，想让孩子多吃点。孩子们，在你们的生活当中，也一定有这样的事情，你们不喜欢吃的东西妈妈就把它吃了，妈妈喜欢吃的东西，而你们也喜欢的，妈妈就让给你们吃了，有这样的事情吗？

（生：有！）

一定有的。同学们，每年你们过生日的时候，你们都特别的高兴吧，你们总会想买很漂亮的蛋糕，问妈妈带你们去哪里玩。但是，你们有没有想过，在你们出生的那一刻，正是你们的妈妈经受着痛苦的时刻。还有，你们谁记得妈妈的生日吗？我想找几位同学问一下。好，这位举手的同学，请你到台上来，你告诉大家，你妈妈的生日是哪一天。

（生：我妈妈的生日是农历三月初一。）

那阳历是哪天啊？

（生：不记得了。）

你有没有祝她生日快乐？

（生：有。）

是谁告诉你的呢？爸爸告诉你的吗？

（生：是妈妈告诉我的。）

你还算个有心的好孩子。如果明年你能自己记得并问候妈妈的话就更好了。

还有谁记得妈妈的生日？好，请你上来说。

（生：我妈妈是4月1日出生的。）

那你有没有在今年的3月31号这天做过什么？

（生：我本来想送一个大蛋糕给妈妈的，但是被她拒绝了。）

你有零花钱吗？

（生：有一点。）

那你有没有用自己的零花钱给妈妈买个小礼物呢？

（生：前一次生日有啊。）

我想要是每年都这样你就更棒了。好。谢谢你们两位。

同学们，母亲节就要到了，你们一定都在想送什么礼物给妈妈吧。这都很好，但是我想如果你能给妈妈写一封信，感谢妈妈对你的关爱，告诉她你也很爱她。注意了，光是写上谢谢妈妈不够的，一定要写上一两件妈妈为你做的事情，我想妈妈一定会非常高兴的。在平时，要能多听妈妈的话，你们的妈妈会更加高兴的。经常听到有的小朋友在家里不尊重妈妈，动不动就呼呼喝喝的，妈妈讲两句就不高兴了，这样好不好啊？

（生：不好！）

这是对妈妈最大的不尊重。妈妈叫我们好好读书，是不想我们输在起跑线上，所以，我们要努力。我记得周杰伦写过一首有关妈妈的歌，叫什么呀？

（生：听妈妈的话。）

有谁记得歌词？上来和大家说说。这位同学，请你上台来，告诉大家，你记得的歌词是什么？

（生：听妈妈的话，别让她受伤。）

听妈妈的话，别让她受伤。那怎么样才能不让妈妈受伤呢？

（生：应该用功读书，好好学习。）

嗯，好好读书，我记得周杰伦的歌词中有这样的话：小时候，别人在玩游戏，我却靠在墙壁背我的 ABC；我说我要一台大大的飞机，但却得到一台旧旧的录音机……好像这个妈妈很不好，但是长大后他才明白：为什么我跑得比别人快，飞得比别人高。将来大家看的都是我画的漫画，大家唱的都是我写的歌。

同学们，在这里我希望有一天你们也可以对妈妈这样说："妈妈，因为听了您的话，所以我现在成功了！"好不好？

（生：好！）

最后，我祝所有的老师、同学们的妈妈母亲节快乐！祝已做了妈妈的老师们母亲节快乐！

谢谢大家！

2009 年 5 月 4 日

学生写给妈妈的信

亲爱的妈妈：

您好！

过两天就是我的生日，老师说过"孩子的生日，就是妈妈的苦难日"。首先感谢您给了我生命，感谢您每天对我的唠叨之爱。

每当我做作业的时候，妈妈总是在旁边陪着我。要是我的字写得不好，您就会没完没了地唠叨："瞧，你写的什么字？这么不用心，擦掉重写！"我只好重新写起来。字刚写好，您又开始唠叨起来："做作业时，人要端正，你怎么还不记得！"妈妈每天都对我唠唠叨叨。吃饭时您说"多吃点，不能挑食"；走路时您说"过马路小心，要看车"；上学时，您又在那里说"上课认真听讲，不能开小差"……

哎，妈妈，这些话我早都会背了，您还在那儿唠叨。但我也知道，其实那些唠叨都是您对我的爱。哎，感谢妈妈，感谢您唠叨中的爱！

妈妈，祝您母亲节快乐！

二（5）班 李海森
2009 年 5 月 4 日

亲爱的妈妈：

您就像一轮温暖的太阳，我是株绿色的小草。有了您，我才能健康快乐地成长。

还记得那次，我的英语本用完了，我正想出去买。恰好您下班回来了，说："你出去干什么呀？"我说："我去买两本英语本。"您对我说："我帮你买吧，你快去写作业，写完早点休息。"话音刚落，您转身又下楼去了。妈妈您工作了一天才回来啊，这时应该坐下来喝杯水，休息一下，可为了让我尽快完成作业，早点休息，又忙开了……

还记得那一次，那天早上下起了大雨，到了楼下才发现路上的积水已经到脚面了。妈妈您不想我穿着湿鞋子在学校上课，于是不由分说硬要背我到学校。看着自己脚上干爽的鞋子，再看看您被打湿的裤脚，我心里也湿湿的。

妈妈，我爱您！我会用行动回报您的。我会在课堂上认真学习；在家里主动写作业；做自己力所能及的事，不让您操心。

妈妈，祝您母亲节快乐！

三（1）班　梁嘉欣

2009 年 5 月 7 日

亲爱的妈妈：

您好！

这是我第一次给您写信，有很多话想同您讲，但不知从何说起。"世上只有妈妈好，有妈的孩子像块宝。"至今我仍记得很小的时候发生在我身上的一件事。

在我两岁时，爸爸在外地出差，我生过一次急病。那是一个夜晚，我感到头昏脑涨，十分难受，便大喊大叫。我的叫声惊醒了您，当时您从睡梦中起来，时间是凌晨一点多，天黑黑的，伸手不见五指，可是妈妈您却抱着我这胖乎乎的儿子跑到了几里外的医院，头上全是汗，您十分焦急，希望我不会有事。

我知道了，妈妈您是多么爱护我。在此我要衷心地谢谢您，感谢您对我多年的呵护，我一定会认真读书，做一个对社会有用的人，回报您那伟大的母爱。

在母亲节前夕，预祝您节日快乐！

四（2）班　骆驿达

2009 年 5 月 4 日

【专家点评】

关注校长的日常工作

在学校变革与发展的过程中，校长的作用越来越受到重视。因此，温家宝总理多次呼吁培养和造就一批杰出的教育家型校长。2010 年出台的《国家中长期教育改革和发展规划纲要（2010－2020 年）》也强调要促进校长专业化，提高校长管理水平。鼓励教师和校长在实践中大胆探索，造就一批教育家，倡导教育家办学。

校长的水平关系着学校的发展，那么，我们如何评判一个校长的工作水平，又如何培养教育家型校长呢？李唯校长在国旗下课堂中的展现带来的启发在于：评判一个校长的工作水平，应该看他或她如何安排自己的日常工作，如何让日常工作具有教育思想内涵与课程价值。同样，培养教育家型校长也应该从关注校长的日常工作开始。

之所以强调要关注校长的日常工作方式，是因为当下中小学校长的日常工作方式状况不容乐观。在我们的中小学中，有太多陷于文山会海不停传达会议精神的校长，有太多奔走穿梭忙于跑项目的校长。但却缺少沉静下来分析学校发展中面临的问题和挑战的校长，缺少走进课堂研究教学的校长，更缺少专注于将变革理念渗透转化于学校日常工作的校长。毫无疑问，一个真正的教育家型校长，除了在学校管理方面要具备一定素质之外，更应该在理念和文化的层次上引领学校的发展。要做到这一点，就需要校长的日常工作与学校的日常教育教学紧密相连，需要校长更多的"接地气"。

从李唯校长在国旗下课堂中的表现，可以清晰地看到校长的日常工作方式的变革，对学校发展以及校长自身成长的重要作用。

首先，基于国旗下课堂的国旗下课程一系列设想和方案的提出，正是李唯校长敏锐地捕捉到了传统国旗下讲话所存在的问题，为解决这一问题而设计的一个新的校本课程。这一课程不是偶尔为之，而是渗透在学校日常德育工作之中。这充分说明她对学校日常教育教学中的细节有足够的关注，并且能及时把握这些环节中与学校办学理念不相符合的地方，进而加以改进。正是在这种不断的改进过程中，学校的办学特色得以凸显，办学质量不断提升，而校长本人的管理水平和专业化水平也得到了极大的提升。

其次，李唯校长坚持参与到国旗下课堂中，成为校本化德育课程国旗下课程的具体推动者。她自己主导设计和选择国旗下课程的内容。这些内容不是校长自己冥想或玄想的产物，而是在充分接触了解学生的基础上，针对本校学生群体的状况确定的。这实际上就建立起了校长与学生的日常沟通交流机制，这必然对学校的日常工作产生极大的影响，使得校长在考虑问题时能更多地从学生立场出发，反思和重建校本德育课程。同时，基于国旗下课堂的国旗下课程也建立起了校长与普通教师以及学生家长之间的联系机制，这都将使得校长的日常工作更有针对性，使得学校的管理重心不断下移，增强学校的凝聚力。

再次，李唯校长在国旗下课程的创建过程中践行着自己的教育理念。在这方面，李校长的一个细节打动了我，这个细节就是她经过慎重考虑放弃在公开场合表扬帮助"智障"学生的几个同学，因为她考虑到了这样会在一定程度上伤害到那位"智障"学生。这个细节不仅体现了李校长对他人生命的关爱和敏感，更说明她已经将"珍视童年价值"的理念具体化并潜移默化到了自己的日常实践中。能够将理念转化为日常的行为，无疑是提升校长自身能力和水平的重要途径。

从学校基于国旗下课堂的国旗下课程的校本德育实践中，我们可以看到日常工作方式的变革对校长自身发展的重要作用。日常工作方式变革背后折射出的是校长的价值观和思维方式的变革。因此，关注校长的日常工作变革，就是关注校长如何将自己的教育理念转化为日常的行为，并在日常工作中不断改进提升的过程。关注这个过程也就是关注教育家型校长的成长过程。

（李政涛）

第二章　国旗下课程与学生成长

在第一章中，我基本把自己如何从滨海小学的实际状况出发思考国旗下讲话，如何组建国旗下课程，如何为国旗下课程赋予新的内涵和思想，阐述清楚了，也基本把自己的教育理想如何穿插在实际的教育变革中，自己的教育热情和激情如何渗透在具体的教育实践中粗线条地描述了。但是，这样的描述还只是国旗下课程的一个简单的轮廓。我们需要明确的问题还有很多，对我自己而言，我想更进一步地反思自己在教育过程中，在国旗下课程的实施过程中如何筛选话题，如何组织话题，究竟是怎样的教育理念主导了这些话题的生成，从而为自己过去的教育实际总结经验，也为自己今后的教育性成长指明方向；第二个重要的原因在于，国旗下课程不仅仅是一个单一领域的尝试，它或许打开了某种缺口，但是在它产生之日起，就不可避免地同学校的方方面面发生着或多或少的关联，这种关联是我所思考和关注的，我们理应为这种关联做出理智的澄明。

国旗下课程无论是其产生、发展还是成熟，都和学校的整体结合，反过来说，只有从不同的角度对国旗下课程进行解读，才能还原国旗下课程的本来面目，也才会丰富国旗下课程的内涵。进入国旗下课程的成长性要素有哪些呢？我简单地把它分为学生、教师和学校。在这三个视角中，我将重新思考国旗下课程同三者之间的关系和相互之间的影响，最终明确国旗下课程是为了谁的，是基于什么信念的，是如何实现的。这正是下面三章的来历和大致内容。

一、国旗下课程中的学生

当我们说出"国旗下课程中的学生"这样一个偏正短语的时候，我们是从两个方面来强调它的重要性和独特性的。首先，是学生，而不是其他，我们这里不是在谈论教师，也不是在谈论学校发展，更不是谈论其他什么事情，我们聚焦于学生，关注于学生；其次，是国旗下课程中的，而不是课堂里面的，不是家庭里面的，也不是某一项课外活动中的。

这样强调，是因为我觉得学生不同于教师，也不同于学校，学生有他自己的地位和价值，有他内在的规律和合理性，有他内在的逻辑。那么，在阐述国旗下课程中的学生的时候，务必时时去体现这种独特性和它的内在逻辑。这样强调，也是因为我们觉得国旗下课程区别于学校的其他部分，区别于正规课堂，区别于课外活动，区别于家庭教育，它也有自己的独特性和价值，有自己的内在逻辑。那么，在对国旗下课程中的学生进行分析的时候，就务必关注和回应它的这种内在逻辑。

（一）体现学生立场

我所谓的学生立场不仅仅是维护学生利益、符合学生特点和促进学生发展，它包括两层含义，一是从学生的立场来看教育，二是从学生的立场来办教育。在国旗下课程这样一个语境里来谈学生立场，就是要回答从学生的立场来看国旗下课程会是什么，然后，我们回答从学生的立场组织国旗下课程它会成为什么样子。

这里，我们需要为学生说话，替学生着想。学生具有的主动性、差异性和潜在性能够成为我们组织教育经验的平台。学生是变革的中心，变革的重心，变革参照的坐标，同时也是变革的原因，教育者总是从学生这里出发，最终又回到学生。

教育者容易犯的错误是从自己的角度读学生，读教育，所以往往就是我应该怎么教学生，我希望学生成为什么样子，教育同我所希望的有多少差距；而从学生的角度来读学生，读教育，我们应该多回答学生希望获得什么，学生所渴望的教育是什么样子，教育同学生所希望的那个状态还有多少差距。

传统的国旗下讲话无疑正是从成人角度读教育，它被"我所希望学生成为的样子"这样的句式困围一隅，如"我希望学生能够对我所说的道理言听计从"，所以，我们应该安排这样一个训话的过程，让学生听从权威，他们尽量少发言，我们告诉他们怎么做，他们按照我们所说的去做，就可以了。

我们认为学生缺乏足够的主动性，学生的能力不够，判断力不足，组织协调能力尚有缺陷。然而，这是我们眼里的他们，也是与成人世界进行比较的他们，这种比较的标准具有霸权性，不能妥协，不容置疑。但是，从学生自身来说，他们的能力、判断力、组织协调力都恰如其分地适合他们的年龄阶段，他们正是在"展开"，他们不是在"完成"，对教育来说，经验应该有助于他们"展开"，而不是把结果告诉他们，也不要幻想他们在尽量短的时间内完成我们所希望他们完成的任务。

国旗下讲话剥夺了学生的主动性，我们轻视他们的能力，因此，我们忽视他们的需求，或者说我们没有发现他们的需求，我们只是告诉他们怎么做，没有告诉他们为什么要这么做，更没有提供一个过程让他们真正认为应该这么做。所以，传统的国旗下讲话没有过程，是一个道理的集中营，而不是一个真理的探索园地。

学生能够为自己的过去和现在承担责任，当你能够使他们认识到自己真的可以——事实上，他们的确可以——他们就可以认识到自己的主动性，从而会变得更加主动、积极、上进，希望更多地发现自己，发挥这种主动性，从而形成一个完善的自我。表现在国旗下课程中，教师的言说应该保持在一个合适的区间上，要营造一个"充实的空白"，做到言有尽而意无穷，为学生留出足够的空间和时间去表达，去言说，去表演，使他们有话可说。

在这里，我需要对"充实的空白"再补充几句。有这样几种教育者，一是无话可说型，一是择机而说型，还有一种是无话不说型。无话可说型的教师要么是因为腹内空空，结果嘴上穷穷，要么是因为口才为零，张口结舌；而无话不说型的教师要么因为表现欲太强，表演心太切，结果口若悬河，没有节制，要么是因为忽略学生，自我陶醉；而只有择机而说型的教师才是智慧型的教师，他们不但能够很好地选择说的内容，而且能够很好地拿捏说的方式，包括说话的表情和时间长短等，最为重要的是他们能够关照学生，与学生形成呼应和互动。择机而说型的教师往往能够机智地给自己的言说留下空白，这样的空白是教师智慧的空白，却是学生充实的机会，因此我把它称为"充实的空白"。

潜在性既是对儿童的期望，也是对儿童的肯定和信任。国旗下课程应该尽可能地表达这种信任与肯定，无论是提出的呼吁，还是一个对美好未来的展望，都应该透露这种信任和肯定。在信任与肯定中成长的儿童是幸福的，他们自身也会建立起对于生活的信心，对于美好未来的渴望。国旗下课程一旦形成一个系统和整体，它就是一个连续体，这一连续体承认儿童之失，面对儿童之困。但是国旗下课程里面不包括悲观和失望，它总归还是相信学生会成长，只是教育的力道不够，成长的时机不充分。

潜在性是教师对于学生的科学认识的重要一环。毋庸置疑，我们对于学生的信任建立在潜在性之上，教育的可能性也建立在潜在性之上。学生是潜在的、可塑的，因此教育是可能的。我对每一个学生充满温情和期待，也对教育充满信心和期待，也正是建立在学生具有潜在性、可塑性这一信念之上的。

潜在性是学生的本质，也是生命的本质。在这种可塑性展开的过程中所呈现的状态则必须诉之于差异性。"孩子就像玫瑰花蕾，有不同的花期。最后开的花，与最早开的花一样美丽"。滨海小学始终有着这样的教育观念：学生的差异性是教育之福、生活之福、生命之福。尊重学生的差异性这一原则对国旗下课程进行审慎的思考。我总在问自己，国旗下课程有没有尊重学生，有没有把学生当做学生，我的说话方式和课程的呈现方式是不是过于强硬而变相地表达对于一致性的渴求。总归，尊重差异性就是尊重学生，就是尊重整个自然与人生的规律。国旗下课程对于学生差异性的回应不仅表现在它的内容上，也表现在它的形式上。根据差异性，学生应该能够根据自己的特点发出自己的声音，呈现自己的观点。

国旗下课程中的学生应该是有生命的，这种生命性必须通过他们自身的思想、行动和表现来体现，他们是具有主动性、潜在性和差异性的生命个体，国旗下课程应该以他们为中心，为了他们并通过他们来展开。学生要最终回到课程的生成过程中去，教育者要转变这样的观念：课程是预先设定的内容，学生只是被动的接受者。恰恰相反，教育者应该重新解读课程，赋予课程生成性和动态性的特点，使学生能够参与到课程的生成过程中去。学生既是课程的经验者，也是课程生成的参与者。学生的观念、行动和反思都应该渗透到国旗下课程的整个实践过程中去。对教育者来说，对于国旗下课程来说，这种转变正是基于学生立场的，也是学生立场的最好体现。

（二）实现学生自觉

所谓生命自觉，就是指个体在一定的环境作用下，能够正确地认识自我，主动地设计自我，能动地完善自我，把握生命发展的主动权。一个拥有生命自觉意识的人，才能真正拥有一个有价值的童年，继而拥有一个完整幸福的人生。滨海小学把"珍视童年价值，培育生命自觉"作为学校的教育理念，在实际的办学过程中也始终坚持这一理念。滨海小学始终把培育具有生命自觉精神的学生作为自己的目标和要求。从这一教育理念出发，国旗下课程如何迎接？国旗下课程需要关注哪些方面？国旗下课程又应该如何展现表现出课程的生命自觉呢？在这里，我想谈两个层面的内容。

第一，国旗下课程对于学生生命自觉的迎接是多层次的。

如前所述，一个具有生命自觉精神的人，他应该能够正确地认识自我、主动地设计自我、能动地完善自我，在根本上把握生命发展的主动权。对于实践的教育者而言，他不能仅仅就生命自觉而谈生命自觉，就理论而理论，他必须使生命自觉的理论化为实践，使生命自觉能够贴近学生的生活和思考。简单来说，生命自觉是可以为我们教师和学生所把握的，而这也是国旗下课程所需要关注和对应的。国旗下课程能够展现对于学生生命自觉精神的培育，主要看它自身对于生命自觉的呼应程度，主要看它为学生提供的经验中有多少是调动了学生的主动精神的。

我把生命自觉在学生中的体现分为三个层面：技术层面、心理层面和思想层面。技术层面的生命自觉是最基本的，它对学生来说也是最为直接、最为亲近的。技术层面的生命自觉应该通过告诉学生一些技巧、方法和策略，为其把握生命提供技术支持。它似乎听起来不那么贴心，其实它最为直接地满足了学生的学习、生活和休闲需求。如时间管理、健康监管、学习策略，还有提高注意力的方法、心情调节的方法、说服法、演讲的技巧等细节。这些技巧和方法在技术层面上支持了我们对于自己生活的把控力，因此其重要性不可小觑。在一线的教育实践中，我们不难发现这样一些学生，他们不是态度不端正而导致行为失调，而是自身还不具备相应的方法对自己的生活进行调节，对学习进行规划。其实这样的学生占了问题学生的很大一部分。对于这些学生，我们所做的是传授他们相应的技巧，为他们提供相应的指导，甚至培训，使其掌握生活和学习的基本方法。拿时间管理来说，好的时间管理既是生活有序的保障，也是学习顺利进行的保障，掌握基本的时间管理的技巧与方法对学生（不论是低年级，还是高年级）有非常重要的意义。另外，时间管理本身又是生命自觉的重要体现，因为对于一个缺乏时间管理意识、不懂对自己的生活和学习进行时间管理的人来说，他具有生命自觉是很滑稽可笑的，也是很难想象的。时间对应我们的生命，管理对应于自觉，是主动设计自我和把握自我的最朴素的外在表现。因此，技术层面的生命自觉理应进入国旗下课程的关照之中，国旗下课程要为学生提供基本的生活指导和学习指导，使学生掌握一些基本的必备技能。我也是基于这一思考来安排国旗下课程的话题的。我希望一个话题的提出能够引起学生的思考，并通过班级活动的形式掌握一定的技能。

心理层面的生命自觉应该培养学生健康的心理状态：自信、勇于承担责任、承认错误并能够努力去改正、积极乐观地面对生活、乐于助人、诚实守信，等等。心理层面的生命自觉是生命自觉的心理保障，能够为生命自觉保驾护航。对学生而言，心理健康显然更有利于他们对自己形成一个正确的认识。正确地认识自我既是心理健康的标志，也是生命自觉最为基本的前提，心理健康是学生健康成长的重要内容之一，一个人只有保持心理的健康，才能够健康成长，也才能够获得对生命的自信与尊重。国旗下课程要想促进学生的生命自觉精神的养成，就应该培养学生健康的心理，在实际的国旗下课程中，滨海小学也是这么做的。国旗下课程就是在营造一个乐观、有利于讨论和自我表达的场所和生成相关的经验，选择的话题也可以培养学生健康的心理。

思想层面的生命自觉培养学生的反思意识、批判意识和民主意识。思想层面对于小学生而言，或许是有点高了，但是反思品质、批判意识和民主精神应该扎根在学生成长的每个环节中，而不是集中在某个年龄阶段。我们完全可以根据学生的发展阶段和发展特点，采取不同的方式，来培养他们的思想层面的生命自觉。反思，在最基本的含义上就是表达了一种对于事物的二次思考。对小学生来说，能够使其不要过快地做出结论，能够考虑到其他人的感受，考虑到别的因素，能够延迟快乐，能够为一个正确的事物找到原因，为一个错误的结论找到原因，他本身就是在反思、批判和民主的品质培养上迈出了第一步。国旗下课程也是在这一方向上努力，从开始的那一天起，国旗下课程本身就是一个反思、批判和民主的产物，它从最基础层面的故事中来，从对传统的做法的反思和重建中来，这种反思和批判的精神将贯串国旗下课程的整个生命过程。同时，国旗下课程所反映的气息和意境也是反思性的，是批判性质的，它没有灌输和训诫，而是把研讨、辩论和自由地表达自己的观点作为自己的生命线，学生在其中也相应地发展了反思、批判和民主的精神。国旗下课程是为着思想层面的生命自觉的。表4是生命自觉的三个层面。

表4 生命自觉三层面

技术层面的生命自觉	时间管理、学习策略、自我监督、心情调节、提高注意力等
心理层面的生命自觉	积极、乐观、自信、勇于承担责任、坦诚接受批评并改正等
思想层面的生命自觉	反思品质、批判意识、民主精神等

提出这样三个层面的生命自觉，并非指向生命自觉的组织结构，而是从实践的角度对生命自觉进行分层，最核心的是要直接针对我们在谈论生命自觉概念时的那种纯理论化倾向。教育实践者很难理解什么是生命自觉，因此也就难以掌握如何实现生命自觉，如何培育自己和学生的生命自觉。在生命自觉的讨论中，我们并不是要为教师呈现一个宏大的理解架构，恰恰相反，我们必须使概念得到进一步的澄清，从而让教师和每个人都能从自己的角度理解生命自觉，更重要的是使每个人都能据此实践生命自觉。技术层面、心理层面和思想层面的划分正是从这一目的出发的。因此，提出技术、心理和思想三层面时，是要每个个体都能够接近生命自觉的内涵。对学生而言，大谈生命自觉的理论并不会收到绝佳的效果，相反学生会不知所措，教师也会因此而不晓得学生生命自觉精神的培养如何展开。技术层面的生命自觉可以为每个学生的生活、学习提供直接的帮助与指导，而且也为生命自觉做了很好的解释，掌握方法和理解方法同样重要。而心理层面和思想层面的生命自觉则可以使教师更加关注学生心理与思想培养的重要价值。这样，就可以使生命自觉既可以在一个更实际的层面上（技术层面）让学生和教师个体接触从而获得发展，又能够使生命自觉在一个高的层面上（心理层面，尤其是思想层面）为教师实施生命自觉教育提供指导，从而使得生命自觉教育不至于流于文字和理论的讨论，也不至于因为没有顾及到生命自觉丰富的内涵而导致思想的贫乏。

第二，国旗下课程对于学生生命自觉的观照应该是多方面的。

生命自觉是一个整体。滨海小学始终坚持从整体的人来看待每个学生，关注的是学生作为整体的人的发展，尽量深入地关注学生的整体性，要求每个教育者能够静下心来，对学生进行研究，无论是在教育教学中，还是在学校改革中，都把学生作为一个整体进行思考。

前面已经提到，国旗下课程的内容包括学习、生活、品德和学校等方面，滨海小学的校训是"健康、尊重、诚信、责任"。滨海小学希望能够促进学生的健康成长，他们能够相互尊重也能够尊重自己。滨海小学倡导学生信守承诺，能够坚持信念。滨海小学的学生必须能够承担责任，这是他们成长的必经之路。

作为滨海小学改革的重要部分，国旗下课程也把校训融入课程的实施过程中，希望通过课程的实施来更加真实地使校训进入实践，使学生能够更加深入地、真切地理解校训，这也是我下面将要阐述的内容。下面一节我将从健康自觉、尊重自觉、诚信自觉和责任自觉四个方面，对我所截取的国旗下课程的内容进行简单的粗描。一方面希望把自己对于这一层面的认识，以及为何选择这样一个话题做一个解释，从而回答选择背后的教育信仰是什么。另一方面，希望能够通过具体的实例，解释在整个课程实施过程中，学生能够在其中做什么样的活动，如何参与，如何表达自己的意见。当然，健康自觉、尊重自觉、诚信自觉和责任自觉是从滨海小学的校训承传下来的，并不是国旗下课程的全部话题，也自然不是它的全部内容。

从上面的"体现学生立场"和"实现学生自觉"两部分内容的叙述中，我把滨海小学所秉持的学生信仰，为了实现学生的生命自觉又做了哪些努力，以及这些努力是如何体现在国旗下课程中的，它的方法是什么，我们在实现国旗下课程的过程中需要注意什么，都做了详尽的描述。下面就让我们转入一个具体的实例中。

【案例一】培育生命自觉

校长的话

老师、同学们：

早上好！

12月15、16日（也就是上星期的星期二、星期三），滨海小学接受了为期两天的宝安区优质化学校的督导评估。在这两天的评估时间里，专家们通过查阅学校的档案资料、深入课堂听课；通过对家长、教师以及学生的访谈；并做了教师、家长、学生的问卷调查，最后他们一致认为滨海小学是一所名副其实的具有现代化气息的优质化学校。同学们，让我们以热烈的掌声祝贺我们滨海小学顺利通过宝安区优质化学校的督导评估，好不好？

（生：好。）（响起一阵热烈的掌声）

在这次评估当中，评估组的领导和专家们对滨海小学师生们在短短两年多的时间里所作出的不懈努力给予了充分肯定，对滨海小学所取得的办学成效给予了高度的评价。尤其是整洁的校园卫生环境和同学们表现出的良好的文明礼仪习惯给评估组的专家们留下了深刻的印象。他们一致称赞滨海小学的学生有朝气、懂礼貌，甚至连洗手间里都没有一丝的异味……这充分说明了生命自觉的种子已在同学们的心里悄悄地生了根，悄悄地发了芽……

　　同学们，你们每天走进学校的大门，都会看见"珍视童年价值，培育生命自觉"的大红竖幅，你们知道什么是生命自觉吗？啊！也许你们还不太理解"生命自觉"这个词，但是你们一定懂得"主动"这个词。其实啊，很简单，我们看一个人有没有生命自觉的意识，我们就看他在做任何事情的时候主动不主动，有没有主动性。比如说：如果一个人他每天能自己起床，不用爸爸妈妈叫，然后能按时上学，课间时候不和同学们追逐打闹，集体活动时能听从老师的指挥，安静有秩序，那么他就做到了纪律自觉，他在纪律方面很有自觉性；如果一个人每天能做到上课认真听讲，积极思考并主动回答老师的问题，回到家里按时完成作业，热爱读书，他就做到了学习自觉；如果一个人见到人能主动微笑、问好，能主动帮助有需要的人，友善地对待别人，那么他就做到了礼仪自觉；如果一个人能勤剪指甲、衣服脏了能换洗，注意个人卫生和环境卫生，做到不随地丢垃圾、饭前便后洗手、不在公共场所吃零食喝饮料，那么他就做到了卫生自觉……同学们，如果一个人做到了纪律自觉、学习自觉、礼仪自觉和卫生自觉的话，我们就说他是一个具有生命自觉意识的人。因为这些都是生命自觉的具体表现。同学们，那么现在知道什么是生命自觉了吗？

　　（生：知道。）

　　好！知道了以后，我希望你们能够对照一下，自己是不是做到了纪律自觉，是不是做到了学习自觉，是不是做到了礼仪自觉，是不是做到了卫生自觉。如果没有做到，你们该怎么做呢？

　　同学们，相信你们经过努力一定可以做到！相信你们最终会成为有生命自觉的人。你们知道吗？一个具有生命自觉的人，他将来就会处处受欢迎，他也会取得成功。我在这里，祝同学们每天都进步，每天都取得一点点成功！

　　谢谢大家！

2009 年 12 月 21 日

班会实录

五年级（1）班第十七周班会实录

　　主持：张懿　黄倚秋

记录：沙珊珊

张懿：今天李唯校长的国旗下讲话的主要内容是如何做到生命自觉。同学们，你们觉得从哪些方面做可以达到生命自觉意识？

马佳琪：我觉得要做到礼仪自觉、卫生自觉、学习自觉、纪律自觉。

何羽鑫：我认为礼仪自觉就是穿戴整洁。

张济浩：课堂上认真听讲，积极发言，不做小动作就是学习自觉。

吴一昊：我平时都能做到主动起床，课堂上认真听讲。我觉得我能做到学习自觉。

简潇杰：我一回到家就立刻写作业，然后再去玩。我也做到了学习自觉。

黄倚秋：这么多同学都能做到自觉主动地学习。当然，也会存在着不自觉的事情，请同学们讨论一下，然后再汇报。

马佳琪：我偶尔在课堂上会跟同桌讲话，我认为我在学习自觉上做得还不够好。

张济浩：下课时，我会与同学追逐打闹，这样不仅危险，也影响了其他同学，我没有做到纪律自觉。

何永鑫：有时我会忘记带作业本回家，我觉得我没有做到学习自觉。

黄倚秋：这次主题班会让我们知道了生命自觉的含义。同学们也清楚地认识到了主动地去做事情，要做到礼仪、学习、卫生等自觉……

学生的话

以前我每天都是要外婆叫我起床，听了国旗下讲话以后，我以后要准时主动起床，做个生命自觉的好学生。

——二（6）班　朱雅楠

每天我一走进校园就看到一条醒目的条幅，上面就写着"珍视童年价值，培育生命自觉"。以前我对它充满了好奇，但听了校长的讲话，我明白了，其实生命自觉就是要我们主动地做事，比如自觉地学习、主动遵守纪律、做好文明礼仪、注意卫生的保洁等。我希望自己能做一个生命自觉的人。

——三（1）班　罗一格

"珍视童年价值，培育生命自觉"。这是我们学校的办学理念。一开始，我们还搞不明白，自觉就自觉呗，什么叫生命自觉啊？

经过校长国旗下的讲话，我算是彻底明白了。它可以用最最最简单，同学们都知道的一个词来概括——主动！按我们自己理解的意思，就是不要别人说，就做得好事情。生命自觉呢，应该分为四大类：礼仪自觉、纪律自觉、学习自觉和卫生自觉！

——四（2）班 罗 璇

教师的话

生命自觉的种子不但要在老师身上发芽，还要把这颗种子培育在我们的学生身上。有生命自觉的老师，才有可能培育生命自觉的学生。让我们用心体会生命自觉的意义，自觉、用心、主动地做好我们的工作。保持一个良好的心态，开心工作，快乐生活！

——曾琳燕

校长居然把生命自觉的讲堂开到了国旗下讲话！我听到的时候，吃惊不小。我们学校的办学理念是："珍视童年价值，培育生命自觉"。我以为关于生命自觉的意识，对于小学生来说太深奥了，对他们讲他们也不明白。可是，校长就是把深奥的理论变成了学生每时每刻都会遇到的事情，把生命自觉的要求明确到只有一个词：主动！学生自然就明白了。

——刘凤萍

今天，李校长在国旗下的讲话是"培育生命自觉"。从校长的讲话中，我不断思索着，作为一名教师，怎样才能达到生命自觉呢？生命自觉的老师要有非常强烈的归属感，有了归属感，才能够做到真正的自觉，才能想学校所想，急学校所急，尽自己的努力把工作做好，而且心里时刻挂念着自己的学生。生命自觉的教师要有一颗柔软的、丰富的、善良的心；要有对生命的关注，对人的发展的尊重和宽阔的人文胸怀；要崇尚文化，追求文明，尊重生命，向往高尚而丰富的精神；要重视在变革中实现自己的教育追求和教育理想。

我认为真正的好教师是不可替代的教师，真正的好教师是要不断进取的教师。

在和语文科组全体老师的讨论商谈中，我也是受益匪浅，许多老师的见解独到，而且诠释非常到位，一个生命自觉的老师，应该是快乐工作的老师。在循环往复的工作中发现不同的乐趣，在单调的工作中发现和谐乐音，在每一天中发现不同的东西，快乐地做老师，把它作为生命的享受。

——叶晓芬

一个有生命自觉的教师要具备热情、宽容、幽默等品质，善于管理自己的情绪，能缓和学生的焦虑感，呵护学生的自尊与自信。虽然我只是个刚踏上讲台的新教师，还不能完全具备这些品质，但我可以有意识地培养这些品质，朝着成为一名拥有生命自觉意识的教师而不断努力。让生命在学习中增长，境界在学习中提升。

——黄仪晖

我认为：生命是指人的生物属性，自觉是指人的社会属性。"生命自觉"是指人在所处的社会环境中的能动性与行为表现。"培育生命自觉"作为学校的办学核心理念，指培育学校中师生的主动进取、自我发展、自我完善的意识与行动。那么，什么样的教师才是有生命自觉的教师呢？我的看法是：有责任心的教师，能主动发展的教师，有激情的教师，有团队精神的教师，有社会公德的教师，关心他人的教师。

——王栋昌

【案例二】一颗糖果的诱惑

校长的话

老师、同学们：

早上好！

大约在三十多年前，美国著名心理学家戈尔曼来到斯坦福大学附属幼儿园，他找了一批 4 岁的孩子，把他们带到一间空房子里，然后每个人发了一颗包装精美且十分好吃的糖。孩子们看到糖都很开心，心急的马上就想剥开糖纸吃。这时候，戈尔曼对孩子们说："如果你马上吃了这颗糖，你就只能吃一颗；如果你现在不吃，等20分钟后我回来以后再吃呢，你就可以额外得到另一颗糖，也就是说，你可以吃到两颗糖。"说完，戈尔曼就离开了房间，然后躲在一边悄悄地观察这帮孩子们。

他发现有的孩子迫不及待地就把糖纸剥开了，吃掉了那颗糖；有些孩子拿着这颗糖，在那里玩啊玩，终于忍不住也把这颗糖吃掉了。但是还有一半的孩子呢，他们就趴在桌上睡觉，故意不吃，看这颗糖。你们说他们想不想吃啊？

（生：很想吃。）

对，他们毕竟还是孩子，还是很想吃。但是因为想多得到一颗糖就要等20分钟才能吃。怎么才能等到20分钟呢？有的就睡觉，不看糖，眼不见为净。还有的呢，就玩游戏，忘掉这块糖。终于，这一半的孩子们坚持了20分钟，等到了戈尔曼回来，又得到了另外一颗糖。最终，他们吃了两颗糖。

同学们，1分钟也等不了就把糖吃掉的孩子和坚持等了20分钟吃了两颗糖的孩子有什么不同呢？戈尔曼一直在追踪观察这些孩子，想看看他们到底有什么不同。十多年以后，这些孩子已经上中学了，戈尔曼发现那些当初坚持等待、最终吃到两颗糖的孩子们，他们的语文、数学的学习成绩比那些只吃了一颗糖的孩子们的平均成绩要高出20多分。而且，他们很有自信心，也很独立，表现出较强的责任心。这就是心理学上著名的"延迟满足"的实验，这个实验告诉我们能适当抵制诱惑的同学会有较强的自制力，而一个自我控制能力强的人会比一个控制力弱的人更明白自己的目标并朝着目标不懈地努力。

同学们，其实我们每个人都会面对很多的诱惑。比如说：放学回家，很想做作业，但是电视里正好放着好看的动画片，你怎么办？我想，很多同学们都会想，看完电视再说吧。但是，如果你稍稍控制一下自己想看电视的欲望，等做完作业再看，那时你看电视的时候心情可能更愉快，而且你看的时间更长些。是不是这样啊？星期天到了，你很想帮助妈妈做点家务，但是同学约你出去玩，你怎么办呢？

是帮助妈妈做完家务再去跟同学玩，还是先去玩了再说？这实际上都可以看出一个人能不能够控制自己，能不能延迟满足自己的愿望。

　　同学们，你们要知道，自我控制能力对一个人的成长过程是非常非常重要的。如果一个人，他连自己都控制不了，他又怎么能够控制未来呢？我们发现，凡是能够克制自己的欲望，能够控制自己欲望的人，将来都能获得成功。

　　同学们，但愿我们每个人都能从"延迟满足"的实验当中得到启示，并且有意识地去控制自己的欲望，好不好呢？

　　谢谢大家！

2009 年 11 月 30 日

班会实录

三年级（5）班第十四周班会实录

　　主持：杨应琼

　　记录：张毛焰

　　教师：请同学回想下刚刚李校长讲话的内容。

　　邓梓杰：今天校长讲了三十年前，一个心理学家找了一帮 4 岁的孩子把他们带到一间空房子里，然后给他们每人一颗好吃的糖，告诉他们说：如果等 20 分钟后再吃这块塘，就可以额外再得到一颗糖，吃到两颗糖。有的孩子只等了一会儿就把糖塞进了嘴里；而有的孩子坚持到心理学家回来，得到了第二颗糖。心理学家又对这些孩子中学的表现进行了调查。发现那些吃两颗糖的孩子学习成绩更好，更容易取得成功。

　　教师：从这个故事中你们悟出了什么道理？

　　学生：要学会控制自己。

　　教师：张凌鹏请起立，谈谈你从这个故事中悟到了什么？

　　张凌鹏：要有耐心。

　　教师：像杨老师等你做作业，今天等明天，明天等后天这样有耐心吗？你是叫我要有耐心，还是叫你有耐心啊？请告诉我。

　　张凌鹏：我。

教师：李政，今天你有没有认真听李校长的讲话？你懂得了什么道理？

李政：要学会控制自己。

（师板书班会主题：学会控制）

教师：你们觉得应该怎样控制自己呢？

教师：请同学们注意，这些接受实验的孩子才几岁啊？

学生：4岁。

教师：不说4岁了，就是你们，想不想吃啊？

学生：想。

教师：能不能控制住不吃那颗糖？我想就算是你们要控制住都很难。今天这个主题讨论对我们班是非常有用的。邹家砚，你结合今天升旗时的行为来谈一谈该怎样控制自己的行为？

教师：我猜得到一定是宋远卓在摆手时打到你了，但这是集队，你不应该回手打他。宋远卓，你来说说早上是不是这样？

宋远卓：是。

教师：我们排队时节奏不一样，就很容易打到一起。但是不管怎样，我们都要学会控制自己，不要因为这样就互相打起来。所以，今天这个主题非常好，对你们很有启发，对不对？

教师：下面你们来说一说，当你面对电视机、面对动画片时你应该怎样控制自己？

教师：我想请葛乐鹏来谈一谈。

葛乐鹏：只要学会4个字就可以了：忍耐、冷静。忍耐，遇到什么事都要忍，不要随便就没耐心。比如别人打到你的手了，你要忍耐，可以告诉老师。再比如面对动画片要冷静，控制住它的诱惑。

教师：陆莼鑫你来谈谈，我也认为你是个控制力很好的孩子。吴雨菲也来谈谈，陈睿妍做准备。

陆莼鑫：遇事情要忍耐。

吴雨菲：做作业时，不要看电视，要先写完作业。

陈睿妍：先做好自己该做的，再去玩。

教师：我点名上来介绍经验的同学都是我们班的榜样，我们要向他们学习。男生葛乐鹏，我第一次去他家家访时，就觉得他是个聪明但很调皮的孩子，但现在在我们班他已经学会控制自己，已经成了名好学生。另外几个女生也很优秀，我们大家都要向她们学习。自己有哪些方面的不足都要去改变，学会控制自己，就像我们的班级公约一样，每一条都做到了，就是控制好自己。同学们回家喜欢看电视，做作业做到很晚，我们班不止一个同学做到很晚。所以要学会控制自己，10年后就有结果了，会控制自己的就会上好大学，学不会控制自己的上一般大学或上不了大学。所以，我们的同学，不管面对什么诱惑，一定要学会控制自己。

……

学生的话

今天听了李校长的讲话，从一颗糖果的故事中，我明白了我们要学会自控。只要学会自控，我们一定会取得好成绩。今天，我放学回家，发现电视上有很多好看的节目，可是我还有很多作业没有完成，怎么办呢？于是，我学着故事里不看糖果的小朋友，跑进屋里，关上门，安静地做起了作业。原本花上20分钟的作业我才用了10分钟，学习速度反而提高了。爸爸还表扬我不仅做得快而且又准确。看来这个办法真的很管用，以后我要继续用好它。

——三（1）班　李心语

听了校长国旗下的讲话"一颗糖果的诱惑"。我明白了，我们要培养自己良好的坚持力，我以前在上课的时候总是喜欢开小差，现在我要在每一节课都做到认真听讲，不开小差，坚持下去我就能成功。

——二（5）班　刘嘉乐

今天，李校长跟我们讲了"一颗糖果的诱惑"。这个小故事教会我：要坚持到底，才能获得成功。学习上，只有坚持努力才能取得好成绩。笑到最后的，才是笑得最甜的。如果你一回家就看电视的话，那么你写作业的时间就很少，这样学习成绩也就得不到提高了。

——三（3）班　史欣梅

教师的话

坚持才能成功。这句话已经有无数例子证明。学生要坚持学习，老师也要坚持教。凡事都有从量变到质变的过程。老师定了规矩，就要坚持，让学生觉得老师说话算话。别人说，教育是三分教育，七分等待。我要对学生宽容，有等待他们改错的耐心。

——陈春颖

今天听了校长讲的这个故事，我才知道这种做法原来是一种"延迟满足"的实验。让孩子从小培养他们的自我控制能力，对孩子今后的成长有很大的益处。那么，既然今天我知道了这方面的知识和信息，那我应该继续寻找不同的方式对孩子进行这样的锻炼才对，并在教学中也这样去引导学生，让他们进行锻炼，或多或少都会有用的。

——张毛焰

孩子们提高自己的自控能力，将会在今后的学习中更容易成功，在未来的人生路上也会更有耐性，更容易适应社会。因此，通过延迟满足来提高孩子的自控能力对孩子的健康成长具有重要的作用。

——杨　芳

【案例三】人生也像铅笔一样

校长的话

老师、同学们：

早上好！

今天上午的升旗仪式，我发现同学们纪律比以往要好，唱国歌的声音也响亮了很多。非常好！现在，我想问你们一个问题，在你们一开始学习写字的时候，你们用什么笔呀？

（生：铅笔。）

回答正确。我们一到二年级都要用铅笔写字，到了三年级我们才开始使用圆珠笔。即使我们长大以后，偶尔也还是会使用铅笔。那你们有没有观察过铅笔有哪些特点呀？我觉得铅笔有五个特点，你们听听我说得对不对。

第一，铅笔必须要用同学们的手握住它才能写出字来，是不是？如果没有拿在手里，一支铅笔放在那儿，能写出字吗？

（生：不能。）

第二，铅笔要忍受经常被铅笔刀削尖的痛苦，为什么？因为只有被铅笔刀削尖了它才能写得更好，是不是这样？

（生：是。）

第三，我们在评价一支铅笔时，不管它外表有多么漂亮，我们都会说这支铅笔好写或这支铅笔不好写。那我们说它好写或是不好写，是用什么来判断呢？

（生：笔芯。）

对，是铅笔芯。这个特点告诉我们，对于铅笔来讲，笔芯比它的外表要重要得多，是不是这样呀？

（生：是。）

第四，如果铅笔不小心写错了，它要接受谁的帮助呀？

（生：橡皮擦。）

对，它要接受橡皮擦的帮助，而且要虚心接受，才能把它犯的错误一一擦掉。

第五，如果铅笔写错了字，即使是用再好的橡皮擦来擦，也还是会留下一点点痕迹，表示这里是写过字的，它就再也不是没写过字的一张白纸了。是不是这样呀？

同学们，你们知道吗？其实我们的人生也像铅笔一样。

第一，我们要想将来有所成就，要想做大事，我们就要接受一只大手的指引，这只大手可能是你的爸爸妈妈，可能是你的老师，还可能是书的指引。

第二，我们要接受别人的批评，也就像铅笔一样，要被铅笔刀削尖。我知道同学们都不愿意被批评。但如果我们真的有做得不够好的地方，被别人帮助和批评，是一件非常好的事情，别人是真心关心我们，爱我们，才会来帮助、批评我们，就像爸爸妈妈在家教育我们一样。

第三，如果我们真的犯了错误的话，我们还要怎样呢？

（生：改正。）

对，虚心地改正。我们被批评后，要想办法来改正自己不够好的行为。

第四，铅笔最重要的是它的笔芯，那对于我们人来说，最重要的是什么呢？

（生：内心。）

不错，心灵美比外表美更重要。那心灵美体现在哪里呢？心灵美就体现在你的行为举止上。这次国庆长假我在报纸上看到，我们的莲花山，我们深圳的很多景点都有很多游人，每天到傍晚时到处都是矿泉水瓶，到处是塑料袋。有这样行为的人心灵是不美好的。

第五，铅笔写错了字，橡皮不论怎么擦，把表面的错误擦掉了，但还是会有点点印迹留下来，这一点说明，有些错误我们是有可能去改正的，而有些错误我们是一辈子也没有机会改正的。所以，我们在做每件事情之前，要想清楚它可能会有什么样的后果，还有没有机会改正？有些错误是故意犯的，有些可能是无心的过失。比如同学之间在打闹的时候，可能不小心就把同学给打伤了，他要请假，要去医院看病，而你的爸爸妈妈还要出医药费。如果我们在过马路时不遵守交通规则，被车撞倒甚至于失去生命，这些都是没有办法再弥补的了，所以同学们一定要记住这一点：并不是所有的错误都有机会来弥补的，你们记住了吗？

（生：记住了。）

同学们，我们的人生真的就是像铅笔一样，如果我们能够牢记住铅笔的五个特点，我们一定会拥有一个幸福快乐的人生。

谢谢大家！

2009 年 10 月 12 日

学生的话

今天，李校长在国旗下讲话提到了五点铅笔与人生相似的地方。令我感触最深的是第三点。决定铅笔是否好写的是铅笔的芯，而不是看它的外表是否好看。就像一个人一样，内在美才是真正的美。当我听到这点的时候，我不禁脸红了。我想到了我们班的徐紫俊同学。她是一个非常善良、非常有礼貌的女孩子。我把她的书包画脏了，她没有怪我。我简直不敢相信，要知道我以前总是欺负她，可她居然一点都没有跟我计较。我很感动，我决定以后都不欺负徐紫俊了。我还要跟她成为朋友，向她学习。因为她有非常美的内心。

——三（2）班　邹嘉瑜

今天，我听了李校长的讲话之后，我知道了人生就像铅笔一样。铅笔写错字了，可以用橡皮擦擦掉。可是人生过程中有些错误是无法改正，甚至有些过错所带来的后果是无法弥补的。就像过马路一样，如果我们没有遵守交通规则，被车撞了。轻者可能骨折，严重的话还可能丧失宝贵的生命。到时一切就悔之莫及了。所以，我们做事的时候要想清楚再去做。

——三（2）班　陈　婷

教师的话

从铅笔到人生，从铅笔到小学生的行为准则，这样的国旗下讲堂太奇妙了。当我看到班上的学生各抒己见的时候，一边感叹铅笔的特点和小学生都这么相关啊，那么与教师生涯呢？同样，我发现，教师生涯也像铅笔的特点一样。首先，教师需要教学思想的指引。其次，教学技巧需要不断磨炼。再次，教学手段偶有错误，要有时弥补，学生不会记仇的。最后，就算弥补了失误，难免在学生心中留下印记，所以，要慎重行事。

——刘凤萍

铅笔把纸写穿，橡皮也都不了它。人生有时像铅笔一样，有些错误是难以弥补的。比如吸毒、犯法等。因此，我们老师和家长要从小教育孩子有些错误是绝对不能犯的。教育是从生活中一点一滴做起的。儿子三岁的时候，从窗户丢了一块小纸屑到楼下，我把他的小手打得红红的，他哇哇大哭。我妈怪我小题大做，出手太狠。我说："儿子，一定要记住，绝对不能从楼上往下扔东西，万一砸到人，可不是小事情，如果把人砸死了，你会终生后悔的。"虽然当时他可能不能完全听懂，但他知道往下扔东西，妈妈会狠狠打他，所以他从此不敢往下扔东西了。

——曾女英

在滨海，每人都是一支铅笔。我也是。我有众多名师的指点，有科组、级组同事的互帮互助，我有一只大手。铅笔的几个特点有两个让我感触很深。

第一，要像铅笔一样，被批评了不要不高兴。尽量少犯错误，要互相帮助。

第二，有的错误是不能犯的。如果你骂了别人，虽然道歉了，但是别人心里还是会难受。做事的时候要有预见性，要避免一切可以避免的错误。

——陈春颖

李校长这周的国旗下德育课堂主题是"人生也像铅笔一样"，听完后我感触很深。说起人生，每个人都在无时无刻地书写着自己的人生，因为铅笔它不能有盲目的自由，要允许自己被一只手握住，此时此刻你的自由已变成一段文字，你可能经常会感受到刀削带来的疼痛，但这些痛苦都是必需的。没有被刀削过的铅笔，永远只是一支装饰的铅笔，要想成为一支最好的铅笔，就要经历刀削的阵痛。人的成长就像铅笔，不经历风雨，哪能见到彩虹。一支优秀铅笔，要敢于承认自己犯的任何错误，勇于擦去已存在的错误，让正确的结果重新覆盖错误的事实，不能固执己见一意孤行。面对未来的一切未知，无论是欣喜还是磨砺，我都会想起我的铅笔人生，顺境的时候想想那只握着自己的手，逆境的时候想想将会到来的收获，犯错的时候想想逾越障碍的方法，得意的时候想想自己真正练就了几成功力，当我们想停下来休息的时候，再去尽情地回味自己的铅笔人生。

——王燕妮

【案例四】不简单与不容易
校长的话

老师、同学们：

早上好！

16世纪意大利的著名画家达·芬奇小时候就非常喜欢画画，画什么像什么。在他14岁那年，他爸爸就把他送到佛罗伦萨一个著名的画师那里去学画画。老师给达·芬奇上的第一课，就是给了他一个鸡蛋，让他照着画一个。达·芬奇心想："画鸡蛋，这么简单，这太容易了。"于是，他拿起笔，随手在纸上画了一个小圆圈。可是，这个圆圈怎么也不像老师给出的鸡蛋模样呀。于是，他又画了一个圆圈，也不像，再画一个，还是不像。达·芬奇开始急了，他不停地画呀画呀，终于，有一个圆圈画得有点像鸡蛋的样子了。他高兴极了，急忙拿给老师看："老师，这个像鸡蛋吗？"老师看了后，说："很好，很像。"达·芬奇得到了老师的表扬，正得意呢，谁知老师又把鸡蛋换了个方向摆放，然后对他说："现在这个圆圈已经不像了，你再画画看。"达·芬奇又开始画，每当他画得有点像了，老师就又把鸡蛋换个方向摆。一年，二年，三年……达·芬奇足足画了六年鸡蛋。在画鸡蛋的过程中，他发现天下没有两个完全相同的鸡蛋，即使是同一个鸡蛋，由于摆放的位置不同，看鸡蛋的角度和投来的光线不同，画出来的鸡蛋也就不同。通过画鸡蛋，达·芬奇还明白了一个深刻的道理：原来做什么事都不容易啊，特别是看起来简单容易的事，要真正做好也是不简单不容易啊。

同学们，如果你在校园里走，看到前面有一个班的队伍没有走完，你是从队伍中穿过去呢，还是等队伍走完再走呢？这件看似简单的事情并不是每个同学都能采取正确的做法的。但一（1）班的谢蔚翔同学就把这件简单的事情做好了。他一直站在那里等别班的队伍走完后才过去的。他知道在别班的队伍里穿行是不礼貌的。

同学们，如果你是学校的卫生检查的干部，当你发现别的班级卫生没做好，你会很自然地扣分，这是一件很容易的事。但当你发现你自己的班级的卫生有问题时，你会扣自己班的分吗？看似很容易的事情就变得有些不容易了。但三（1）班张文菲同学就做好了这件不容易的事。她在检查自己班卫生时，不仅仔细查看了地上是否有纸片，还用手掌擦了擦窗台，看看是否有灰尘，最后她从窗台的玻璃窗槽里抠出了一团小纸团。于是，她按照卫生评比规则扣了自己班级1分。

同学们，什么叫不简单？能够把简单的事情每天都做好就是不简单；什么叫不容易？能够非常认真地做好每件容易的事就是不容易！

谢谢大家!

2010 年 9 月 27 日

班会实录

三年级（3）班第五周班会实录

主持：钟若玲　刘卓

记录：张毛焰

钟若玲：大家下午好，校长今天讲话的内容是什么?

何超：校长讲了大画家达·芬奇小时候画了 6 年鸡蛋，画了两千多天，并且在画鸡蛋的过程中，发现天下没有两个完全相同的鸡蛋。这件事情告诉我们：再简单的事情，如果要想把它做好，一定要认真，要用心。

刘卓：这个故事告诉我们什么道理?

郭斯莹：这个故事告诉我们不管多简单的事情都要很用心，才能做得更好。一年级时，我写黄色的"黄"，没写好，交给老师，老师指正我，我很用心写才写好的。

巫雨菲：我发现我学毛笔字时，写毛笔字很简单，可不用功练就是写不好。

钟若玲：什么叫不简单、不容易呢?

（学生小组讨论）

钟诗蕾：比如说有些事情很简单，但每天都坚持做好就不简单。

岳夏琳：看起来简单、容易，但做起来不简单、不容易。

郭斯莹：就像工人叔叔盖房子，看起来简单，但要一砖一瓦砌起来，不容易。

许婧：如果一次考 100 分很容易，但要坚持每次都考 100 分就不简单、不容易。

（全班掌声鼓励）

黄惠芳：她说了一个词："坚持"，达·芬奇就是坚持画鸡蛋画了 6 年。校长讲这个故事告诉我们一个简单的道理，就是我们做任何事情都要持之以恒、坚持不懈。达·芬奇就是做到了，坚持了两千多天画一个鸡蛋，容易吗？

　　学生：不容易。

　　黄惠芳：是什么让他做到的呢？就是坚持不懈。认真听讲一节课好像很容易，但要每天认真听讲就不容易了。我们要把字写好很容易，但要争取每次都写好就不容易、不简单。今天，我们听了校长国旗下的讲话后，我希望每位同学都能想一想，今后要怎么做，才能做到不简单、不容易。

学生的话

　　爷爷教我练毛笔字，我想不就是写字吗，能有多难。当我握住毛笔不知下笔轻重时，感觉写毛笔字真不简单，一点也不像写铅笔字那么容易。但我会坚持做下去。

——二（5）班　董子烨

　　在开学的第一个星期我们在课堂上表现可好了，几乎每个同学都坐得端端正正、聚精会神地听老师讲课。美术老师那妙趣横生的讲课风格常把我们逗得哈哈大笑，但笑过之后我们马上就能安静下来继续听老师讲课。可是为什么现在却表现这么糟糕呢？原因就在于我们没有把本来可以做好的很简单的事情坚持做好。就像校长在国旗下讲话中讲到的那样：能够把简单的事情每天都做好就是不简单；能够非常认真地做好每件容易的事就是不容易！上课认真听讲这本来就是我们应该要做到并且也是比较容易做到的事情。所以，我们不仅要一节课做好，而且要坚持每天都认真地去做好它，尽管这样不容易，但是我们相信：坚持就是胜利！

——三（3）班　姚敏慧

教师的话

　　今天国旗下讲话的内容孩子们记得很牢固，证明孩子们的倾听能力渐渐在增强，这让我很欣慰，班会上孩子们侃侃而谈，说着什么是看起来很简单但不简单的事情，什么是容易但不容易的事情，说得头头是道。最后我给孩子们提出了五点要求：1. 进校门前保持衣服整洁；2. 轻声慢步进教室；3. 课间不奔跑；4. 排队迅速整齐；5. 午读安静。我希望他们能坚持做到。

——詹丽娜

听了李校长讲的小故事之后，我觉得必须每天坚持做好每一件事，就算是最简单的事也好，自己做好了才能教育学生做好。今天班会课上，我主要从课堂纪律、卫生这两方面入手，引导孩子们懂得其实他们所做的事很简单，但需要每天坚持，如果坚持了，那么这些事情就不简单了。

——黄仪晖

今天这个主题学生颇感兴趣，生活中小事太多太多了，而很多看似简单的事情做起来可真不容易。比如，坚持每天不迟到，坚持每天穿对衣服鞋袜，坚持每天上课认真听讲，坚持每节课课间不追跑，坚持作业写得工整又美观……这些看似容易的事，要真细化起来，每天考核，那就相当不容易。类比到自己的教学，要想上好每堂课，那需要的是每天精心的备课，构思、生成、反思，争取把最优质的课堂给予孩子，试问我做到了吗？有时候一忙起来，就只能匆忙间把思路理一下，借助于光盘，带着孩子走马观花似地游历一遍课文。再类比到管理，有时候很多细处都没做好，比如每天检查孩子的手指甲、教室的卫生、与孩子谈心，等等，总有不尽如人意的地方。今天校长也给我好好上了一课，让我也明白了这样的道理：把简单的事做好就是不简单，把容易的事做好就是不容易。

——黄玉梅

二、国旗下课程促进学生成长

我一直希望能够把学校的一些办学理念、校训、培养目标等进行相应的整合，揭示出它们之间的必然联系。因为一个学校不能成为一个分裂的实体，它只能代表它自己，这也决定了学校的特色是唯一的，是独特的，而不是一个个片段的堆积和组合。其实，换个方式来说，我是一直有着这样的希望：

当一个外人在对滨海小学进行观察和简单的介入之后，他能够脱口而出，这就是滨海小学；当一个外人在听取了滨海小学的办学理念和思想之后，在一群孩子当中，能够一眼找出那个滨海的学生。

这是一种境界，办学特色也好，学校风格也罢，最终都需要指向这样一个境界。在我看来，这是办学的最高境界。最好的教育并不是为每位学生提供相同的好教育，而是为所有学生提供适合他自己的教育。同样，最好的办学，并不是所有学校具有同样的高标准和高要求，而是每一所学校都能突出自身的特色。在滨海小学创建之初，我把这一办学理念融入所有的工作中，探索深圳道路，滨海特色，希望能够通过大家共同的努力，创造出滨海这样一个品牌，当别人进行讨论的时候，提到滨海小学，不需要点头称是，只需要表达自己对它的了解和把握，能够随口说出"滨海小学就是那样子的一所小学"，就可以了。我想，从滨海小学走出的学生应该自然而然体现出滨海的风貌。

把学校的校训"健康、尊重、诚信、责任"和"培育生命自觉"的教育理念结合在一起，我提出学校要把培育学生的健康自觉、尊重自觉、诚信自觉和责任自觉作为学校的义务。国旗下课程的话题也需要在指导学生获得健康、相互尊重、自觉诚信和承担责任上发挥作用。下面，我将分别从这四个方面展开论述。大致包括三个方面的内容：一是理论层面的叙述，也就是对健康自觉、尊重自觉、诚信自觉和责任自觉的重要性进行解释；二是实践层面的叙述，希望提出健康自觉、尊重自觉、诚信自觉和责任自觉在实践层面的表现，以供学生学习和掌握；三是课程层面的叙述，希望能够为学校国旗下课程的开展和设计提供基本的思路，提出基本的要求，分列出基本的框架。这样，我们就在理论、实践和课程这样三个层面对健康自觉、尊重自觉、诚信自觉和责任自觉进行了讨论，使其既可以思考，也可以操作，可以有效地增进学生的理解，方便学生掌握。

（一）健康自觉

学生健康成长始终是教师的心愿。滨海小学把健康作为校训的重要内容，正是表达了教育最基本的要求。家长把孩子送到学校，是满怀期待的，保持孩子的健康正是期待之一。我把健康作为国旗下课程的一个重要内容来反复表达，是基于对以下两个问题的回答。

其一：为什么是健康？

我想，在健康上做多重要的和多少次的强调都是不为过的，那些"生命只有一次""健康是 1，其余为 0""为祖国健康工作五十年"等说法对我们来说绝不陌生。按照世界卫生组织（WHO）对健康的定义，"健康不仅是躯体没有疾病，还要具备心理健康、社会适应良好和有道德"。

生理健康是健康的基本内容，也是健康的物质基础。小学生处于长身体的重要阶段，学校应该努力使学生拥有一个健康的体魄，能够通过体育锻炼提高身体的各项指标和机能。生理健康是不以竞技为指标的，它应该指向顺利完成学业，身体平衡而有力，能够对交给的体力劳动和脑力劳动提供有效的身体支持；不熬夜，不赖床，有着良好的作息习惯，学习的时候精力集中，休息的时候开怀而放松；能够习得一些必要的包括自我安全的社会习惯，如过马路要观察红绿灯；要养成劳逸结合的习惯，要按时休息，做眼保健操，等等。生理健康不仅是一种理念，对学校教育而言，它也是一项知识，一项技能，它是一个综合的词语。国旗下课程所秉持的也是这样一个认识，把学生的生理健康从最源头上就看做一个综合的概念，是一种理念、一项知识和一项技能。国旗下课程要能够传递一种生理健康的理念，传达一种生理健康的知识，培训一项生理健康的技能。因此，国旗下课程才会在话题选择把生理健康作为重要内容之一，不断地去强调健康理念，引起学生的注意，并把一些生理健康的知识讲授给学生，当然最终要落实到生理健康技能的掌握上，如卫生健康等。国旗下课程通过告诉学生为什么要勤洗手，如何洗手，并对学生进行不断的跟踪和监督，来提高学生的生理健康水平。

心理健康对于学生的发展的作用似乎并没有引起教育者的足够重视。心理健康表达的是这样一个理念：只有具有健康的心理，才能更好地促进学生的成长。学生发展中所遇到的很多问题都是心理问题。而且，在新时代有新问题，社会发展迅速，变化快，新鲜事物出现的频率高，价值多元，这些对于学生的心理发展肯定会产生或好或坏的影响，因此对于学生心理健康的强调也就更加的及时和必要了。另外，学生处在心理形成的一个关键期，所以现在的心理发展对未来的成长往往产生重大的影响。心理健康的儿童应该能够积极乐观地面对生活，能够在家庭、学校和社会中找到安全和保障。他们觉得有依靠，相信自己的力量，能够及时地寻找帮助，对于自己的缺点能够坦然接受，并积极地改正这些缺点，保持对生活的适度敏感，保持对外界的好奇心。对学校教育，尤其是小学教育而言，学生的心理健康问题往往会因为一些强迫性的要求而引发，这里的要求可能是学校提出的，也可能是家庭和社会提出的，如作息习惯过于具有强制性，保持干净，等等。在这里，学校应该为每个学生的健康发展留出空间，当然也是为每个人的个性留出空间，教师需要做的是仔细观察这样的习惯和方式是不是致命的，或者是否会影响到孩子的健康成长。我始终觉得，儿童的心理健康是一个自由环境里的产物，它是一个引导和指导的结果，而不是一个强制和威胁的结果。因此，心理健康需要：规律而不是强迫，干净而不是洁癖，自信而不是自满，自尊而不是自大，乐观而不是盲目，主动而不是冲动，信任而不是轻信，等等。

培养学生具有良好的社会适应能力和有道德也应该得到足够的重视。人是一切社会关系的总和。人生在世，谁也少不了与他人交往，交往是人们生活的基本需要，即"我为人人，人人为我"。一个具有良好的社会适应能力的人，他必定是善于沟通、有能力建立良好的人际关系的人。而一个有道德的人则会自觉地遵守人与人之间关系的行为规范或规则，这些都决定着他能否积极和谐地与他人相处，决定着他能否过上幸福的生活。一个社会适应良好和有道德的人必定是一个能正确认识自己的人，他不以物喜，不以己悲，与周围的人和睦相处，不断提高自己包括修养在内的精神生活水平，全面增强自己的生理、心理和社会承受能力，从而最大限度地发挥自己的潜能，为他人和社会作出贡献，从而拥有一个健康幸福的人生。

学生健康是和学校健康融合在一起的，只有一个学校是健康的——具有健康的理念、健康的教学方式、健康的教师和校长，培养出来的学生才可能是健康的。我这里只结合小学的特色指出健康的三个方面的重要性。

首先，健康对于形成一个正确的自我认知非常重要。当我们在讨论自我认知的时候，是抱着这样一种想法的：认知来自于一种感觉和判断，它的基础在于一种体认。所以，在我看来，"正确地认识自我"最基层的是一种"力的感受"，也就是对自己身体的亲近、认同和欣赏，或许可以这样说，正确的自我认知是带着那么一点点自恋在里面的（心理学已有研究，适度的自恋对个体生存很重要），那么健康的体魄和心理对于个体接纳自己就显得不可或缺了。古希腊强调力与美的结合，而我们强调健康与自我认知的结合，健康与未来发展的结合。认识你自己从拥有健康开始，这既是一个认识的过程，也是一个发展的、成长的、进步的过程。

其次，健康有利于学生其他方面的发展。健康深刻地影响着学生的其他方面的发展，这是因为个体是一个身体、心理、思想和行为完美统一的整体，它们之间紧密相关，统筹合作，每一个方面的变化都会对个体的其他方面产生影响。这也就表达了两种意思，一种是如果学生能够保持身体健康，那么它会促进学生其他方面的发展；反过来是说，如果学生的身体产生了不好的变化，那么它会影响甚至破坏其他方面的发展。这样说丝毫不是危言耸听，对教育者来说，保护学生的身体健康，就是对学生的心理产生好的影响，对学生的思想产生好的影响。同时，健康有利于学生在其他方面投入更多的精力，从而也就有利于提高学生的学习成绩，有利于开阔学生的心胸，培养积极的生活态度，有利于学生进行正确的社会交往。

最后，健康对于小学生更加重要。健康在每个阶段发挥不同的作用，在小学阶段，健康本身是在走上坡路，学生正处在长身体的阶段，因此也是一个心理形成和塑造的阶段，这个阶段的每一种影响和变化都会为后续的发展产生重大的影响。成长和发展都有一个敏感期，小学阶段是孩子们健康成长的敏感期，这个阶段的学生如果能够保持身体和心理的健康发展，那么今后的生活和学习显然受益匪浅。反过来说，小学阶段的学生如果在身体和心理上受到创伤，那么今后要想重新回到正确的轨道将会非常困难。

其二，为什么是健康自觉？

健康自觉是一个指向自身的名词，它的重心不在健康，而是在自觉。学校教育的核心不是暂时地保证学生的健康，而是让他们具有健康自觉精神。具有健康自觉的学生是一个关注自身健康的人，是一个在健康上形成正确认识的人，是一个能够自己制订计划、方案和步骤以提高自身身体素质的人，是一个能够进行自我调节、自我规划和自我管理以提高健康指数的人。

从健康到健康自觉，反映了学校对于"培育生命自觉"教育理念的坚持和肯定。无论是健康，还是尊重、诚信和责任，都需要转化为个体的认识，并内化为学生的认知，才能为个体所持续关注和跟进。一个关注健康的学校和一个关注健康自觉的学校的着眼点是不一样的。关注健康的学校赋予健康以重要性，这里的健康自然是学生的健康，但是它只关注外显的结果，而不关注内在的过程，如果一个学生从外表来看是健康的，那么学校的目的也就达到了，所以，一个只关注健康的学校在一定程度上遗忘了学生。关注健康自觉的学校则不但关注健康本身，而且更加强调健康的载体，也就是学生自身。这非常重要，因为我们对健康的强调只有建立在学生自身的基础上，才有存在的基础。学校的重心不是治疗而是预防和指导——向学生揭示健康的重要性，为学生讲解健康的相关知识，引起学生的重视，并使学生掌握踏上健康快车的方法、技能和途径，告诉学生如何关注自身健康，如何检查自身健康问题，并积极寻求解决的途径。

因此，从健康到健康自觉也是从结果向过程的转变过程，是一个从治疗向预防和指导转变的过程。培育学生的健康自觉不仅仅是为了当下，而是为着个体整个的人生成长。因为具有健康自觉的个体能够随时对生命的健康状况做出观察和判断，并根据结果进行相应的规划和调整，使健康的机体能够继续保持，使不健康的机体回到健康的轨道上。

国旗下课程对于健康自觉的回应主要集中在转变表达健康的方式和方法上。首先，使学生能够充分认识到健康的重要性。坚定不移地向学生提醒健康在生活中的地位，将健康相关方面的知识向学生呈现出来。因为只有当个体了解了健康的相关知识，他才会在知识层面上肯定其重要性。否则，如果仅仅是就重要性谈重要性，学生很可能变得厌烦从而忽视了健康。

其次，要养成良好的健康习惯。教育者需要培养学生一些良好的习惯，这些习惯在开始的时候可能是比较难掌握的，甚至可能是痛苦的，但是一个好的习惯一旦建立，对于个体的帮助就显现出来了。习惯形成性格，性格决定命运。这一方面对中国的孩子来说似乎更为重要，我举几个比较简单也比较常见的例子。养成良好的看书写字的姿势，可以很好地保护视力，而中国孩子的近视率是非常高的。饭前便后洗手对于学生个人的卫生也非常重要，能够减少学生的细菌感染。在国外，甚至有非常仔细的学生生活指导，如就便后清洁，厕纸是应该从前往后还是应该从后往前，都有非常明确的指导，而我们也可以从这些细节中了解到他们对于学生的关心。当一个好的行为方式在一个月左右的时间里重复时，它就自然会成为个体的一个习惯，而不需要再做思维和情绪上的集中与努力。

最后，需要培养学生关注自身健康并做出健康规划的能力。这是生命自觉、健康自觉最强调的部分。对学生而言，能否及时关注自身的健康状况，做出判断，做出及时的反应，这本身代表了个体对于健康的重视程度，也反映了个体是否将健康纳入关注的范畴之内。从小学开始就培养学生关注自身健康的习惯，其实是在为以后的生活与成长打下好的基础。小学阶段的学生处在各项生理机能爬坡的阶段，感觉不到身体和健康的重要性，但是，以后生活中的一些不良习惯可能是从小就埋下了伏笔，我想这也是我把学生健康放在很重要的位置，引导学生关注自身健康的原因。对健康做出规划，其实是对生活做出规划。健康规划的能力也就是一种生活规划的能力，它不仅仅是安排合适的生活作息方式，也包括能够对出现的问题进行及时的预警、反馈和干预，也就是说这三个机制——预警机制、反馈机制和干预机制——相互结合在一起共同作用。

健康不仅仅是孩子们的，它也是我们的，是每个人的，谈论孩子们的健康就是在为我们个体明晰，为我们的过去思考，为我们自身、为所有教师的未来预想，这样来看，健康话题突然变得更加地亲切了。下面的内容正是我在国旗下课程中所作的陈述，以及学生围绕这一话题所作的讨论和反思。我想，他们一定是从这里获得了很多的知识和心得，我也是如此。

【案例一】健康是一切生活的出发点

校长的话

老师、同学们：

早上好！

著名教育家陶行知说"人生第一要事是健康，第二要事是健康，第三要事还是健康"。他认为健康是一切生活的出发点。

那么什么是健康呢？我想请位同学来回答。好，这位同学，请你来回答。

（生：健康就是身体好。）

你说得对。还有吗？哪位同学来补充？好，这位同学，你来说。

（生：健康就是不生病，不生气。）

说得真好。健康除了不生病，还要不生气才算健康。还有吗？

同学们，健康除了不生病、不生气以外呀，还包括其他一些内容呀。你们知道世界卫生组织吗？世界卫生组织是联合国的下属机构，负责对全世界的卫生工作提供指导。世界卫生组织简称WHO。世界卫生组织认为，"健康不仅是躯体没有疾病，还要具备心理健康、社会适应良好和有道德"。也就是说，一个人只有具备了以上四种要素，才能称得上是一个健康的人。

所以，我们要努力做到以下四点。

1. 有健康的生活方式。不吸烟，不喝酒，饮食均衡，不挑吃、不过量，保持适量运动，保证足够的睡眠时间。

2. 有健康的心理状态。热爱生活，乐观向上，主动承担任务，面对困难不逃避，面对挫折不气馁，面对表扬不骄傲，面对帮助要感恩。

3. 有较好的社会适应能力。应变能力强，能适应各种环境变化。与人为善，看着别人好不是嫉妒，而是真心祝贺；看着别人不好不是嘲笑，而是主动帮助。

4. 有良好的道德品质。爱护环境，乐于助人，不说伤害别人的话，不做伤害别人的事。

同学们，健康是一切生活的出发点，也是教育的出发点，正因为健康如此重要，滨海小学把健康放在了校训的首位，希望同学们能努力做到以上四点，努力成为一个健康的人，从而拥有幸福、快乐、美满的人生。

谢谢大家！

2011 年 10 月 10 日

班会实录

四年级（6）班第七周班会实录

主持：朱剑越　胡珺

记录：李意新

主持人：同学们，四（6）班第七周主题班会"健康是幸福生活的起点"现在开始。首先请同学们回忆一下今天校长国旗下讲话的主要内容。

王蕙：今天校长在国旗下讲话告诉了我们世界卫生组织关于健康的四项内容：身体健康，心理健康，社会适应良好以及有道德。我觉得给我启发很大。

江羽捷：今天校长告诉我们什么是健康，健康是人生第一要事，要想身体健康就要多运动、不挑食、不抽烟，要想心灵健康，就不能因为被老师批评了两句就讨厌老师，不喜欢上这门课。只有拥有健康，才能拥有今天早上二年级一位小同学说到的幸福、快乐、充满喜悦的生活。

黄侃森：今天校长还告诉我们说脏话是不道德，也是不健康的表现。

主持人：同学们说得很好，把校长说的四个方面都说到了，有的同学还说了具体的做法。下面请同学们继续谈谈健康有哪些具体的内容。

潘杞滢：健康包括健康的生活方式，不抽烟、不挑食；还包括心理的健康，对环境的热爱，不随地扔垃圾，看到垃圾要捡起来。

季晴：健康的第三项内容是社会适应良好。比如说这个学期我们班来了新同学，我们不能孤立他们，要尽快跟他们成为好朋友；今年我们有很多的新老师，我们也要尽快地适应新老师的教学方式。

王蕙：我觉得我们班的朱剑越同学心理就很健康。我们是同一个小组值日的，朱剑越是组长，因为我们的值日没有做好，朱剑越被老师批评了，但是上课的时候她还是积极举手发言、认真听课，她值得我们学习。

黄侃森：健康的心理包括不伤害别人，不对别人说脏话，即使有同学对你说脏话或者打你，那么我们也不能因为别人不道德，就也不道德地对待别人，我们要帮助他们改进。

朱雅楠：挖苦、讽刺别人也是心理不健康的表现，如果有同学挖苦讽刺你，你就把它当做空气吧。

潘杞滢：我有点不同意朱雅楠的说法。如果听到有同学挖苦讽刺别人，我们不能反唇相讥，但是也不能把它当做空气，我们要给这个同学指出来，告诉他这是不健康的行为，帮助他改进。

主持人：同学们说得真好，说到了健康的方方面面的内容。现在同学们对健康是什么都清楚地了解了，那么谈谈你们接下来打算怎样做一个健康的人吧。

杨玥：我要多运动，我现在有点胖，感觉身体不太健康，也不能暴饮暴食，不能自己喜欢吃的就没有节制。另外，我是这个学期刚转学过来的，我会尽快适应这里的环境，和新同学们友好相处，尽快适应这里的老师。如果跟同学们有摩擦了，我也会先问清楚原因，寻找解决问题的办法。

季晴：我要让自己的心理更加健康起来，不要自卑，要开朗；还要勇敢一点，看到有同学乱丢垃圾要及时阻止和提醒他们。

黄侃森：我不能因为别人说脏话就对别人说脏话，我要宽容待人，让自己的心理更加健康。

主持人：同学们说得都很好。希望同学们都能努力做到，拥有一个健康幸福的人生。

教师的话

李校长在本次国旗下讲话中向全校师生详细阐述了健康的含义，告诉了大家健康的标准是什么，健康除了是身体的健康以外，还有心灵的健康，同时还要有适应社会的能力和良好的道德品质。作为一名音乐教师，我觉得音乐正是培养普通人成为健康的人的最佳途径，音乐可以以"情"感动人的心灵，以"趣"激发人的灵感，以"美"愉悦人的身心。在今后的工作中，我将用音乐之声感召我的学生，培养健康的人。

——段婷婷

健康，学生一直都理解为身体健康，只有高年级的学生会回答另一方面：心理健康。今天李校长给全校师生讲了世界卫生组织对于健康的定义，包括四个方面：身体健康、心理健康、社会适应良好和有道德。这样全面评价一个人健康与否的标准，马上在全校流行开来。发生一点小事，学生都用这个标准来评价一下是不是健康的行为，这也就是我们说的学以致用吧。

——刘凤萍

【案例二】你有良好的卫生习惯吗？

校长的话

老师、同学们：

早上好！

香港著名作家李碧华说：看一个国家的国民素质，要看他的公共厕所。的确，公共厕所干不干净，与我们每一个人都息息相关，也最能体现一个人的文明程度。出门在外，总要上公共厕所，肮脏的公共厕所总让人觉得讨厌、不舒服，特别是在旅游景点，刚刚欣赏了美景，转眼就让气味难闻的公共厕所破坏了心情。但事实上，我们经常不得不去肮脏的公共厕所，有时甚至不得不捏住鼻子。同学们，我们中国有五千年的文明史，号称礼仪之邦，但就是有那么一些人上厕所不冲水、不洗手。外国人到中国来旅游，抱怨最多的就是公共厕所的卫生。有些中国人去国外旅游，还把这种不文明行为带到了国外，导致外国人认为中国人不讲卫生，不文明，没素质。在国外有些公共厕所，就用中文写着：请便后冲水。2007年武汉大学评选校园十大不文明行为，其中"上完厕所不冲水"被认为是最不文明的行为。上个月，有位大学教授也对我说，每到一所学校，他都特别注意观察上完厕所的学生有没有冲水，有没有洗手，校园里的厕所卫生最能体现学生的文明素质。那么，在我们滨海小学，有没有这种不文明的行为呢？有多少人上完厕所不冲水？不洗手呢？

上周五，德育处和校医室对滨海小学的学生上厕所的卫生习惯进行了抽样调查，共观察了408位学生，结果让我们所有老师的心情都很沉重。在滨海小学，上完厕所不冲水的学生占52.9%，也就是说有一半以上的学生上完厕所没有冲水，其中男生不冲水的人比女生要多近20个百分点。虽然学校搞清洁的阿姨每天都要冲洗几次厕所，可有这么多的学生便后不冲水，还是导致厕所的气味很难闻。所以很多学生不愿意使用教学楼的厕所，而要跑去远一些的办公楼的厕所。调查还发现便后不洗手的学生达到44%，比不冲水的人要稍少些，其中男生不洗手的又比女生多3个百分点。在这里我要特别表扬六年级的女生，她们每个人都养成了便后冲水和洗手的卫生习惯。但总体来说，滨海小学有很多学生都没有养成良好的卫生习惯。

同学们，上完厕所要冲水、要洗手，是最基本的卫生要求。如果你上完厕所不冲水、不洗手，不仅是一种极其不文明的行为，还会传播疾病，有害健康。可能有些人认为这些都是个人生活小节，但往往小节最能体现一个人的素质，我们万万不能忽视。

1987年，75位诺贝尔奖得主齐聚巴黎，记者问其中一位诺贝尔奖获得者："请问您在哪所大学学到您认为最重要的东西？"这位白发苍苍的老者平静地说："在幼儿园，我学到把自己的东西分一半给小朋友；不是自己的东西不要拿；东西要放整齐；吃饭前要洗手；做错事要表示歉意。"这位科学家说的每一件事似乎都是生活小节，是每个人都可以做到的小事，但他的回答却得到了在场所有科学家的普遍赞同。这恰恰说明了小节可以成就大事，良好的行为习惯对人生有着决定性的意义。

同学们，行动起来吧，告别不讲卫生的不良行为，用自己良好的行为习惯展现滨海小学学生的风采吧！

谢谢大家！

2009 年 3 月 2 日

学生感悟

校长说，外人来我们学校看学生是否文明，就看我们学校的厕所。我很好奇，为什么检查文明就看厕所呢？因为上完厕所不冲水、不洗手就是不讲文明的行为。在班会课讨论时，我们班有一个同学说："让值日生来监督检查吧。"我觉得办法倒不错，不过这样也太不好意思了吧。再说了，万一你去公共场所呢？由谁来检查你呀？另一个同学说："有的地方的厕所有自动冲厕功能，我们学校安装这种冲厕功能不就行了吗？"我想：如果安装这种冲厕功能要花很多钱的，我们不是提倡要节约吗？况且，若安装这种自动功能，也会让我们变得懒惰，不利于良好习惯的形成。其实，上完厕所冲一冲，洗洗手，那是举手之劳的事，养成习惯就好了。想想看，别人给你干净，你也给别人干净，何乐而不为呢？所以，我们应该上完厕所冲一冲，然后洗洗手，让细菌永远不沾手，做一个讲卫生、讲文明的好孩子。

——三（2）班　梁嘉欣

今天早上，校长在国旗下讲话时，提到我们学校很多孩子上完厕所不冲水、不洗手的现象。我一下子就想到了一个小故事：有一天，妈妈带着她的孩子出去玩。中途，孩子想去上厕所。一走进洗手间就听到孩子在大叫：好臭啊！我不要上厕所了。看来上完厕所不冲水给我们带来多大的麻烦啊。

——二（2）班　朱清霞

听了李校长的讲话，我知道做什么事情都要注重小节，只有注重小节才能成就大事。

如果有客人到家，我们要热情招待，主动问好，主动敬茶。做好这一些细节，才能让客人有被礼待的感觉，才能和客人更好地相处，久而久之，便和客人成了要好的朋友，在以后的生活中可以互相帮助，或者可以成就一番大事呢。

在我很小的时候，我去姑姑家玩，还有一个和我同年的小朋友也去了。到姑姑家，我首先就问好了，姑姑很高兴。但那位小朋友却没有叫姑姑。姑姑给我们喝牛奶，拿了好多瓶，让我们自己选，有大瓶的有小盒的，我想来想去，姑姑平时上班也挺辛苦的，还是先拿一瓶大的给姑姑喝吧。我就拿给姑姑，姑姑非常高兴。后来我们在姑姑家玩了一天，晚上回家时，姑姑给了我一个袋子，叮嘱我回家后再打开看，我回到家打开一看，里面有两大盒我最喜欢喝的牛奶！我想这就是我姑姑对我注重小节的奖励吧。

——四（2）班　陈庭昊

教师的话

本周的国旗下课堂，李校长根据上周德育处及校医对学生上厕所后的冲厕所及洗手问题的调查结果来谈，作了以"你有良好的卫生习惯吗"为题的讲话。学生们听得很认真，如上周一样，这种结合学生实际学习和日常生活的问题，他们都很感兴趣。

在讲话后面，李校长讲了一个小故事，关于以前几个诺贝尔奖得主谈感受的事，他们都谈到接受幼儿教育时所获得的一些良好的习惯教育，对他们日后的成功有很多的帮助。比如，整理东西、饭前洗手、上厕所后冲水洗手、有好东西要与人分享、懂礼貌，等等。孩子们听了这个故事都有所触动，更明白了良好行为的重要性，要做个文明小公民。成功要从细节做起！

——黄　燕

保罗·盖蒂说："好的习惯让人立于不败之地，坏的习惯则让人从成功的宝座上跌下来。"习惯的力量是惊人的。习惯能载着你走向成功，也能驮着你滑向失败。如何选择，完全取决于你自己。

养成良好的卫生习惯，是现代文明社会的一个标志，也是城市发展的必然要求。良好的卫生习惯必须从我们日常生活中讲卫生的细处做起，一点一滴去养成，一件一件去积聚，争当文明使者，让整个社会更洁净更亮丽。对于教师而言，不仅要教育学生讲卫生，而且自己也要养成良好的卫生习惯，给学生树立榜样。

——李铭芳

听了李校长在国旗下的讲话，我想起了前两年有位老师从国外学习回来，她说感到很没面子的是，宾馆的洗手间里有一句中文"请您随手冲厕所"。开始时，她感到很亲切，远在离祖国万里的陌生国度，竟然有我们熟悉的中文字，这真是令她感慨万千。后来，有人告诉她，为什么只有中文，而没有韩文或日文，是因为中国人往往上完洗手间不冲厕所，不讲卫生。一行中文是给中国人看的，是在提醒中国人上完洗手间要冲厕所。她听完后，自豪感荡然无存。

——黄惠芳

【案例三】关爱生命，从有秩序地走路开始

校长的话

老师、同学们：

早上好！

12月7日，也就是上星期一的晚上九点多钟，在湖南省湘乡市的育才中学发生了一起不幸的事件。在这起事件中，有8位学生失去了生命，有34位学生受伤，其中有26位伤重住院。

是什么导致这起事故的发生呢？同学们，那天并没有发生地震这样的天灾，那到底是什么原因呢？原来啊，那天下雨，同学们上完晚自习都想早点回到宿舍去。学校里本来有四五条楼梯通道，但是，很多同学都往通向宿舍最近的那个楼道拥去。据了解，当时有八个班，大约四百多名学生同时拥到那个楼道里去了，造成那个楼道非常拥挤。在下楼梯的这个过程当中，学生们因为非常拥挤又你推我搡。这个时候，就有同学摔倒了。前面的同学摔倒了，后面的同学不知道前面有人摔倒了，只是发现这个走路的队伍好像有点慢

了，他们就更加你推我，我推你，于是就越来越多的人摔倒了，后面的同学就踩到了前面摔倒的同学身上，最终导致许多同学受伤，甚至死亡。

据伤重住院的初三的一位学生说，那天下晚自习后，他从四楼的教室走到三楼楼梯口时，发现好多同学挤成了一团。忽然，有七八个人摔倒在楼梯间的平台上。前面的学生摔倒后，后面的学生还以为前面有人在故意拦他们，于是拼命往前挤，小杰感到被人从背后猛然一推，便往前倒。他用右手撑在地上，头顶着一个靠在墙角的同学的脚上，他的身体下面还有一个学生，上面又有一个学生压着他。"这个同学刚开始还大声呼喊着'救命'，但后来就听不见声音了。"小杰说，"我当时特别痛苦，根本没办法动弹，更可怕的是被人压得喘不过气来，呼吸困难，只能张大嘴巴通过左边一个空隙透过来一丝凉风维持呼吸。"

不满 12 岁的初一学生小午告诉记者，自己的教室在二楼，走到楼梯口时就发现前面的学生人挤人，贴在一起。"这时我想转身走另一个楼梯口，但拥过来的同学将我推到前面。"小午说，"没办法，我也只好一个劲地往前赶。""当时我胸口特别闷，只好用牙使劲咬着自己的嘴唇，都咬出血来了。"不知过了多久，人群中有人喊"有人摔倒了"，接着听见有人呼喊"救命"，小午突然也感到被什么重物冲击了一下，头脑里一片空白，就什么也不知道了。

同学们，失去生命的这八位同学都是因为喘不过气来，因为机械性的窒息而死的。刚才提到的两位同学也都是受了伤住院的。生命就这样失去了，这是多么可惜呀！

同学们，上下楼梯不奔跑，走路靠右行走，遇到红灯要停下来，这些是我们必须要遵守的交通规则，这些都关系到我们每个人的生命安危。我们滨海小学的教学楼也有两条楼梯，分别是一号楼梯和二号楼梯。同学们，你们知道哪个是一号楼梯吗？

（生：知道。）

如果不知道，那你就去看一下楼道上的标志。老师在这里也再讲一遍。靠近学校大门这边的楼梯是一号楼梯。另外一条，也就是一（5）班门前的楼梯是二号楼梯。同学们，其实每条楼道上面都挂着牌子清清楚楚地写着一号楼梯、二号楼梯。楼道上还有牌子上写着"上下楼梯不奔跑"。你们看到了吗？

（生：看到了。）

· 那你们有没有按照这个去做呢？

（生：有。）

好。我现在在这里再次要求你们，老师平时要求你们走哪条楼梯的你们就要走哪条楼梯，这是为了分散人流。我们滨海小学也有1300多位学生，如果所有的学生都走一条楼梯那也是很不安全的，即便是分成两条楼梯来走，那每条楼梯也有几百个人。我们放学时都有老师领着，你们要听老师的指挥，然后靠右走，要有秩序地走。如果发现前面的队伍慢了，一定要停下来看看是什么原因，也许是有人摔倒了，也许是因为什么别的原因。如果你觉得队伍慢了，你就拼命地往前挤，去推别人，那是很容易发生事故的。

同学们，生命对于我们每一个人来说都只有一次，是非常非常宝贵的。我在这里呼吁大家，关爱生命，从有秩序地走路开始，好不好？

（生：好。）

好。大家跟我说一遍：关爱生命，从有秩序地走路开始。

（生：关爱生命，从有秩序地走路开始。）

谢谢大家！

2009 年 12 月 14 日

学生的话

今天，暖和的阳光照在我们每个人身上，同学们洋溢着灿烂的笑容。我们在庄严的国旗下了解到这样一件不幸的事：湖南一所学校因人为因素导致严重踩踏事故，这次惨重的事件造成了8位同学失去生命，有26人受重伤。事出有因，原来，同学们在下楼过程中，有个学生跌倒后，引发拥挤，所以才造成这场惨剧的发生。

听完李校长的话，我想，同学之间相互礼让，还有就是要树立起一种安全意识，这样才能让自己和他人能够过得平安。

——三（1）班　施冠熙

今天早上，李校长在国旗下讲话的题目是"关爱生命，从有秩序地走路开始"。走路还跟生命安全有关吗，为什么校长这样说呢？原来，如果你在楼梯上跑上跑下的，很容易发生危险，特别是下雨天的时候，地面很滑，很容易就会摔倒的，不仅你自己会摔伤，还有可能引发更大的事故。

——三（2）班　王静儒

以前我上我家小区楼梯的电动扶梯时，经常是跑上跑下的，有一次还被夹住，撞伤了膝盖，以后我上电动扶梯的时候一定要扶紧扶手，要不很危险的。

——二（6）班　朱剑越

我以前上下楼梯都是靠左边走，老师要求我们上下楼梯都必须向右走我还不当回事，今天听了校长讲的踩踏事故以后，我决心遵守老师的要求，安全有序地下楼梯。

——二（6）班　黄龙鑫

教师的话

学生下楼梯的踩踏事件，听得让我心痛不已，也让我更警觉。每天的放学排队，维持好秩序原来是这么的重要。有好几次带队放学的时候，排在队伍后面的男生故意在推挤，这在楼梯口是多么的危险。另外，我们放学时一定要维持人流只靠右走，不抢先，不着急，宁等一刻钟，不争这一分钟！

——刘凤萍

如果你问一个十几岁健康的青年："你会走路吗？"人家一定会觉得你有毛病。如果你看了新闻，知道又是一起因中学生在拥挤的楼道上你推我搡酿成的惨祸，你可能会悲伤感叹，怎么十几岁的孩子都不会好好走路啊！作为学校，作为老师，真的要实实在在教会学生好好走路。因此，我们学校每天都坚持训练学生排好队出操，排好队放学；一学期至少举行两次大型的疏散演习；常常教育学生走楼梯靠右走，在校园内轻声慢步走，上学路上慢走看车……教育无小事，事事是教育。

——曾女英

【案例四】今天你低碳了吗？

校长的话

老师、同学们：

早上好！

低碳生活的概念最早是由联合国环境规划署于 2008 年 6 月 5 日提出的，主要是倡导个人的低碳生活方式。低碳生活，对于我们普通人来说是一种态度，而不是能力。我们应该积极提倡并去实践低碳生活，珍惜资源，降低能耗，注意节电、节油、节气、节水。从点滴做起，从身边的小事做起，从我做起。

记得我以前和你们说过一句话，不知你们是否还记得？那就是：心动不如赶快行动。大家都知道，低碳生活会保护我们居住的地球环境，会使我们的生活变得更美好，但是，同学们，你行动了吗？今天你低碳了吗？

其实生活中，只要我们稍微用点心，我们就可以做到低碳。比如说：

1. 现在天热了，大家都要使用空调。如果你在使用空调时，注意不要频繁地开启，用了几个小时后，就关掉，再开电风扇。这样就能省 50% 的电。

2. 在冰箱内存放食物时，食物的量以占容积的 80% 为宜，用数个塑料盒盛水制冰后放入冷藏室，这样能延长停机时间、减少开机时间，更节电。

3. 短时间不用电脑时，启用睡眠模式，能耗可下降到 50% 以下。

4. 用洗衣机洗衣服时，选用标准模式洗衣服，更省电。如果我们每月手洗一次衣服，那么每台洗衣机就可以节约用电，也就节约了发电的煤，同样也就减少了二氧化碳的排放。如果全国所有的家庭都能做到每月用手来洗一次衣服，减排的二氧化碳可以达到 68.4 万吨，这个数字是非常惊人的。

5. 不使用一次性的筷子、一次性的饭盒和一次性的塑料袋。

同学们，我们的地球环境需要我们大家共同来爱护，但真正检验我们对环境的贡献不是言辞，而是行动。我们要用实际行动表现出来。想想看，你的日常生活方式符合低碳生活吗？你有哪些降低能耗的好方法？今天你低碳了么？

谢谢大家！

2010 年 5 月 24 日

学生的话

周末的时候我在家里观看了电影《2012》，看完后觉得很恐惧。在高碳生活中，地球冰川在融化、海平面上升……为了使地球能够变得更好，我希望我们所有使用的东西都是太阳能的，太阳能冰箱、太阳能空调、太阳能汽车，等等，这样我们就可以过低碳生活。

今天早上起床后，刷牙洗脸时，我把水龙头开得比以往小了，少用了几张纸巾。今天天气比较凉快，中午睡觉时，我没有开空调，改用电风扇。

——一（3）班　丘志彬

早上，我和妈妈在早餐店里吃早餐时，有时候会用到一次性的筷子。今天的国旗下讲话提醒了我们，出外吃饭的时候要少用一次性筷子，因为筷子是用木头和竹子做成的，而树木保护了大自然。如果每个人都用一次性筷子的话，那要砍掉多少棵树啊。

——二（1）班　徐　诺

听了李校长讲话后，我觉得自己有些地方做得不是很好，以前写完作业没有养成关灯的习惯，常常等到爸爸妈妈回来后才记得自己台灯没有关。每次上完厕所，灯也不关就走了，给爸爸妈妈带来很多麻烦。我觉得这样既浪费电也不低碳生活。我一定要改正这些小毛病。

——三（1）班　罗一格

教师的话

今天你低碳了吗？没想到这句话也成为流行于人们生活中的一

句话语。偶尔看到朋友们有些浪费的行为时，不用多说什么，只要一句温馨的提醒："今天你低碳了吗"，对方马上就能意会。多好的一句话！这也让我们每个人积极地参与到低碳的实际行动中来。

——李铭芳

其实，在我家早就过上低碳生活了。如我在煮饭时会提前淘米并浸泡 10 分钟，然后再用电饭锅煮，可大大缩短米熟的时间，而且煮出来的又松又软，口感好极了。

随手关灯，用完电器拔插头，不用一次性纸杯，不叫外卖，拧紧水龙头，使用节能灯，在洗澡时水温调低 1 度，选择节能空调，温度不低于 26 度……

虽然我们的能力有限，但低碳生活是一种态度。相信星星之火可以燎原，相信我们的家园会恢复优美和健康。

——徐彩苑

记得在第八周国旗下课堂里，李校长第一次提出"低碳生活，你关注并实行了吗"，并向全校师生提出八条低碳生活倡议，我至今还记忆犹新。当今天李校长再次提出低碳生活，我不禁扪心自问，我做到了吗？想想在生活中，我家三口人还真是低碳生活践行者，先生喜欢用洗米水来浇花种草，我习惯留着洗衣水来冲厕所，女儿会把她表姐作废的账单纸用来作草稿纸。出门随手关灯我们已成习惯。相信每个人行动起来，关注并实行低碳生活，地球的寿命就会延长许多。

——文 英

【专家点评】

生命自觉从健康自觉开始

滨海小学以"珍视童年价值，培育生命自觉"为办学理念，把握住了当今的时代主题，使学校在办学价值定位上有了很大的提升。但是在具体的教育教学实践中，李唯校长和学校的广大教师并没有好高骛远，而是将先进的理念转化到日常的教育实践中，将生命自觉的理念转化为小学生可以理解、可以实践的日常生活形式。国旗下课堂就是其中的典型。国旗下课堂围绕生命自觉的主题展开，但是通过梳理几年来李唯校长的讲话内容，可以发现，她在倡导生命自觉时特别强调了健康的重要性。笔者也十分赞同这种想法，关注生命自觉的确应该从关注生命健康开始，换言之，生命自觉从健康自觉开始。

细究起来，李校长的演讲内容基本上从健康的角度涵盖了生命自觉内涵的不同侧面。例如，"健康是一切生活的出发点"引导学生正确地理解健康，从而产生对自己生命健康的自觉；"关爱生命从有秩序地走路开始"则是从事例中引出道理，强调了公共场所中彼此之间应该形成良好的秩序，这其实也就是在强调对他人生命自觉的重要性；"今天你低碳了吗？"则是从环保的角度展现一种健康的生活方式，这种健康的生活方式就体现了对外在生活环境的自觉，在注重生态保护的当今时代，这种自主自觉有助于形成人与生态的和谐关系，这一关系的理想状态就是"天人合一"，就是自我与生态的和谐融通。

由此可见，实现个体的健康自觉也离不开个体对自我、对他人以及对环境的自觉，这三者本身又构成了生命自觉的主要内涵。从这个意义上说，生命自觉与健康自觉之间是相辅相成的。

（李政涛）

（二）尊重自觉

尊重，就是尊崇和敬重。滨海小学把尊重作为校训内容之一，就是要培养学生的尊崇之意和敬重之情。依我之见，尊重是生成生命概念、建立生命平等的第一步，也是最重要的一步。在"尊重自觉"这一节里，我想着重谈论三个方面的内容。

第一，全面理解尊重需要有三种视角，即作为关系的尊重、作为态度的尊重和作为方法的尊重。

首先，尊重表达的是一种关系。它首先提出如何看待自己，如何看待生命，如何看待周围，如何看待自然万物，也就是说，它是要回答自己和自己、自己和外界的关系问题。这个问题回答得好，或者说正确，将对自我的形成产生良好的影响，也把个体"隆重"地"推销"到社会生活和自然世界中去。人是关系的产物，这里的关系可能是人与人之间的社会关系，当然也可能是人与自然之间的关系，还有人和自己之间的关系。我一直把这三者放在同等重要的位置上来观察和审视，后面将对其详细阐述。

其次，尊重表达的是一种态度。我们是有态度的，态度决定着我们的心境和思路，决定着我们选择什么，舍弃什么，决定着我们通过什么方法来实现自己的目标。总之，一个人一旦选择了某种态度，那么他就确定了自己的目的，以及实现目的的手段。而尊重表达的正是个体同外在环境、他人和自己的一种态度。通过尊重，个体设定一个目标，决定一种手段，然后走到目的地。因此，选择尊重，就是选择态度。

最后，尊重表达的是一种方法。尊重不仅仅是一种基础层面的，决定我们行为的基调，它本身是一种技巧和方法。个体选择尊重就是选择方法。我们在处理事情、处理自然同人的关系以及人与人之间的关系时，会通过尊重实现自己的目标，悦纳对方、吸引对方并使对方对自己产生某种感情或依恋，从而完善自己的社会群落和环境圈落。

态度、方法和关系，这三者相互联系又相互区别，而且也为尊重打开了三个不同的领域。态度是个体行为的基础，任何个体在从事任何事情的时候都是抱着某种态度的；关系是一个结果，它把我们的世界看做一个关系构成的整体，我们在其中必然要同别的物、事和人建立联系；方法则是一个可供我们使用的工具，因此也是需要我们去学习和把握的，只有掌握了一定的方法才能更好地使用它。

在这种理解之下，它们三者又分别对应怎样的领域呢？对态度而言，它决定着我们的处事风格，影响着我们的整个心境，所以，尊重的态度能够为我们看待人和事物、处理人与人之间关系打下基础。尊重教育的前提是要培养学生尊重别人的态度，如果没有端正自己的态度，那么尊重往往是肤浅的，或者说没有深入自己的内心，是表面的，是不能打动人心的。对关系而言，尊重的关系是要建立起我们和外界环境、人和人以及自己和自己的联系。关系本身是一种哲学观，从这种哲学观点出发，我们会把自己的存在建立在别人、外界和自我这三者之上，而不是独立于外界的一个孤独的个体。我想，这也是尊重所要传递的那种意识，学校对于尊重的教育也是要传递这种意识，最终在学生的脑海里形成这种意识：人与人是相互交往而生的，人与外界是相辅相成的，自己与自己是需要对话、反思和不断建构的，这样来说，学生才可能真正理解尊重，以及尊重所带来的含义。对方法而言，或许我们觉得自己太过功利，或者太过强调尊重的工具性作用，其实恰恰相反，把方法提出来，只是把尊重重新放在一个新的角度中解释和分析，也有利于更好地完善我们对于态度和关系的理解。弗洛姆在《爱的艺术》中始终强调爱是一种艺术，是一种可供我们学习和不断完善的能力，而把尊重视为方法，也是从这一层面来说的。尊重是一种艺术，是一种个体生存的方法。这也意味着告诉学生尊重是可学习的，它并不是一个只供我们思考和观赏的词汇，深奥晦涩进而难以亲近，尊重是人类文明发展和社会进步的一种产物，它来自社会衍化和人与人之间的交往，它本身是可供我们学习和感悟的。学习尊重就是学习一门艺术，就是学习一门技巧，掌握尊重他人的方法也就是掌握了一门艺术和技巧。而且，这里需要补充一点，对小学生而言，作为方法的尊重同作为态度和理论的尊重相比，即使没有更重要，也显得同等重要。因为学生需要习得一种习惯——尊重的习惯，习惯的养成当然离不开方法和技能的不断强化。

这也是国旗下课程对于尊重话题展开阐述的基调。在国旗下课程中谈尊重，就应该不断向学生传递这样三种不同的声音和视角：作为态度的尊重、作为关系的尊重和作为方法的尊重。从而，不但在态度上引起学生对于尊重的重视，也能够使学生尝试着在关系中理解尊重和解读尊重，最终能够掌握尊重的方法和技巧，像对待一门艺术那样对待尊重，学习尊重。我想，这也是滨海小学在办学过程中一直坚持的，对尊重的理解和教育也完全符合滨海小学的风格，在整体中理解一个事物，并在整体中进行某项教育。

第二，自己、他人和环境是尊重的三个对象，学会尊重就必须学会尊重自己、尊重他人和尊重环境。

首先，尊重是一项面对自己的事业。我始终坚持，尊重自己是一项需要终身来完善的事业。卢梭说，"每一个正直的人都应该维护自己的尊严"，而屠格涅夫也说道，"自尊自爱，作为一种力求完善的动力，是一切伟大事业的渊源"。说得真好！只有尊重自己的人，才会去尊重别人，尊重外界，也只有那些会尊重自己的人，才会尊重别人，尊重外界。尊重自己首先是把自己当人看，为自己赋予存在的合理性和必要性。当然，也只有一个人认为自己的存在合理而且必要的时候，能够把自己在思维中"合法化"的时候，他才能够找到发展的能量、发展的动力和发展的必要。我们也很难想象，一个没有自尊的人能够获得很好的发展。

尊重自己就是尊重自己的一切，尊重自己并不是说要肯定自己的优点，同时否定甚至逃避自己的缺点，而是说要能够很真实地认识自己，并形成统一的认识，对自己的全部都能够赋予合理的意义和价值。能够认识到自己的优点并因此而获得自信，是对自己最大的尊重，而通过自己的努力获得发展则是对自己的尊重最完善的体现。当然，尊重自己也要求我们还原一个真实的自我，接受自己的缺陷、承认自己的缺点并能够从中发展出个体的自信、勇气和特点，是尊重自己最大的挑战。

这也是为什么说尊重自己就是在做一项发展性的事业，能够建立正确的自尊对于个体本身的发展至关重要。所以，国旗下课程要思考是否明确地展示给学生他们值得自己信任，是否为学生讲述了尊重自己的重要性，是否能引起学生对于自己的思考和再认识，是否引导学生自己和自己对话，自己和自己交流，从而形成一个完整、真实、全面的自我认识。

其次，尊重也是一项面对别人的事业。尊重自己是和尊重别人同时发展的，一个不尊重自己的人，也是一个不会尊重他人的人，同样的，一个不尊重他人的人，他也没有尊重自己。我想在这里再一次谈到弗洛姆《爱的艺术》，在书中，作者极力地想说明这样一个道理，爱自己和爱别人是如何相互生成和相互促进的，尊重正是如此，尊重自己和尊重别人是相互生成和相互促进的，这大概也是因为尊重在本质上来说就是爱的表现之一吧。

尊重别人是要把别人视为人。一个独特的、有价值的、具有自己思想和意识的个体，只有在思想上把对方看做同自己具有同样价值，并赋予生命共同的价值的时候，个体才会在语言、行为和交往中尊重别人。也就是说，一个尊重别人的人首先是一个思想上尊重别人的人。尊重他人，其实是要做两件事情。第一件事是认为别人不同于自己，他人和自己是有着同等生命意义的不同个体，我有我的价值，他也有他的价值，这种独特的价值以及生命共同所有的那份价值共同构成了别人值得我们尊重的条件。第二件事是认为别人同我们共在，人是社会的产物，人的性质是由他的社会交往来界定的，一旦离开了别人，我们是很难界定我们自己的。人的本质是社会的产物，正是这样的社会性把他人的价值和意义也融合在个体自身的价值和意义中。这也是尊重他人就是尊重自己的根源。

最后，尊重还是一项面对环境的事业。个体都有自己存在的环境，这里的环境既有社会环境也有自然环境，对尊重而言，它也包括尊重自然环境和尊重社会环境。总之，它就是要尊重自己所步入其中的那个环境。根据个体同环境交往的紧密和频繁程度可以把环境分为不同的类型，他们也如同一个个同心圆一样，围绕在个体周围。

把环境纳入尊重的范畴，既是从人类生存最根本意义上来说的，也是从新世纪的新情况这样一层意义上来说的。对人类而言，环境为个体的生存提供了衣食住行，为个体提供了生存的空间，它是人类生存不可缺少的一部分，正因为此，人类的生存质量在很大程度上也取决于人类同环境的关系。尊重环境，对环境抱感恩之心，这样我们就能够赋予自然和社会以生命，能够恢复自然和社会在个体发展中的地位。它们不仅仅是实现我们人类的目的的手段，它们本身就是一个目的，因为它们是有生命的，它们有着自身衍化的规律、过程和目的。它们与我们同在，我们才能生存，不尊重环境就是不尊重自己，不尊重人类自身。

我们提倡尊重环境有着新的时代背景下的必要性和迫切性。如果说上个世纪是人类发展的黄金时期，那么21世纪就是人类与环境和谐发展的黄金时期，或者至少是人类开始朝着人类与环境和谐发展前进的时期。如果说上个世纪是人类关注自身的世纪，那么21世纪就是关注人类与环境相互作用的世纪。我们已经认识到环境对于人类生存、发展和进步的重要性，也认识到了环境所面临的重大压力和遭受的可怕破坏。在小学教育和尊重教育中纳入尊重环境的教育是顺应时代潮流、关注时代难题、直面时代困境和尝试解决时代问题的举措。

第三，尊重自觉的培养是一项综合的、系统的工程，但教师对于学生的尊重是学生尊重自觉精神生成的前提条件。

首先，正如我们在健康自觉一节中所论及的，尊重自觉的培养也是一项系统工程，因为尊重不仅是一个态度问题、心理问题和思想问题，也是一个技巧问题、方法问题和技术问题。因此，对学生而言，使其认识到尊重自己（自尊）、尊重他人和尊重环境这三者的关系和重要性还不够，他们还不一定能够在实践中真正做到尊重自己、尊重他人和尊重环境。国旗下课程不但强调自尊的重要性，更重要的是能够提供一个讨论的空间，使学生能够在讨论中更深刻地理解尊重，然后在实际的生活和学习中去实践尊重。这样既能提高学生的自觉意识，也能够使学生在态度和实践这样的双向互动中感受尊重的力量，体验到尊重之爱。当然，国旗下课程更应该为学生提供一些尊重别人细节方面的表现和方法，国旗下课程是这么计划的，也是这么做的。如国旗下课程建议学生在听别人演讲和报告时认真倾听，保持安静；注意搞好个人卫生，保持校服整洁；和别人交谈的时候能够保持合适的姿势，使用正确的用语；和别人约会能够按时到达目的地，学校安排的各项活动能够按时参加，准时到达；在不同的场合使用不同的语言表达，使其更加合理，听起来更加称心；能够对别人的劳动成果表示尊重，认可别人的作用和努力，并给予及时的鼓励和赞赏，这些都是尊重别人的细节。对小学生而言，这些似乎具有更为直接的效果，也显得更加重要，因为学生在其中不仅能感受到尊重的重要性，也能够学到如何表达自己对他人的尊重，学到尊重他人的技巧。

其次，要想培养学生的尊重自觉的精神，就需要给学生提供一个崇尚尊重、践行尊重的环境。对于学生成长最为重要的环境——学校来说，尊重应该成为学校的风气。我们经常说，一个孩子在什么样的环境中生活，他将来就会成长为什么样的人。滨海小学从建校伊始，就把尊重作为学校的校训之一来提倡和推广，希望形成相互尊重的校园文化，使尊重成为学校教师和学生的生活方式。小学生处在一个模仿的阶段，周围人的行为方式往往对他们造成深刻的影响。滨海小学的教师始终把尊重学生作为教师的基本素养。学生感受到来自教师的尊重，才能体会到自己的重要性，肯定自己的价值，从而建立自尊，也才能从教师那里学习到尊重别人的技巧，感受到尊重别人的重要性，从而在同教师的交流以及同学的交流中做到相互尊重。教师尊重学生，需要保证每个学生都得到平等的对待，能够认识到学生的能力差别，并根据这些差别因材施教。教师需要在日常的生活中注意自己的教育手段，不能通过体罚和变相体罚来惩罚学生。教师要注意自己的言行是否伤害到了学生的自尊，要把学生当做一个不断发展的生命来对待，尊重学生就是要尊重他们的各项权利。教师要为学生提供表达意见、展现能力的机会，等等。可以说，教师尊重学生也是一个非常需要注重教育细节和需要教育敏感的事情。

综上所述，尊重的三种视角和尊重的三个对象的概要如表 5 所示。

表 5　尊重的三种视角和尊重的三个对象

尊重的三种视角	作为关系的尊重	尊重的三个对象	尊重自己	优点
				缺点
	作为态度的尊重		尊重他人	他人不同于自己
				他人与我们共在
	作为方法的尊重		尊重环境	自然环境
				社会环境

我一直在做着这样的反思：作为一校之长的我，有没有为教师和学生做出一个尊重别人——既尊重教师，又尊重学生，尊重学校里面的每一个人，尊重每位学生的家长——的表率，我有没有尊重我自己，尊重自己对于爱的追求，对于发展的渴望和期羡。尊重他人，我才能赢得他人的尊重，尊重自己，我才能成就我自己。那些体现在细节中的教育行为也是对学生的尊重，正如第一章中所述，为了防止学生的自尊受到伤害，在国旗下的讲话中取消学生生活中的故事。我想，教育者需要培养那种感同身受的移情能力，能够想学生所想，思学生所思，从学生的立场出发、从一个发展的生命的角度出发，去尊重他们，从而促进他们的成长。国旗下课程把自尊作为其重要内容，既是对学校校训内容的解读，也是对所有滨海小学教师和学生的呼吁。下面就让我们来看看国旗下课程中尊重话题的案例，你一定会惊讶于学生在尊重这个话题上所做的讨论和反思是如此的深刻，他们把握问题和解读问题的能力也远超我们的想象。

【案例一】 己所不欲，勿施于人

校长的话

老师，同学们：

早上好！

滨海小学的校训明确地提出了尊重的要求，希望同学们做一个懂得尊重别人的人。那么到底什么是尊重呢？尊重其实很简单，就是己所不欲，勿施于人，也就是说，你希望别人怎么样对你，你就怎么样对别人。比如说：你希望别人对你有礼貌，你就要对别人有礼貌；你希望别人不乱翻你的书包，你就不要乱翻别人的书包；你不希望被别人起花名，你就不要给别人起花名；你不喜欢别人推搡你，你就不要推搡别人；你不喜欢别人骂你，你就不要骂别人……同学们，只要我们能做到以上几点，懂得尊重，同学之间就一定可以友好相处。同学关系好了，我们的学习生活就会非常愉快。具体说来，我们要努力做到以下几方面。

第一，在态度上尊重别人。比如课堂上老师正在讲课或同学正在发言时，我们要注意倾听。专心听讲不仅能保证我们学到知识，还能了解别人的想法，体现对老师、同学的尊重。和别人谈话时，我们也要学会倾听别人的意见，不要一味地只顾自己说，忽视他人的感受。学会倾听会让我们更容易赢得他人的喜爱。

第二，在礼仪上尊重别人。注意搞好个人卫生，保持校服整洁。衣服旧一点不要紧，但要干净。小学生如果蓬头垢面，不仅有损自己的形象，也是对老师和同学的不尊重。和别人打招呼时不要"喂，喂……"不停，或者叫绰号。站着和别人交谈时，不要用脚连连打地。与老师、长辈交谈时，不要跷二郎腿。

第三，守时也是一种尊重。和别人约好聚会，就应当准时赴约；老师安排活动更应当准时参加。上学不迟到，既是对自己的尊重，也是对同学和老师的尊重。

第四，尊重别人要注意场合。别人开心，就别说风凉话；别人不开心，就不要兴高采烈。别人没考好，就不要大谈特谈自己考得如何如何好。和别人交谈时不谈对方不愿讲的话题。

同学们，一个真心懂得尊重别人的人，一定能赢得别人的尊重。让我们努力用自己的言行举止去赢得别人的尊重吧。懂得尊重会让我们的生活更美好。

谢谢大家！

2008 年 12 月 8 日

学生的话

如果老师在上面讲话，你在下面也讲话，或者搞小动作，你这就是不尊重老师，我们应该做到别人讲话的时候，我们用心听讲，这样才能做到尊重别人。

—— 一（3）班 刘如添

我有一个小妹妹才一岁多，还不会说话。她很顽皮，每次我对她说话的语气重一点，谁知她也嗷嗷叫着回敬我。爸爸妈妈看见后让我要尊重小妹妹。我开始对她笑，发现她也对着我笑了。原来我尊重她，她也懂得尊重我。我想，一岁多的小妹妹都能分清尊重和不尊重，这让我明白了一个道理：尊重别人，才能赢得尊重。

—— 二（2）班 唐楚天

【案例二】比天空更宽阔的是人的胸怀

校长的话

老师、同学们：

早上好！

2000多年前的一天，孔子的学生子贡问孔子："老师，有没有一个字，是我们在一生当中都要去遵守的，是可以终身奉行的呢？"孔子说："那大概就是'恕'吧。""恕"字就是上面有个如果的如，下面加个心。孔子当时所说的"恕"，用今天的话来讲，就是宽容。宽容是我们一生都要去努力的，去做的。2003年的时候，美国的希拉里，也就是现在的美国国务卿出了一本自传。很多人当时都在想她这本书肯定卖得不好吧。美国著名的电视节目主持人卡尔森认为她的书不会有多少人买，并在电视节目中扬言说："我敢打赌，如果销量超过100万本，我就把鞋子吃下去。"

但是同学们啊，上天往往喜欢捉弄那些轻视别人的人。没过几天，希拉里的书的销量就超过了100万本。那这下子，主持人就变得很尴尬了，全美国人都看着他会不会兑现自己的诺言。他会不会当众把鞋子吃下去呢？同学们，你们说他会不会吃呢？

（生：不会。）

不会。为什么不会呢？这位同学举手了，请你上台来。

（生：因为鞋子那么大，嘴巴没有那么大，就算吃下去了，喉咙也没那么大。）

那可以用牙齿咬啊，把它撕成一小半一小半啊。

（生：那也很恶心啊。）

是很恶心。好，谢谢你！

但是问题来了，他亲口在电视节目里说的，全美国人都知道，如果他不吃，他就变成说话不算数的人，是不是很麻烦啊。但是他当初说出来的时候有没有想到会吃鞋子啊？因为他当时说的话明显是嘲讽希拉里的，他认为她的书卖不到100万本的。还有人幸灾乐祸地跑到希拉里那里，怂恿她要求卡尔森说话算数，当众把鞋吃下去。同学们，你们认为希拉里会怎么做了？会不会让卡尔森吃鞋呢？有的同学说会，我请同学上来回答。

你认为卡尔森会说话算数吃掉鞋子吗？

（生：会。）

你为什么认为会呢？

（生：因为人要遵守诺言。）

因为希拉里要他遵守诺言，更重要的是他嘲讽了她，对不对？

（生：是。）

他嘲讽了她，希拉里会想，你说我卖不出去，我现在就要看看你怎么办，对吗？

（生：对。）

谢谢你。

觉得不会让他吃的请举手。那个戴眼镜的同学，请你上来，我看到你是第一个举手的。你来说说为什么不让他吃呢？

（生：因为鞋子有毒。因为是塑胶做的。）

鞋子有毒跟希拉里有什么关系呢，是他自己说要吃的。

（生：因为他吃了就会死。）

吃了就会死，如果吃了不会死，她会不会让他吃？

（生：那应该会。）

但是很恶心，还会让他吃吗？

（生：因为这是他自己决定的。）

是他自己决定的，他活该，是不是啊？

（生：是。）

还有没有同学认为即便是不会死掉、不会恶心、不会难吃，也不会让他吃？好，这位同学，请你上来说。

（生：因为希拉里是孔子的学生，当然不会做出这种事。）

希拉里是孔子的学生？希拉里和孔子已经隔了两千多年哦，但是我理解你的意思是说她读过孔子的书，她向孔子学习，是吗？

（生：嗯。）

可能真是这样。你们有的说让他吃，有的说不让他吃，都说的对。希拉里亲自去定了鞋子，要求卡尔森在电视上当众吃。卡尔森只好把鞋子吃了下去，但他却吃得很高兴，为什么呢？因为他吃下去的是希拉里特意为他定做的鞋子形状的蛋糕。你们说这个蛋糕是不是很美味啊？我想那味道一定棒极了，因为它里面加了一种特殊的调料——宽容。

同学们，面对主持人的嘲讽，希拉里并没有给予他猛烈的回击或等着看他吃鞋子，而是用一种幽默宽容的方式巧妙地化解了这场矛盾。同时，她用她的智慧维护了主持人的面子，他是吃了鞋子，但是他吃的是鞋子形状的蛋糕。

同学们，在我们日常生活中，走路时，可能有人不小心撞了你；坐车时，可能拥挤有人踩了你的脚；说话时，可能有人出言不逊伤害了你；还有呢，两个人本来说好了去哪里，但是那个人迟到了……如果碰到诸如此类的事，你会怎么办呢？同学们，你会宽容地对待他人吗？请同学们记住，如果你能做到宽以待人，你就一定会拥有很多朋友。

法国19世纪的文学大师维克多·雨果曾说过这样的一句话："世界上最宽阔的是海洋，比海洋宽阔的是天空，比天空更宽阔的是人的胸怀。"同学们，让我们学会宽容吧！宽容会让我们拥有比天空更广阔的胸怀。

谢谢大家！

2011 年 4 月 18 日

班会实录

五年级（3）中队第十周队会实录

主持：王成友

记录：杨应琼

王老师：这堂课我们的主题是……

全体：比天空更宽阔的是人的胸怀。

王老师：谁能读得更好？

吕思源：比天空更宽阔的是人的胸怀。

王老师：这句话是谁说的。

李汉庭：雨果。

林楠楠：比海洋宽阔的是天空，比天空更宽阔的是人的胸怀。

王老师：不错，你已经记得一大半了。

吕思源：世界上最宽阔的是海洋，比海洋宽阔的是天空，比天空更宽阔的是人的胸怀。

王老师：我们要记住这句话。吕思源，你是怎样记住这一句话的？

吕思源：我觉得它们之间是递进的关系。

王老师：再读一遍。

全体：世界上最宽阔的是海洋，比海洋宽阔的是天空，比天空更宽阔的是人的胸怀。

王老师：宽容是人与人之间关系的润滑剂，也是生活中的甜味剂，可以让我们生活得轻松愉快，真正起到化干戈为玉帛的作用。这一组排比句，你是怎样理解的？

陈若烯：宽容能让人与人之间相处更好，更甜蜜。

王老师：你读懂了甜味剂一词。

陈晨：宽容能让人与人之间变得温和。

王老师：开车的人经常要给车加一些润滑油，起什么作用？

邬润杰：减少摩擦。

王老师：再读一下。

全体：宽容是人与人之间关系的润滑剂，也是生活中的甜味剂，可以让我们生活得轻松愉快，真正起到化干戈为玉帛的作用。

王老师：宽容真正起到化干戈为玉帛的作用，干戈是什么？

陈晨：矛盾。

王老师：玉帛是什么？我送你一块玉，你送我一匹帛，怎样就能化干戈为玉帛，如果两个人互相埋怨，互相看不起，互相顶撞，能送东西吗？会发生什么？

陈晨：发生矛盾。

王老师：再来读一遍。

全体：宽容是人与人之间关系的润滑剂，也是生活中的甜味剂，可以让我们生活得轻松愉快，真正起到化干戈为玉帛的作用。

王老师：闭上眼睛来一遍。

全体：宽容是人与人之间关系的润滑剂，也是生活中的甜味剂，可以让我们生活得轻松愉快，真正起到化干戈为玉帛的作用。

王老师：我们来看校长举的例子。

刘新宇：走路时，可能有人不小心撞了你；坐车时，可能拥挤有人踩了你的脚；说话时，可能有人嘲讽你；就餐时，可能有人把汤汁洒到了你身上……如果碰到这些事，你会怎么办呢？你会宽容地对待他人吗？如果你能做到宽以待人，你就一定会拥有很多朋友。

徐奕龙：法国19世纪的文学大师维克多·雨果曾说过这样的一句话："世界上最宽阔的是海洋，比海洋宽阔的是天空，比天空更宽阔的是人的胸怀。"同学们，宽容会让我们拥有比天空更广阔的胸怀。让我们学会宽容吧！

王老师：这是校长的结束语，我们再来读一读雨果的话。

全体：世界上最宽阔的是海洋，比海洋宽阔的是天空，比天空更宽阔的是人的胸怀。

王老师：为什么雨果说世界上最宽阔的是海洋，比海洋宽阔的是天空，比天空更宽阔的是人的胸怀？

陈晨：世界上海洋最大，天空比海洋还大，天空没有边际。

王老师：海洋占地球的72.6%，陆地只占27.4%。

徐颖：人的胸怀能容纳一切。

刘新宇：人的胸怀能装载很多深情厚谊。

王老师：再来体会一下雨果的话。

全体：世界上最宽阔的是海洋，比海洋宽阔的是天空，比天空更宽阔的是人的胸怀。

……

【案例三】懂得尊重会让你赢得更多的尊重

校长的话

老师、同学们：

早上好！

上周一我们讲了"比天空更宽阔的是人的胸怀"，得到了同学们广泛的响应，同学们不仅在班会课上进行了激烈的讨论，还各自回顾了自己在和同学或者小伙伴发生纠纷的时候，是如何在老师和家长的引导下宽容别人的，并且决心以后也要努力地做到宽容。这些，都让我感到特别高兴。因为一个学会了宽容的人会赢得更多的朋友，获得更多的快乐。

下面是一位三年级同学写的国旗下讲话的感想，我读给大家听听：

"最近，有一位四年级的同学总是欺负我。事情是这样的，有一次我跑的时候她在后面追我，我没注意到她手里握着一支沾过红颜料的水粉笔，也没想到她想对我'下手'。当我反应过来时，她早就跑得无影无踪了。我呆呆地望着被她画过的书包，心里很难受。但是，我把这口气咽到了肚子里。第二天，等她接近我时，我用严肃的语气警告她，她的回答让我大失所望，本以为她会重视这件事的，竟然给我的回答是不把它当回事。后来几天，她在我背后用水粉笔在调色盘上假装调颜色，然后趁我不注意，沾了颜料往我雪白的衣服上抹。她挺狡猾的，知道衣服如果紧贴着身子，我是会有感觉的。所以，她把我的衣服往外拉了拉，把衣服拉到'鼓鼓'为止，才往上涂。这件事情被我爸爸发现了。我们去找了老师，最后老师也把她批评了一顿。她也真诚地向我道歉了。其实老师铁着心要她赔，后来我觉得没必要赔，只要她知错能改，那我们永远是朋友。宽容不等于软弱，最重要的是有一颗宽容的心，互相包容，学校这个大家庭才会变得更和谐。"

在阅读这位同学所写的故事时，我打心眼里为她的宽容而感动。别人再三作弄她，故意在她的书包和衣服上涂颜料，她也没有让别人赔，而只是希望那位同学以后不要再这么做就行了。她真是一个宽容的孩子啊。在为她的宽容感到欣慰的同时，我也为那位涂颜料的同学的行为感到不安。因为她的行为没有考虑到别人的感受，是一种不懂得尊重别人的行为。

在我们学校的校训中，就有尊重二字。请同学们好好想一想，你是希望得到别人的尊重呢，还是希望得到别人的作弄呢？我相信没有人喜欢得到别人的作弄的。那么，你自己不喜欢的事为什么要对别人做呢？什么是尊重？很简单，尊重就是你喜欢别人怎么样对你，你就怎么样对别人。反过来说就是，你不喜欢别人怎样对你，你也不能那样对别人。请同学们仔细想一想，自己有没有不尊重别人的表现？若有，以后又打算怎样做呢？

同学们，我们既要懂得宽容，更要懂得尊重。尊重，不仅可以让你赢得更多的尊重，还会让你获得真正的朋友。

谢谢大家！

2011 年 4 月 25 日

班会实录

一年级 (1) 班第十一周班会实录

主持：马红梅

记录：杨冬云

马老师：请同学们一起读一下今天班会的题目——学会尊重。

马老师：很好，同学们回忆一下今天国旗下课堂的内容，一会儿找同学给大家讲一讲。

李兴时：校长讲的是有一位同学给她写的信，信里告诉她，有一位四年级的同学总是欺负她。有一次她跑的时候那个人在后面追她，她没注意到那人手里握着一支沾过红颜料的水粉笔，就画到了她的书包上，就跑了。她看着画过的书包，心里很难受。但是，没有告诉老师。第二天，用严肃的语气警告她，结果那位同学竟然不把它当回事。后来几天，她又画她的衣服。

马老师：李兴时讲得很好，说明他有认真听。

马老师：同学们，如果你遇到这样的事，别人拿水彩笔画你的衣服，你的第一反应会是什么？

仲俊辉：大声制止他，不许画我的衣服，不然我就告诉老师。

余锦辉：告诉他这样做是不尊重别人。

马奕嘉：我会赶紧躲开，去告诉老师。

马老师：是的，这样做是对别人的不尊重。我们班就发生过这样的事。有一次美术课，彭雪健的衣服，被后面的李佳轩、陈诗文画得乱七八糟，马皓庭的脸上也被画了好多彩笔道，后来这些同学也道歉了，认识到了自己的错误，把衣服也赔给了人家。从那以后，班里没有再发生类似的事情，说明同学们能知错就改。

张琦雯：以前经常跟妈妈坐公交车，车上很挤，就会有人不高兴，还会骂些脏话。我觉得这些人就不够宽容，更不懂得尊重别人，车上那么多人，是会很挤的，大家互相让一下，就不会吵架了。

李兴时：以前考完试，有同学不及格，我就会嘲笑他，以后我不会这样去做了，要学会尊重，还要主动去帮助学习不好的同学。

马老师：同学们说的都非常好，同学们，你们做到尊重别人了吗？怎样做才是尊重了别人？

谢蔚翔：我们要尊重老师，上课认真听讲，就是对老师的尊重。尊重，不光是见到老师要问好。

郑晓彤：要保持教室卫生，不乱丢垃圾，这是对值日生劳动成果的尊重。

李莎：在马路上也要注意环境卫生，这是对那些扫马路的叔叔阿姨的尊重。他们每天很辛苦地扫地，但是总有人乱丢垃圾，还有人故意在他们面前丢，我觉得这些人特别不尊重别人。

……

教师的话

感谢李校长，她用最真实的事例给我上了一节课，教我将尊重学生的人格落实到每个学生身上。教育的最高境界是"不教而教"，作为老师与学生日常交往中的任何内容，都是在"身教"，都是在向学生示范其态度、品行。在今后的教育教学中，我将树立以人为本的理念，用语言唤起学生的爱，用情感滋养学生的心灵，让学生在受人尊重中学会尊重。

——徐彩苑

尊重别人的时间是尊重的一项重要内涵。上课的时候做到尊重别人的时间尤为重要，老师尊重学生的时间更尤为重要。一节课只有40分钟，如果老师没有做好上课准备，在上课的过程中错漏百出，是不尊重学生的时间；如果老师因为某些学生不遵守纪律而大声呵斥，是不尊重绝大部分学生的时间；一旦呵斥了，老师和学生的心情都需要一段时间来调整，甚至整节课都惶恐不安，也是谋杀时间的一种罪行。因此，上课的时候，老师要备好课，把每一个上课环节都准备好；老师在上课的时候不要因为某些学生不遵守纪律就打断上课，要采用微笑示意、走近示意、提问示意等方式温和处理，要以不影响大部分人上课为原则。

——李意新

懂得尊重会让你赢得更多的尊重。如果当着全班学生的面批评某个学生，他可能不服从教育，甚至当面顶撞老师，会导致师生关系紧张，更无教育效果而言了。一直以来，我都尽量避免犯这样的错误。学生犯错时，我会找准地点和时间，对学生进行恰当的教育。虽然学生说我是一个严格的老师，但他们从不反感我甚至喜欢我。因为我经常提醒我自己，学生也是一个独立个体，师生是平等的，我必须在尊重和爱的前提下教育学生。因此，老师懂得尊重学生，学生也会尊重老师

——曾女英

【案例四】给予比接受更幸福

校长的话

老师、同学们：

早上好！

今天我想给大家讲一个故事。圣诞节之前，保罗的哥哥送了一辆汽车给他做圣诞礼物。在圣诞节当天，当保罗下班从办公室走到停车场的时候，他看到一个小男孩正蹲在他的新车旁边，看他走过来就问道："先生，这是你的车吗？"

"是啊，这是我哥哥送给我的圣诞节礼物。"

"你的意思是你没花一分钱。"

"对啊。"

"真好，我真希望我也能……"

同学们，想想看，这个小男孩希望自己也能怎么样呀？是也能收到哥哥送的礼物吗？你们是这样想的吗？猜猜看这个小男孩说了什么？谁知道？好。这位男同学，请你上来告诉大家。

（生：我猜那位小男孩想说他也想做这样的哥哥，送给他自己的弟弟一辆车。）

哦。你猜他也想做这样的哥哥，也送一辆车给弟弟。同学们，你们也这样想吗？和他一样想的请举手。

嗯，真棒，谢谢你。同学们，我真为你们感到骄傲。因为你们都想做哥哥，不想做弟弟。

那位小男孩的确是这样说的："我希望也能送一辆车给弟弟。"

保罗说："你想坐我的车去兜风吗？"

然后那个男孩子就说："你可以把这车开到我家门口吗？"

保罗想：他肯定是想要向邻居炫耀下他坐了又大又豪华的车。可是他把车开到家门口的台阶上，那个男孩子就很快跑进了屋子，没等一会儿，保罗看见小男孩牵着另外一个小男孩慢慢地走来，原来这是他弟弟，他弟弟腿有残疾，走起来一抖一抖的。

这个男孩对他说："看，这就是我在楼上跟你说的车，是不是又大又豪华？这是他哥哥送给他的礼物，等你长大后，我也要送你这个车。"

保罗听了非常感动。走过去把弟弟抱起来坐在他的车上，那个男孩也坐上了车，他们三个在车上度过了快乐的一天。保罗终于明白了：给予比接受更幸福。

刚刚好多同学都说要做哥哥，说明你们都懂得这个道理。而我们学校二（6）班的吴迪同学、三（3）班的张柯同学和六（3）班的陈立侨同学都明白这个道理。这三位同学，请你们上来，同学们都想认识你们呢！

告诉大家你是哪个班级的，叫什么名字。

［生：我是二（6）班的吴迪。］

吴迪同学，那天值日老师告诉我说你看到校门口有空的牛奶瓶，你很快就把牛奶瓶捡起来，丢到垃圾箱里去了。你能告诉我你为什么要去捡牛奶瓶呢？

（生：因为我不想学校外面的路太脏了，不好。）

你的意思是说学校外面的环境很脏，你的意思是你想大家上学的时候有一个好的环境，让大家开开心心地上学，是不是啊？

（生：是。）

非常好。大家掌声鼓励他。三（3）班的张柯同学，你们黄老师告诉我，说你在开学分新书的时候，因为班上有新同学转来，书不够分，你就把自己的书让给其他同学，你是怎么想的呢？

（生：我想的是要多帮助同学、朋友。）

你做得非常好，要多帮助同学朋友，我真的为你感到骄傲。你听，同学们都在为你鼓掌呢，因为你知道给予比得到更幸福。还有陈立侨同学，你做值日非常认真，总是反复检查卫生，我想你应该也是为了同学们有个干净的环境。是不是？

（生：是。）

你当时是怎么想的呢？

（生：这样我们班就能评上卫生自觉班级，给班级争光。）

你的集体荣誉感非常强啊。我猜你应该也想让大家有一个好的学习环境吧。

（生：我是这样想的。）

谢谢三位同学，谢谢你们。

同学们，我们不是保罗的哥哥，我们没有能力去送一辆车给别人，但是我们可以送什么呢？我们可以送微笑，我们可以送友善的举动，我们可以上课遵守纪律，给自己也给别人一个安静的学习环境……其实，我们可以做很多很多，希望大家回去都好好想想，想想看，自己还能做什么？

同学们，希望大家记住，给予永远比接受幸福。

谢谢大家！

2009 年 4 月 6 日

班会实录

五年级（1）班第四周班会实录

主持：邱琪　黄珩　庄佳铭

记录：孙耀辉

黄珩：同学们，还记得校长讲话的内容吗？小组讨论一下你们的感受是什么？最后举起你们的小手，积极发言吧！

　　马晨曦：圣诞节之前，保罗的哥哥把一辆汽车送给他做圣诞礼物。小男孩说他也想做这样的哥哥，送给他弟弟一辆车。因为他觉得给予比接受更幸福。

　　谢炜寰：李校长还说了二（6）班的吴迪同学、三（3）班的张柯同学和六（3）班的陈立侨同学也都明白这个道理，他们都无私地帮助他人或为班级服务。

　　冯昱棠：我觉得那个男孩与众不同。首先人们都是希望有一辆属于自己的车，可是他想送给弟弟一辆车，让弟弟也能看看美丽的风景，让弟弟幸福起来。可以看出这个男孩很无私，很有爱心。给予是快乐的，但给予也是需要勇气的。

　　黄老师：刚才同学们讲得非常好，李校长讲话的内容基本上概括出来了。送一辆车并不是一件很容易就能做到的事。

　　罗元君：从这个故事我们还要明白这个小男孩不仅要敢想还要敢做。

　　马逸龙：保罗很欣赏这个男孩。

　　黄老师：同学们都谈得很好。那么同学们想一想，保罗在这个故事中有没有给予？

　　谭淞予：保罗一开始不懂得给予是什么，经过这个故事，他才知道给予比获得更快乐。

　　孙老师：同学们想一想，保罗在这个故事中给予了什么？

　　何家俊：他让那个小男孩坐他的车，与他分享新车的快乐。

　　蔡佳潭：保罗还圆了那个小男孩的梦想，帮助小男孩实现他想让弟弟坐坐新轿车的愿望。

　　黄老师：是，保罗给予了小男孩实现愿望的机会。保罗还给予他的时间，这不是所有人都愿意给予的。

　　庄佳铭：下面请同学们看一下这个绘画故事《男孩与树》。

　　……

　　邱淇：同学们，看了这篇故事以后，你们有什么感想呢？大胆地举手发言吧！

　　罗元君：故事似乎有些残忍，那个男孩很自私，大树很无私。

　　何家俊：那棵大树比一些人还要好。

　　林安茹：大树和孩子互相给予了快乐。

黄老师：这个故事看起来是树与男孩，同学们想想，这棵树就像我们身边的谁？

夏晨曦：就像我们的父母，父母给我们食物、衣服、房子。在我们有任何需要的时候，父母都会满足我们。

何家俊：大树很宠爱那个孩子，不管他提出什么要求，大树都答应。

黄老师：是啊，父母给予我们很多，我们给予了父母什么？故事中那个小男孩有没有给予大树需要的东西？大树需要什么？

罗元君：大树需要和男孩玩，我们要孝敬父母。

……

学生的话

我在我家楼下看到一个楼上的老奶奶，拿了两包东西，我就帮她拿了一包。老奶奶笑着对我说"谢谢你小朋友"。妈妈也表扬了我，说我长大了。我很开心，就觉得帮助别人的时候我很快乐。

——一（2）班　雅　丽

今天我和妈妈去书店买书，买了很多捐给地震灾区的小朋友的书，还捐给他们一些钱。只要人人献出一点爱心，这个世界将会变得更美好，因为给予是快乐的，而快乐是可以传递下去的。

——二（4）班　林奕如雯

其实我们可以给予的东西有很多，当爸爸妈妈工作累了的时候，我可以给予他们一声问候；当弟弟哭泣的时候，我给予他安慰；当同学遇到困难的时候，我给予帮助。人与人之间多一些给予就多一些快乐，多一些给予就少一些距离。

给予是相互的，如果你常常给予别人帮助，别人也会在你有需要的时候帮助你，你会尝到给予的甜蜜。

——三（3）班　林晓柔

有一次，我没有带铅笔，同桌王敏给了我一支笔，我想，这不仅是一支笔，更是王敏的关爱和支持。当别人给我关爱时，我是非常快乐的。当别人有困难时，不去帮助，还给人雪上加霜，那一定会后悔。当我们把关爱给了别人，我们就会感觉到无比的快乐。让我们都把关爱给别人吧。

——三（5）班　史宇航

教师的话

孩子们开始还不知道什么叫做给予，经过解释之后，明白了它的深远含义。给予是一种幸福，孩子们学会了慷慨对人，无论是在物质上还是在精神上。当然我们更崇尚孩子们能够有无私为人的意识，乐善好施，乐于助人。在他们童心的世界里，相互关爱，相互扶持，对生活满怀憧憬。这些美学教育对于后期人生观、价值观的培养是很有帮助的。

——黄　静

今天，李校长在国旗下课堂中讲了有关给予的故事，平凡的故事中折射出深刻的道理，更令我吃惊是当校长问同学们想当弟弟还是哥哥的时候，大部分的同学都说当哥哥，这令人特别感动。经过几年的国旗下课堂的教育，我们滨海的孩子小小年纪就有很高的境界。作为一名教师，有时候我都会把课堂上掌握得不是很好的同学留下来，再给予他们一些指导。看到他们学会了，听懂了，自己心里的快乐是无法用语言来表达的。施比受更有福。

——罗莉华

我觉得本周李校长在国旗下的讲话，让我们有了一次反省思考的机会，平时我们在做些什么？我们有多少事是为自己做的，又有多少事是为别人做的呢？通过国旗下课堂，我在课堂上和班里同学一起进行了深深的思考。同学们都觉得能尽己所能去帮助别人，会很开心，觉得不断提高自己可以更好地去帮助别人，我想我们的情操又得到了一次升华。我也会牢记"给予比接受更幸福"这个道理。

——何　梅

【专家点评】

生命自觉内含着对生命的尊重与敬畏

生命自觉的概念内含着对生命主体价值的颂扬，是对鲜活生命的讴歌。作为教育目的的生命自觉，首先承认了学生的生命价值和生命意义，肯定了生命的主体性地位。但教育中的生命并不纯粹是原子性的个体生命，而是处于关系之中的生命。在肯定自我生命主体性的时候，如何看待他人的主体性，如何处理与其他生命的关系，将是一个重要的教育命题。是用"我与他"的视角，还是采取"我与你"的思路？前者是一种将自我生命发展作为目的，他人生命作为手段的做法；后者则是一种肯定他人生命主体性价值的共处之路。显然，后者才是一条教育大道。在这条教育大道上，对自我生命以及他人生命的尊重是前提。尊重自觉便是生命自觉的内在构成。

李唯校长敏锐地意识到了尊重自觉的重要性。"己所不欲，勿施于人"构成了尊重他人的重要原则，也成为处理与他人关系的"黄金法则"。尊重并不是抽象的，它体现在学校日常生活的细节之中，存在于师生的一言一行、一笑一颦之中。尊重自觉是每个人都应该具有并可能具有的能力，不论贫穷还是富贵，不论得势还是失宠，不论欢乐还是悲伤，人都有得到尊重的需要以及尊重别人的潜在能力。宽恕也并不总是一个人的宽宏大量或好的处事技巧，而是对他人尊严的保全和敬重；尊重也并不存在于口头和纸面，而是存在于行动之中，需要我们从现在开始，从这里开始！

当然，尊重自觉还体现在对自我的尊重上，要肯定自我的价值和意义。同时，仅仅保持对生命的尊重可能还不够，还需要对生命及其生成与发展抱有一颗敬畏之心！

（李政涛）

（三）诚信自觉

滨海小学选择"诚信"作为学校的校训内容之一，是希望滨海小学的学生在他们成长的最初阶段就能够养成诚实守信的好习惯。学生的健康成长离不开道德教育，提高学生道德品质是学生全面发展的重要方面，也是滨海小学的学生培养目标之一。培养学生的诚信自觉就是提高学生的道德水平。

"诚"，意指坦诚、真诚和诚实，能够说到做到，讲信誉，不言欺，是君子之为；而"信"意指信守承诺、一诺千金、表里如一。然"诚"和"信"在本质上是一致的，正如许慎在《说文解字》中所言，"诚，信也"。诚信就是光明坦诚、表里如一、重承诺、讲始终的意思。

在我的印象中，一个诚信的学生和一个不诚信的学生有着很大的差异。诚信的学生总是表现得自然得体，而不诚信的学生总是遮遮掩掩，这同诚信的学生所表现出的那种绽放、开阔的姿态完全相反。诚信本身对应的就是一种心境，一个人只有相信自己，并对自己的言行表示肯定的时候，在心中对自己的行为表示接受的时候，他才能表现出那种开放、自然和坦然。这一点不难理解，所以，我对诚信的理解也是从这里开始的，我把诚信的第一个要义归结为"对己"。

这里，我们也可以清楚地看到，一些道德品质的提升，一种美德的言传，本质上是自己的一种体会和感受，它们只有在自己那里找到家的感觉，在指向外在的世界的时候才能永远不会迷失，只有在自己的内心深处找到根深的脉动，才能在人与人的交往中找到叶茂的感觉。这也是中国古人"反求诸己"的原因吧。对于诚信来说，也是如此。只有对己诚信，才能对人诚信。

我把对己诚信纳入一种自我成长、自我修炼和自我反思的规程里面，在其中最重要的是达到一种心境。如前所述，一个诚信的人和一个不讲诚信的人，在个体感受上有差异，因此在外在的表现上也迥然有别，这丝毫不令我们奇怪。古人云，"反身而诚，乐莫大焉"。诚，就是坦诚、诚实、诚恳、诚心，它最终指向的也是教育所一直希望的状态，就是把自己的心打开，而不是遮掩扭捏，要想达到这一境界，完成这一状态，就必须讲诚有信，正所谓"君子坦荡荡，小人长戚戚"。首先，一个诚信的人，是一个能够和自己对话交流的人，他能够时时地反躬自省，个体在与自我的交流中打开心扉，坦然面对，在我看来，这本身也是一种修炼，以及诚信之人在自我丰富和自我完善之时的一种方法。其次，一个诚信的人，也是一个充满自信的人。诚信之信和自信之信是不同的，但是它们之间却存在着割不断的联系。一个诚信的人必然是相信自己的，能够对自己的言行负责，能够接受行为的结果。当然，这种相信本身来自诚信，因为他觉得没有什么可以隐瞒，没有什么值得隐瞒，也没有什么有必要隐瞒，自己做事做人做得坦荡，那么自信满满不是很正常的吗。所以说，诚信能够生出自信，而自信也能够使人更加的诚信，它们两者之间是相辅相成的。再次，一个诚信的人，必然是一个对己有信的人。有信不仅是对人，更应该是对己。一个人对自己信守承诺，也是在对自己负责，他能够面对自己，承认自己的力量。我们并不是没有力量，我们只是缺少面对力量的勇气，我们不敢承认我们自己，因为原来我们那么强大。把"信"给自己，也就是找回面对自己和承认自己力量的勇气。对己诚信也是成己的必经之路。古人云，"人而无信，不知其可也"。一个无信的人，是做不成什么事情的。当人在心理、精神、思想和行为上无信，从而退避的时候，他只能通过对己、对人无信来实现自己的平衡，所以说，心理学中所说的平衡往往有真正的平衡和虚假的平衡之分，一个失信之人就是通过虚假的平衡来维持自己的生存的。

对人诚信，是社会交往的必要前提。社会交往的行为需要有共同的生存环境、共同的心理基础和共同的相处法则。诚信就是社会交往共同的心理基础和相处法则，诚信为人和人之间的交往提供了坚实的心理安全阀，也为社会交往提供了令人放心的心理场域，只要人们都还把诚信作为社会交往的必要前提，人与人的交往就有可能。因此，诚信也是人与人交往何以可能的一个条件，它和共同的语言、共同的生命基础、相似的心理等共同促成我们的社会交往。"诚"是一种态度，它为交往双方提供了愉快和信任的心理基础，只有双方都坦诚相见和以诚相待，对话与交流才成为可能。而且，交往中"你"与"我"必须同时打开自己，才能走向真正的交流。"信"则维系着我们的交往，只有相信对方，令对方相信，值得对方信任，"我"与"你"之间的交流才可能继续，交流的共同目的才能达到。在我看来，诚信就是要营造一个环境，人与人居于其中安心、舒心、放心，能够有所言，知无不言，能够说自己想说的，表达自己的观点和看法；诚信就是要营造一个基调，在诚信的五线谱上能够继续往下谱写，能够在开曲之后做进一步的规划，人与人之间在基调之上做延续和拓展。

诚信是对每个人所提出的要求，只要这个人想进入一个交往群体，那么诚信就是对其自动的要求，家庭、朋友、商人、政客等等，概莫能外。我们常说，"夫妇有恩矣，不诚则离"，说的就是夫妇二人，如果不能坦诚相待，等待他们的只有分离。夫妇讲求的就是那种相互的照顾、相互的理解、相互的信任和相互的帮助，这种相互的理解和信任来自于过去的每个日日夜夜的以"诚"相待，是自始至终的"诚"带给夫妇之间相濡以沫，也是自始至终的"诚"带给夫妇之间生死与共。孔子在《论语·学而》中指出，"与朋友交，言而有信"。诚信是建立朋友之谊的必备条件，两个人总是会通过看对方是否诚信，是否表里如一，是否信守承诺来确定对方应不应该成为自己的朋友。诚信能够使朋友相互帮助，相互信任。

在实践层面，对学生而言，诚信应该进入他们的日常行为中，对日常行为进行规范，对其做出要求。首先，是讲真话，戒欺，戒枉，能够实事求是地发表自己的看法。讲真话是对一个人最低的要求，其实也是对一个人最高的要求，能够一辈子不说谎，我们又可以做到几分呢？讲真话是维护自己的信誉的首要条件，如果说信誉就是我们存在银行里的存款的话，那么讲真话就是一个增值的过程，使银行里的存款不断以利息的形式造福我们自己。相反，撒谎欺骗则是一个存款不断贬值的过程，我们在用银行里的存款不断为我们的每一个谎言做出支付，直到我们的存款——信誉被完全支付干净了，也就不会有人再相信我们了。其次，信守承诺。如果一个人只是在做出承诺，而不守诺的话，人们对他的信任就会越来越少，信守承诺是赢得别人信任的重要途径，在学习、商业和生活中，信守承诺都被视为同生命一样重要的品质，并得到人们的维护。现实生活中，总有那么一些人，喜欢做出空头的承诺，甚至在很多情况下都没有考虑到这一承诺的现实程度，也没有考虑到这一承诺如果没有得到兑现，会给对方造成什么样的影响。所以说，在做出承诺之前，最好能够认认真真地想一想，自己能否兑现自己的承诺。在做出承诺之后，能够积极地、踏踏实实地去履行自己的承诺，而当承诺难以实现的时候，最好能够及时地、诚恳地告诉对方，并恳请对方的原谅。这些都是信守承诺中的一些技巧和方法。最后，就是要保持言行一致。言行一致给人以踏实的感觉，给人一种实在感。言行一致不仅是对别人做出的承诺而言的，它更重要的是指向自己。一个言行一致的人，往往能够脚踏实地地做事，一旦制订出计划，就能够说到做到，能够按时按量地完成任务，所以别人都愿意同他交往。那些言行不一的人，很难得到别人的信任。可以说，诚信是给别人的，但最终还是给自己的。在国旗下课程中，诚信自觉就是要学生认识到诚信对于别人、对于自己的重要性，并能够时时地对自己的言语和行为做出反思，进行调整，国旗下课程要为学生呈现出诚信对于个体的重要性，这一重要性不仅体现在生活和学习的各个方面，也贯串我们生命的整个阶段，在人生的每个阶段都必须诚信，而且诚信不仅是对别人，而且是对自己，最终是指向自己内心深处的道德法则。

　　与尊重自觉相同，国旗下课程倡导诚信要有说服力和影响力，我们的校园就应该是一个讲诚信的校园，我们的教师首先应是一个讲诚信的教师。教师也要表现出自己的言行一致，表现自己的信守承诺，尤其是为学生做出的承诺一定要实现。当前，某些教师（当然还有家长）往往根据一些眼前的教育场景，随意地做出许诺，希望学生能够暂时地听从管教，服从指令，但是这样的许诺其实并没有进入教师（家长）的心，更不会在事后去履行自己的承诺，而且不以为然，觉得自己并没有这样的责任去信守承诺。这种教育环境中成长起来的学生能是诚信的吗？这种环境中成长起来的学生，习得了不诚信的习惯，也不能责怪他们，上梁不正下梁歪，他们只是在一个固定的环境中学习大人的处事方式罢了。因此，我在国旗下课程中，以及整个学校教育中做出要求，所有教师都必须为自己的言行负责，要表现出言行一致，要为自己说过的话负责，如果不能兑现承诺，那么宁可早期就不做这样的承诺。一旦对学生做出承诺，那么一定要竭尽全力地去兑现它，在实在难以完成的时候，也要向学生做出解释和诚恳的道歉。其实，在另一方面，这也使教师和学生处在同样的要求之下，使学生觉得教师在他们身边，教师是和他们同处平等地位的群体，而不是凌驾在他们之上的特殊群体。可以说，诚信校园是我一直的期望。

　　另外，国旗下课程如果要培养学生的诚信品质，就应该在实践的过程中使其亲自感受到诚信的重要性，如果你只是在口头上强调诚信的重要性，那么学生很有可能永远都不理解，在实践中不诚信也是很自然的事情了。给学生实践的机会，让他在同朋友的交往过程中自己感受、体会诚信的重要性，自己思考诚信的作用，这是学习诚信的重要途径。国旗下课程也非常注意创造这样的机会，在下午的班会活动中组织相关的活动，如模拟商业活动，使学生在模拟的商业活动中感受诚信的重要地位；也可以组织全班同学说出自己希望的朋友是个什么样的人，他应该具有怎样的品质，来说明诚信的重要性。这种活动往往更加具有教育价值，学生往往更加地感同身受，因此它对学生的影响也就越大。当然，这也是由道德教育的性质决定的。道德教育同普通的知识传授、正规的课堂教学不一样，难以通过知识呈现的方式、说教的方式和讲授的方式来实现，道德教育必须依靠讲授、实践、情景体验、参与等多样化的方式来实现。这是我们需要特别注意的。

　　最后，如何面对并解决学生中的不诚信问题？我更倾向于把诚信视为一个心理行为，它所产生的问题——缺乏诚信——也是一个心理问题。对心理问题来说，简单的缺乏诚信往往同若干或见或不见的因素相互联系，相互影响，相互掣肘。这也说明，缺乏诚信并不一定是一个人道德上出现了什么问题，解决的方法也不一定是从道德教育的层面解决，对小学生而言尤其如此。简单地把小学生群体中的诚信缺失归结为道德问题是不公平的，也是缺乏科学依据的，仅仅从道德这一角度来解决儿童中的诚信缺失问题也是不够的。同尊重一样，诚信也是在社会交往过程中，在社会环境中形成的，学生会根据环境进行行为的选择，行为往往带有隐蔽性。在这种情况下，教育的最高境界就是透过这一行为看到隐藏其后的心理机制和心理动因，再根据心理机制和心理动因做出正确的判断：行为缘何形成，行为是否正确，心理是否正常等。诚信正是如此，我们如果对学生外在行为的诚信问题做出道德判断，很有可能影响到我们后续的教育方案，而作为一个具有教育敏感的教师来说，更应该去发现行为背后的心理动因，从而做出心理干预和心理调适。如果一个学生在情境 A 中做出 B 的虚假说法，那么我们不仅要知道他说谎了，更重要的是要了解是什么原因导致他做出这样的行为，其原因或许指向一个坏的习惯，也很有可能指向一个善意的掩盖。这里，我们就会碰到道德教育中的两难问题，即如何在诚信和另外一个善意的举措之间做出选择。在这种情况下，如果我们的教师不能做出明智的选择，那么不但会丧失进行道德两难问题讨论、提高学生道德判断能力的绝佳机会，甚至还会对学生造成不好的影响，甚至伤害到学生。我们完全可以利用实践生活中的机会，创造一个讨论的场景，提出问题，供学生讨论和判断，以提高学生的道德判断力。这就需要我们教师的教育智慧。

【案例一】诚信是做人之本

校长的话

老师、同学们：

新年好！

德国著名诗人海涅说："生命不可能从谎言中开出灿烂的鲜花。"我国当代伟大的文学家鲁迅先生也说："诚信乃为人之本。"我们的父母和老师常常用他们的言行教导我们："从小就要做一个有诚信的人。"那么，究竟什么是诚信？诚信，就是要诚实、守信用，对自己、对他人、对集体要有责任感。诚信既是中华民族的传统美德，也是我们每个人为人处世的基本原则。一个人只有讲诚信，别人才会称赞他、尊重他、亲近他、信任他，有困难时才会帮助他。

在我国古代，秦朝末年，有个叫季布的人，一向说话算数，信誉非常高，大家都很喜欢他。当时甚至流传着这样的谚语："得黄金百斤，不如得季布一诺。"（这也就是成语"一诺千金"的由来）后来，他得罪了汉高祖刘邦，被悬赏捉拿。结果他的朋友们不仅不为重金所动，而且冒着灭九族的危险来保护他。由此可见，一个人诚实有信，才能获得大家的尊重和帮助。

同学们，诚信是对他人、对社会的期望，但首先是对自己的要求。正如莎士比亚所说，如果要别人诚信，首先自己要诚信。诚信是我们做人最起码的要求，但诚信的养成却不是自然而然的过程，只有通过坚持不懈、持之以恒的教育和自我教育才能化作自觉的行动。

同学们，让我们谨记校训，诚实守信，从我做起，从现在做起，从身边的每一件小事做起。譬如，答应他人的事，一定要做到；同他人约定见面，一定要准时赴约；上学或参加各种活动，一定要准时赶到；昨天你答应过老师要努力学习，今天早上你答应过爸妈要认真听讲，你就一定要做到。只有我们人人讲诚信，时时讲诚信，这个世界才会充满真善美，我们的世界才会更美好！

谢谢大家！

2008 年 12 月 22 日

学生的话

做一个诚信的人并不难，只要你说的每句话都是诚实的，你做的事情都是讲信用的，你就做到了诚信。比如，你今天忘带作业本，不要说我交了，要实话实说，做一个守信的孩子。答应别人的要求要做到，不要撒谎。从现在开始，让我们做一个诚信的孩子吧。

——三（4）班　李惠桦

大家都知道诚信的意思，诚指的是诚实；信，指的是讲信用。我们一定要做到诚信，才会有更多的人愿意和我们交朋友。比如，你捡到了一个钱包，归还给失主了，并没有要任何报酬，那你就做到诚信了。如果你约别人去公园玩，到了时候你却没有去，这就是不守信的表现。同学们，让我们做一个诚信的好孩子吧。

——三（3）班 邹龙凯

【案例二】如果你捡到了手机

校长的话

老师、同学们：

早上好！

诚信是做人的根本。我们自小就被教育为人处世要讲诚信。不是自己的东西不能拿，即使是自己捡到的东西也应该想方设法尽快还给失主。同学们，如果你捡到了手机，你会怎么做呢？

美国《读者文摘》杂志社在全球 32 个城市故意丢下 960 部手机，想看看到底有多少人捡到手机会归还。《读者文摘》想借此了解：当一个人面对突然出现的诱惑时，会有些什么样反应与选择。事后，960 部手机中有 654 部被送还，个中细节耐人寻味。

在台北一家普通咖啡店里，一位年轻的母亲带着年幼的女儿，准备就座时，发现桌子上被遗落的手机，她当即高声询问是谁忘了手机，她觉得失主可能刚刚离开，还不会走得太远。后来，当调查员告诉她这是一项秘密测试，并问及她为什么要寻找失主交还手机，这位普通的母亲诚实地说："不是自己的东西肯定不能拿，要不怎么教育自己的孩子。"

在纽约哈林区，16 岁的少年强尼正和一帮年纪相仿的伙伴玩耍，捡到手机后，他拨打了手机里预留的联系电话，便马不停蹄地去往约定的交还手机处。当从调查员口中得知真相时，强尼无比自豪地对面前的伙伴说："怎么样，我做对了吧！"

在瑞典首都斯德哥尔摩，火车查票员洛塔在上街购物时捡到手机，马上通过拨打手机里的联系电话寻找失主，归还手机。他告诉调查人员："我在火车上捡手机是家常便饭，寻找失主归还手机也是家常便饭。"

在加拿大多伦多，29 岁的莱恩是位保险业务员，他在银行的地下大厅捡到手机后，便马上归还。面对调查人员的赞扬，他指指自己手中拿着的皮包，诚恳地说："这是应该的，我这只皮包就是别人捡到后又送还给我的。"

在匈牙利首都布达佩斯，59岁的法兰克是位流浪汉，将近6年时间一直流落街头。他在火车站月台上捡到手机后，四处看看未有失主目标，便毫不犹豫地走到一位报摊摊主跟前，托付代为交还。后调查人员问他，有没有想过据为己有，法兰克断然否决道："绝不可以，那不是一部手机，而是诚实问题。"

香港，一位房产经纪人林先生无偿送回了调查人员放置的手机，告诉调查人员说，自己曾丢过一部手机，捡到手机的人接通电话后要求给他200美元才可以拿回手机。"那感觉非常不好。"林先生不无感触地说。

印度孟买，在一家杂货店，一位在附近一家服装店工作的中年男子捡起手机，左右看看，关机后悄无声息地将手机装进自己的口袋离开。但几分钟后，杂货店的店主叫了几个朋友帮忙，一起去那位男子工作的服装店，找到那男子，并要求他立刻正确处理本不属于自己的东西。

同学们，960部手机中有654部被送还，说明我们生活的地球上还是讲诚信的人多，但毕竟还有306部手机没有被归还，说明还有人不讲诚信。同学们，如果你捡到了手机，你会怎么做呢？让我们毫不犹豫地寻找失主吧。从我做起，从现在做起，做诚信之人。

谢谢大家！

2009年11月16日

学生的话

听了校长的讲话，我深有体会，我爸爸就丢过钱包，我们一家人到处找，非常着急，后来一位叔叔给爸爸打电话，告诉爸爸，他捡到钱包了。我们一家人都很感动。我心里非常敬佩这位叔叔，我也要做这样的人。

——二（2）班 吕 扬

听了李校长的教诲，我明白了一个道理：如果捡到别人的东西，一定要还给别人。假如反过来，如果我们自己丢了很重要的东西，找不到了，心里是不是很焦急呢？同学们，让我们从小讲诚信，为别人着想，让自己更愉快。

——三（1）班　周美翔

今天，李校长给我们讲了一个有关手机的调查故事。听了这个故事之后我知道了在这个社会上大部分人都是讲诚信的。我也要做个诚信的孩子。不是自己的东西就不要拿，捡到了同学的铅笔要还给同学，在外捡到了钱包要想办法还给失主。诚信是做人之本，我们一定要做个诚信的孩子。

——三（2）班　姚芷莹

教师的话

下午在班级里开展班队会，罗璇同学针对这个问题要求同学们展开讨论，通过听取同学们的发言，我很高兴，同学们一致认为，诚实是金，拾到东西要交还，不是自己的东西千万不能要。特别是杨毅珩同学还列举了古往今来拾金不昧的故事，告诫同学们做诚实的人是一种美德。同学们还结合自己身边发生的一些拾金不昧的故事来说明，诚实要从小养成。如果从小喜欢贪小便宜，长大就很难改正。

后来我在总结本次班队会课时，给大家讲了这个周末发生在我身上的一件事。星期六，我带女儿到好望角一家土特产店买一点菊花，我给老板20元，老板却找回我42元，我女儿马上告诉我："妈妈，老板找错钱了，快点告诉她。"我便对女儿说："你来告诉她吧！"于是，我女儿很快告诉老板找错钱了。当时，老板很吃惊地夸我女儿，觉得我女儿很诚实。所以我也希望同学们要做一个诚实的人，不要为一点点小利而贪心，丢掉了做人的品德。

——张淑萍

【案例三】最敬业的送奶工

校长的话

老师、同学们：

早上好！

今年37岁的王秀珍阿姨是沈阳的一名普通送奶工。六年前，她离了婚，靠着每月1300元的送奶收入，独自抚养着儿子。每天凌晨两点钟，王秀珍就要起床了。她先为儿子准备一天的饭菜，两点半钟，她到奶站领取牛奶，然后再给订户送奶。她每天负责给165户人家送奶。而这些订户住得比较分散，有的小区一幢楼就一户，多的小区也不过十多户。无论刮风下雨，她每天都准时把牛奶送到，从没有延误一天。

一次冬天早上送奶的路上，电动车坏了，三四点钟，整个马路上一个人都没有，想找个帮忙的人都找不着。她一边哭一边推着电动车往前走，一刻也不敢耽搁，最终保证了订户早晨喝上牛奶。2009年11月29日早晨，王秀珍在送奶时，突然接到老家的电话，得知父亲因病去世了，她的内心充满了悲伤，但还是忍痛将所有的牛奶送到了订户家中。之后她立即赶往火车站，她一边想着父亲的丧事，一边想到该怎样通知订户？于是在等车时，她给订户们写留言条，字条上写着："对不起，我爸死了，从11月30日至12月6日停奶，12月7日送奶。送奶工！"一共写了165张，嘱咐儿子去挨家挨户地贴通知。儿子冒着严寒忙了一整天，好不容易挨家挨户地张贴了通知。订户看了，都相信了她，并且耐心地等待她回来。12月7日，订奶户们如期收到了王秀珍送来的牛奶。

165家用户仅凭她的一张小纸条就能踏踏实实地等上几天，让王秀珍感动。更让王秀珍没有想到的是，她回来后成了"名人"。因为《沈阳晚报》记者在小区偶然看到了王秀珍的停奶通知，被其诚实守信的精神感动，然后采访她并写了一篇报道。看了晚报以后，有很多居民主动找到王秀珍订了一年的牛奶。一些好心人还纷纷打来电话，愿意帮王秀珍提供一份薪水更高而且工作轻松的活。但王秀珍婉言谢绝了。她说："我很感谢我的订户在我最困难的时候支持了我，我还想继续为他们服务。"王秀珍依然每天清晨奔走在送奶的路上。她说："就算有一天我的订奶户增加到500户，我也会准时为他们送到。"

同学们，送奶工王秀珍，没有惊天动地的事迹，有的只是一颗善良、诚实的责任心。她用行动告诉我们，感动他人，不一定惊天动地。做什么工作也并不重要，重要的是要珍惜本职工作，敬业爱岗，诚实守信。这样的人，就是最可敬、最可爱的人。

谢谢大家！

2010 年 6 月 7 日

班会实录

一年级（5）班第十六周班会实录

主持：汤碧容

记录：汪姗姗

汤老师：今天校长国旗下讲话的主题是"最敬业的送奶工"。大家听明白了吗？谁来回忆一下这个故事讲了什么主要内容？

何晨鑫：故事讲了送奶工王秀珍阿姨不怕风吹雨打每天按时送牛奶的事迹，这个送奶工诚实勤奋，大家都很敬佩她！

汤老师：从这个故事里可以看出，这个送奶工王阿姨是一个非常负责任的人，品德非常高尚。同学们知道，怎样的人才是一个高尚的人呢？

李嘉杰：有责任心的人。

张芙：说到做到的人。

黄森：宽容大度，不斤斤计较，事事为别人着想的人。

刘楚君：诚实守信不说谎的人。

谢洁盈：有爱心，帮助别人的人。

黄泽浩：勤劳善良的人。

汤老师：我们说一个高尚的人不是看他说了什么，而是看他做了什么。送奶工王秀珍，没有惊天动地的事迹，有的只是一颗善良、敬业的责任心。她用行动告诉我们，感动他人，不一定惊天动地。做什么工作也并不重要，重要的是要珍惜本职工作，敬业爱岗，诚实守信。这样的人，就是最可敬、最可爱的人。你想到了哪两个字送给这位送奶工王阿姨？

谢洁盈：诚信。

吴怡华：责任。

陈俊杰：勤劳。

陈芷莹：敬业。

汤老师：对自己的工作认真负责，克服种种困难完成自己的本职工作，这就是敬业。你在生活中还看到哪些人敬业的行为呢？和大家分享。

陈柏同：我觉得老师是很敬业的人，因为老师天天教我们知识，教我们如何做人，很晚了还要批改很多作业。

张嘉颖：我妈妈很敬业。每天要完成自己的工作才来接我放学，如果工作很多做不完，会看到她很晚了还在电脑上做完自己的资料才睡觉。她还要为我做饭洗衣，很辛苦。

陈梓浩：我爸爸也很敬业，我还没起床他就上班去了，很晚才回家，周末还要出去谈事情，都没有时间休息，更没有时间陪我玩。

吴怡华：我们游泳队的教练很敬业，从来不请假，从来不迟到。

汤老师：同学们，我们作为学生最重要的责任是什么？

同学们：学习。

⋯⋯

学生的话

今天早上，李校长在国旗下跟我们讲述了一位阿姨敬业、守信的故事。这让我想到了有一次爸爸妈妈叮嘱我不要看电视，待在家里看书、画画、做作业，可等妈妈走了以后，我开始想看电视，但我最终还是打消了这个念头，找到一本书，认真地看起来。我很高兴我做到了我答应爸爸妈妈的事。

—— 三（1）班　黄泳滢

我们要像送奶工阿姨一样，认真地做一件事情，做一个诚实、敬业的好学生。

—— 一（2）班　骆丁铃

今天，听了校长的讲话，让我懂得了我们小学生要做一个有责任心的人。上课认真听课、回家按时完成作业、不逃学、不旷课、不早退，遵守校规⋯⋯这些都是负责任的表现。我在班级里担任服装礼仪的检查工作。每天早晨，我都会仔细检查同学们的服装，如果看到有人没有做好，就会提出来要他改正。在今后的学习中，我也要严格要求自己，做一个全面发展的、有责任心的小学生，长大了才能为国家作贡献。

——二（3）班　冯兰舒

教师的话

对待工作，每个人有不同的水准，有些人总会为自己不能尽责找到各种看似合理的借口，有些人则总是为自己能够尽职尽责想尽一切办法。比如报道中的送奶工人，她可以以天气太冷为借口，她可以以电动自行车坏了为借口，她更可以以父亲去世为理由不能按时送达牛奶或者突然中断送奶，但是她都没有，我相信她心里始终有一个信念：我一定要准时将牛奶送到顾客的手里，不然就失了我的水准。这就是敬业，我认为，敬业应该成为每个人工作的基本水准。

——李意新

我们每个人不一定天天都能做什么惊天动地的事，重要的是每天尽力做好自己应该做的事，就像李校长讲的那样，珍惜本职工作，敬业爱岗，诚实守信。

——金洋

【案例四】拾荒老人郭冬容

校长的话

老师、同学们：

早上好！

今天我想给大家讲讲拾荒老人郭冬容的故事。同学们，你们知道什么是拾荒吗？

（生：不知道。）

那你们知道什么是拾破烂吗？

（生：知道。）

拾破烂也就是拾荒的意思。郭冬容老奶奶家住在湖北省黄石市铁山区三岔路村，她已经70多岁了，每天早上就是到垃圾桶里找找废品，然后卖到废品回收站里去，然后拿到钱再去买早餐吃。

2009年12月18日，正是严冬的季节，天气非常寒冷，清晨五点多钟路上也没有什么行人。郭冬容老奶奶在垃圾桶里翻捡废品的时候，看到有一个鼓鼓囊囊的塑料袋，她打开一看，不禁呆住啦。原来塑料袋里装满了钱，她一辈子都没有见过这么多钱。

当时她就想，这是谁的钱呢？丢钱的那个人一定很着急吧。她就想找民警帮忙寻找丢钱的人，但是最近的派出所都在几公里外，而且她也没钱坐车。

于是在严冬的早上，在昏暗的路上，她饿着肚子走了一个多小时的路，才找到了九龙派出所，把包交给了民警。派出所的民警打开包，数了数，一共有7000块钱。

民警为了寻找失主，就请郭冬容老人指路到现场去寻找线索，于是郭冬容奶奶又和民警从派出所回到现场。勘察完现场后，郭奶奶又随民警返回派出所做笔录。就这样来来回回，不知不觉已经到了上午9点多钟了。在派出所写完了笔录之后，郭奶奶就和民警告辞了。

就在临走的时候，郭奶奶非常不好意思地跟民警说："可以不可以借给我一块钱？我想买两个馒头吃。我还没有吃早餐，我很饿。"

民警们一下子呆住了，看着旁边的7000块钱，又看了下老奶奶，一个连一块钱早餐都买不起的老奶奶，面对7000块钱，她都没有想到从里面拿出一块钱去买早餐。民警们含着热泪纷纷从口袋里掏钱给老奶奶，有的掏10元，有的掏5元，但是老奶奶坚持只拿一块钱。她说："一块钱就够了，一块钱可以买两个馒头。"

同学们，对我们生活在深圳的孩子们来说，1块钱、10块钱非常微不足道，我相信你们家里抽屉里肯定随随便便就可以找到10元钱。是不是这样啊？

（生：是。）

可能爸爸妈妈会把零钱随便放在家里的抽屉里。但是我们要知道，即便是家里的钱，也是爸爸妈妈的钱。如果爸爸妈妈并没说这些钱是给你的，我们能不能去拿啊？

（生：不能。）

对，我们一定要记住，要向郭冬容老奶奶学习，是你的就是你的，不是你的一定不能去拿。做人要诚实守信。郭奶奶虽然靠捡拾废品为生，但她却对捡到的7000元钱毫不动心，因为她知道那些钱是别人丢失的，并不是属于自己的。

我们要向郭冬容奶奶学习，做一个诚实守信的人。

谢谢大家！

2010年9月13日

班会实录

二年级（4）班第三周班会实录

主持：曾琳燕

记录：董佳荻

曾老师：同学们，你们知道什么是拾金不昧吗？

林萱儿：就是说如果捡到了别人的钱财和东西不能隐藏起来，要交还给别人。

曾老师：你说得非常好！金，原指钱财，现泛指各种贵重物品；昧，隐藏。拾到东西并不隐瞒下来据为己有，指良好的道德和社会风尚。今天国旗下李校长给我们讲述了一个拾金不昧的故事，哪位同学能再讲给我们听听？

钟钧羽：湖北省黄石市铁山区一名七旬老太郭冬容，拾荒时捡到7000元现金，虽然老人当时又冷又饿，但她也毫不犹豫地将钱交给了警方。处理完具体事项后，她不好意思地向警察借一元钱，因为她还没有吃早饭。

曾老师：你讲得非常棒！这是一则典型的拾金不昧的例子。对于一个连早点都买不起的老人，我们不禁要问一问自己的内心：如果是我，换成是我，在那种情况下，会把钱交出去吗？

郑远国：如果是我的话，我也会学习那位老奶奶拾金不昧的精神，把钱交给警察叔叔，把不是自己的东西赶紧归还给别人。

杨镇祥：如果是我的话，我会先交给学校的老师，让老师帮忙去处理，因为我知道丢了东西的人一定很着急，所以我们捡到了别

· 151 ·

人的东西就一定要在第一时间里归还。

曾老师：你们讲得都非常棒，下面曾老师再给你们看一个故事，看看从这个故事中你学到了什么？

肖怡祺：秀才何岳，曾经在夜晚走路时捡到二百多两白银，但是不敢和家人说起这件事，担心家人劝他留下这笔钱。第二天早晨，他带着银子来到他捡到钱的地方，几经周折终于找到了失主。秀才何岳，只是一个穷书生而已，捡到钱归还失主。我们要学习他不贪心的精神，我们要懂得不是自己的东西就不是自己的，千万不能拿。

辛灵：通过这个故事我学习到了他拾金不昧的高尚品质，他这样做非常好，受到了大家的赞扬，我要好好学习他。就像我们班的邱俊霖，今天在走廊捡到了一块钱，然后就交给了曾老师，他这种拾金不昧的精神也值得我们学习。

曾老师：对！你说得非常好。现在让我们来读一读名人名言。

全班：人而无信，不知其可也。　　　　　　　　——孔　子

真者，精诚之至也。不精不诚，不能动人。　——庄　子

学生的话

听完校长讲的话，我觉得郭奶奶的品德非常高尚，她是一个拾金不昧的人。虽然她的生活很贫困，但是当她面对这一笔不属于自己的钱的时候，她并没有据为己有。如果郭奶奶把这笔钱藏了起来，别人也不会知道。有了这笔钱或许对她的生活有很大的改善，她就不用那么辛苦去捡废品啦。可是郭奶奶并没有贪念，我们都要向她学习，做一个诚实的人。

　　　　　　　　　　　　　　　　　　——三（1）班　赖　楠

我们是小学生，不能随便拿爸爸妈妈的钱。因为爸爸妈妈的钱也是来之不易的。我们捡到了不属于自己的东西或钱也要想办法交还给失主。

　　　　　　　　　　　　　　　　　　——三（3）班　吴肇欣

听了李校长的讲话，我懂得了拾金不昧的含义：拾到贵重的物品，无论自己多么想拥有，也要想办法将它还给失主。不是通过自己努力得来的东西，无论价值多么高，都不能归为己有。李校长今天的讲话就是要教育我们从小要做一个拾金不昧的人，我暗暗下了决心，从小开始就要做一名品德高尚的人。

——四（1）班　李心语

教师的话

一位拾荒老人拾金不昧，却绝不拿捡到的钱去填饱她正饥肠辘辘的肚子。很欣赏这位老人，也很想帮助这位老人。从这件事中我深切地感受到，道德的高尚与贫富无关。每个人都有自己的道德标准，虽然世世代代的教育都在告诉人们非自己的东西不要拿，但还是有人会降低自己的水准。作为一名教育工作者，对学生品行的教育肩负着重大责任。在以后的教学中，我将多渗透德育，并身体力行，为滨海学生的品学兼优尽一份自己的力量。

——耿　瑾

我们要时常教育孩子不要随便拿别人东西，孩子对于"拿"仅仅是一种单纯的物质渴望，然而当他在这种"拿"的习惯中慢慢长大后，他就会不劳而获，懒惰的习气也会渐渐养成。生活中我建议家长有意识地教孩子学做简单的家务，培养他的劳动观念。无论他最终做得好不好，都及时送上表扬，给予他精神鼓励或物质奖赏，让他尝到了劳动后的快乐与满足。在这种锻炼过程中，孩子会渐渐意识到，通过自己的劳动与努力来获得报酬是快乐且光荣的。作为老师，我想更不能拿别人的东西，例如，写论文时，随便从网上抄袭一段。这样"拿来"只会让我们越来越懒惰！

——李芳芳

【专家点评】

生命自觉的生命，是诚信的生命

生命自觉的生命，首先意味着健康、主动。健康之意不仅有身体意味，更有道德意味。教育培育的生命应是一个有着卓越伦理品质的道德生命，而诚信的生命首先是起点。诚信问题是一个老问题，也是一个新问题。说是老问题是因为诚信问题自古有之，说是新问题则是在中国社会转型性变革背景下，诚信问题又具有了新的复杂性。这种复杂体现为社会转型下秩序规范的不确定性和生成性，使得不诚信的成本偏低。同时，以往的诚信问题更多的发生在熟人社会之中，而社会转型更多的是一个"变熟为生"的过程，陌生人社会的诚信问题显得更为重要。这也是当前教育必须直面的问题之一。

在新的时代背景下讲诚信，如何讲出新意？曾主任不仅凸显了诚信对人生成长的意义，更通过具体案例的讲述激活了学生的经验。更令人惊喜的可能是学生在基于国旗下课堂的国旗下课程中的收获。学生不仅知道了诚信的重要性，更懂得了通过什么方法来实现诚信。一次触及学生日常生活体验的讲话并不仅仅是一次讲话，而是一座连接师生体验的"教育桥梁"。在学校的日常德育中，讲话很多，但作为桥梁的讲话却不多。

当然，诚信这一主题的教育生长点依然有很多。如由于社会转型而导致的"陌生人社会"的诚信问题。还有就是具有消极体验学生的诚信教育问题。在学生的感想当中，很多都是积极的诚信体验，如自己或家人丢的东西被诚实的人捡到并归还。诚信教育不仅要教育具有积极诚信体验的人守信，更需要思考如何让那些有不诚信甚至欺骗经验的学生一如既往地诚信。

（李政涛）

（四）责任自觉

在某些人眼里，责任代表着压力、重担、限制和困囿，而对另外一些人来说，责任则意味着创造、踏实、主动和解放。但无论对谁而言，责任都是我们不能逃避也无法逃避的生命内容。那么，就让我们从这种对立的两种观点说起吧。

每个人从出生之日起，就开始承担不同的责任，责任同每个人都是共生共灭的，它是个体生命的代名词，它在一定程度上代表了个体。随着个体的成长，我们有着共同的、不变的责任，如促进生命成长的责任，这一责任直接指向我们自身。同时也有每个阶段独特的责任，随着我们的成长，新的责任在不断走近我们，进入我们的生活，也有一些责任开始慢慢地消退，变得不那么重要。但是，无论如何，责任总是与我们相伴而生，相伴而死，它似乎界定了我们自身，界定了生命本身。

　　责任与生命共在，是由生命的特性决定的。概而言之，生命本身是一种生物的存在，更是一种社会的存在，社会为生命铺设了方向、轨道、坐标和空间，而责任是同这种界定相伴而生的。责任正是社会称其为社会的一个原则，是社会大厦里面最重要的那根椽梁，是支撑社会的脊梁。它和诚信一样，分别从两个不同的角度建构着社会。如果说，诚信为社会的构成打造了一个坚实的、稳定的、可靠的基础的话，那么，责任则实现了社会的真正建构。因为责任解决了这样三个方面的联系：使个体是为着自己的，使个体是为着他人的，使个体是为着社会的。如果说，诚信是为社会的建构提供一个平台的话，那么责任则是社会建构的桁架，相互沟通、衔接和串联，为社会形成提供了整个框架。如果说，诚信使社会成为可能的话，责任则使社会成为现实，它把那种社会交往的可能真正转化为现实，因为责任为每个人提供了面向他人和面向社会的机会，个体和个体之间、个体和社会之间建立了有机的联系。所以，在这层含义上来说，责任建构了社会。

　　一个人的成长必须从社会中来，一个人的发展必须投身到社会中去，而责任是沟通这种来与去的桥梁，它搭建了个体和个体、个体和社会之间的对话机制。所以，从社会与个人的关系上来说，个体的成长和发展与个体承担责任画着等号。责任是一种解放，责任也意味着自由。我把承担责任看做这样一个过程，在我们生命往前走的时候，在一个固定的阶段上，对我们的生命提出新的要求的时候，如果我们停滞不前，或者对这样的要求不接纳，甚至拒斥的话，生命就被排斥在可能性的外面。我们不能接受另外一个空间提供给我们的希望，也不能展望未来，本质的是我们被剥夺了发展，我们会被视为可疑的和不值得信任的，或者可以说，我们自身感受到了来自生命深处的那种怀疑和不信任。相反，如果我们接受了生命阶段提出的那个要求和社会固定环境为我们提出的要求，我们就把那个可能性捏在了手里，至少可供我们把玩、观赏了，我们把通往新空间的门给打开了，把握了发展的机会。对于个体的能力来说，这是一种肯定，对个体的未来来说，这是一种解放。因此，我们承担责任就和我们打开一扇生命之窗一样，为自己的生命开窗，使自己的生命敞亮，使自由之光进来。

　　一个把责任看做压力、重担和限制的人是一个不能面对真实的自己、没有认识清楚生命的人，他既不能理解生命，也无法理解自己。我想，把责任看做限制的个体一样是为自己写下了一个错误的等式，他在生命和维存之间画上了等号，认为只有维持自己的生存才是持续自己的生命。而事实是，生命的等号后面应该是发展，生命应该和发展画等号。这样两种生命的视角，对应了两种完全不同的对待责任的态度。当生命和维存之间画上了等号，个体对待责任就持减法的态度，只有把责任从生命里面去除了，个体的生命才能得到维持，个体才能存在下去。相反，当个体在责任和发展之间画上等号，个体就在做加法，每在生命中增加一种责任，个体每接受一种责任，就获得了一个发展的机会，生命就获得了一种自由。

对待责任的态度决定了个体看待自己、外在事物和生命的态度。那些能够自觉承担责任的人有着明确的自我概念，同时也有着一个强大的自我，能够积极地看待生活，并对人与人之间的关系和人与社会之间的关系有着清晰的、正确的认识。他非常自然地把责任作为个体成长、人与人交往以及人在社会中生存必备的条件，他会觉得承担责任是人的天职，是人从出生之日起就有的，因此他自然不会觉得承担责任是一种强迫和压制。所以，他们对于通过责任来发展自己非常认同，能够主动地面对不同阶段的不同责任，并主动地去承担它。而那些不能够自觉承担责任，甚至逃避责任的人，他们很难形成一个清晰的自我概念，因此也称不上自我的强大了。他们对于个体的发展总是没有信心，对于外界的变化反应过慢，尤其是对于人与人之间的关系难以界定，对于正常的社会交往常常显得手足无措。当然，他们对于个体与社会的关系也非常模糊，他们总是想从社会中得到一些东西，但是对于如何得到以及自己又为社会承担什么却闭口不提，或者根本难以认识到。

反过来，态度又决定我们的行为。那些对责任有着正确态度的个体，是自信的和乐观的，他肯定人与人之间的关系，肯定人的发展和人类的未来，所以他会通过自己的努力去承担社会交给他的责任，并通过这些责任来发展自己和完善自己。而对责任有着错误态度的个体，往往显得自卑，缺乏信心，对未来悲观，否定人与人之间的交往，甚至否定社会存在的必要性以及人类的前景，在现实生活中拒绝认识自己，拒绝承担应有的责任，拒绝同他人建立亲密的关系，总是向社会索取的多，而奉献的少。

在生命的不同阶段，我们需要承担不同的责任。如前所述，责任是一个同生命发展相联系的词汇，生命在发展变化，责任也随着生命的进程发生变化。在某个阶段，某种责任突然会变得非常重要；在某个阶段，以前不需要承担的责任会突然出现在我们的面前，需要我们去面对和承担。也就是说，责任是一个动态的和变化的内容，它具有阶段性的特点。当我们还是个学生的时候，我们需要承担学习责任，承担遵守学校的规章制度的责任，承担遵守社会规则条例的责任；当我们步入工作的环境之后，我们就相应地需要承担工作的责任，保证按时间、按质量地完成公司交给的任务；当我们结婚了，就需要承担起做一个好丈夫或一个好妻子的责任，能够关心对方，体贴对方，为共同的发展努力；当我们有自己的孩子的时候，就需要承担做一个好爸爸或一个好妈妈的责任，能够为着孩子的成长提供基本的物质保障和精神保证，能够为孩子的成长共同努力。可见，在生命的不同阶段，我们的责任也在不断变化，有的责任是新增加的，有的责任是隐退的，而有的责任是一直都不变的，如促进自己发展的责任和法律提出的责任等总是存在的。一个人的发展应该是一个终身发展的过程，成熟对应的不是一个生理结点，而是一种心理状态，我们需要在不同的阶段完成不同的任务，而成长是一个贯串了从生到死的全过程。

　　此外，根据我们每个人在某个时期所扮演的不同角色，在某个特定的时期里，我们也需要承担不同的责任。对一个有孩子的人来说，他/她需要承担一个好爸爸或好妈妈的责任，能够为孩子提供一个健康的成长环境；他/她还需要承担一个好丈夫或者好妻子的责任，能够相敬如宾，相亲相爱；他/她或许还需要承担工作方面的责任，能够按时上班，高质量完成公司交给的任务；他/她或许还加入了某个党派或组织，那么自然而然地也就必须承担起党派或组织向他们提出的要求和责任。社会角色决定着他们所应该承担的责任，但无论如何，每个人在每个不同的阶段，都会承担若干个不同的责任。

　　接受责任是一个被动的过程，而主动承担责任、思考每个阶段的责任、能够预见自己的责任、积极地通过责任发展自己则是一个更加主动的过程，后者指向的是责任自觉。接受责任和承担责任需要个体的觉悟，而且在当下的社会里，这种对于责任的觉悟显得更为重要，责任自觉的教育也就显得更为重要了。我们似乎生活在一个责任感普遍缺失的社会里，这也是导致社会安全事故频发的重要原因。从接受责任到责任自觉就是一个从被动转为主动的过程，一个具有责任自觉精神的人，他能够对责任自身进行思考，思考自己与他人的关系，思考个体与社会的关系，能够积极地扮演每个阶段的角色，并积极地承担每个阶段的责任、每个角色的责任。他对责任一点都不恐惧和厌烦，而是眼界更为宽阔，目光更为长远，不但能够去承担责任，还看着远方预示和迎接责任的来临。

责任自觉教育在国旗下课程中的表现就是要引入学生对于责任的理解和讨论。我们不能仅仅告诉学生责任的重要性，不能仅仅要求学生承担某一项责任，我们还应该告诉学生不承担责任会有什么后果，让他们在责任上形成一些讨论，如对于小学生来说，应该有哪些责任是必须承担的，让他们自己提出承担责任需要做到哪些方面。当然，国旗下课程需要安排一些活动，让学生感受到责任在个体交往中的作用，并体会到不承担责任会遭受哪些结果。我想，在这种活动课程中，学生能够更加深刻地理解责任，也能够更加深刻地体会到责任的重要性，还可以学到承担责任的方法。这对于他们的发展至关重要。

在传统教育的弊端中，有一些教育的误区。责任教育不应该破坏发展，或者说，责任不应该破坏发展，影响生命的成长。尤其表现在教育中，责任教育应该有着自己的阶段性，每个阶段都有不同的内容和不同的方法。责任具有阶段性，责任教育也需要强调阶段性。对于传统的责任教育（或许包括在整个大德育里面），我们多强调承担，而没有去考虑年龄、性别、性格等差异，害莫大焉！责任不应该破坏个体的发展，在生命和发展之间画等号，要想促进生命的发展，就要做加法，把责任加上去以促进生命的发展。但是加是有条件的，加是有限度的，加是有规律的。对小学生而言，他们有自己需要承担的责任，也有自己无法承担的责任。那么，在责任教育过程中，我们就不能过多地强调，甚至要制止给学生添加一些不必要的或者超出学生能力范围的责任要求。小学阶段的责任教育需要告诉学生，他们自身承担着保护好自己生命安全的责任，他们承担着遵守学校的各项规章制度的责任，他们还承担着遵守社会的规则条例的责任，承担着认真学习和积极发展自己的责任等。然而，在传统的教育中，大的德育概念往往使我们忽略了学生的身心健康，忽略了技巧和方法，如强调乐于助人是对的，而希望学生们像赖宁那样不顾自己的生命安全（这样的宣传其实被取消并没有多久，这种思想的余毒依然存在）去救火则是错误的，这也是要求学生承担超出他们能力范围之内的责任。恰恰相反，这个阶段的学生应承担的就是保证自己的安全的责任，并掌握逃生、向别人求助和向相关部门报警的技巧。下面让我们一起走进滨海小学在责任自觉话题上所做的尝试。

【案例一】对自己的人生负责

校长的话

老师、同学们：

早上好！

今天我国旗下讲话的题目是"对自己的人生负责"。在我们滨海的校训中，责任是一项很重要的内容。对自己的人生负责也是一种责任心的体现。今天我想给大家讲一个故事。20 年前，有一位中国内地的自行车运动员名叫沈金康，他不幸因车祸失去了左腿，不得不使用假肢，但他并没有被这次灾难所压倒，依然凭借顽强的毅力成为一名著名的自行车教练员。1994 年，他到了香港组建自行车运动队，但那时香港的自行车运动还不被大家接受，竟然无人报名。无奈之下，他把标准降到最低，凡年满 15 岁到 35 岁的香港永久居民，只要报名，都可以成为运动员，都可以参加训练。同学们，你们来猜一猜，来报名的有多少人？

"3 个""5 个""10 个"……（学生纷纷大声说）

同学们有人猜 3 个，有人猜 5 个，你们都猜多了。其实只有一个人来报名。这个人是一个胖厨师。大家猜猜胖厨师为什么要报名呀？

"想减肥。"（学生又说道）

对，他不仅想减肥，他还想骑着自行车到处去玩。一个人也是开始。于是沈教练带着他的胖徒弟去训练。同学们，一个人训练比打球无聊多了，你们说是不是啊？这个过程既艰苦又漫长，可以说比唐僧师徒取经还要难。但是，他们师徒俩坚持下来了。每天，他们的生活中只有两个字——"训练"。4 个月后，他们参加了广岛亚运会，一个人的自行车队，竟然获得了亚洲第四名。当时香港的报纸发消息说他下届亚运会要夺金牌。教练开始以为是记者在乱写，可是胖徒弟说："不是的，这话是我说的。"听了这话，教练郑重地对他说："那么接下来的 4 年你就要骑满 15 万公里。"同学们，我们学校的跑道 1 圈是 200 米，1 公里就要跑 5 圈，你们算一算，15 万公里要跑多少圈啊？要跑整整 75 万圈啊！沈教练还说："你还要留出一年专门练战术，你将没有假期。这些你能做到吗？"他坚定地说："我能做到！"他是这样说的，也是这样做的。于是，他把每一天都当成是比赛日。有一次，香港刮台风，大街上又是风又是雨，没任何人了。但是他在风雨里奋力地前行。他认为，每骑一圈就是向着理想迈进了一步，他要勇往直前，他说这是在对自己的人生负责。一年后，他获得了国际自行车环台赛冠军。4年后，也就是1998年，他兑现了自己的诺言，在曼谷亚运会获得金牌。同学们，给点掌声吧。（学生鼓掌）

你们想知道他是谁吗？他就是被胡锦涛主席誉为比黄金还宝贵的香港自行车运动员黄金宝。他的名字是不是很好记啊？10几年前，沈金康教练来招运动员时，黄金宝只想着玩，可是一旦选择了这条路，他便竭尽全力去拼搏。对自己的选择不退缩的人，对自己的选择能坚持的人，就是对自己人生负责任的人。

同学们，我们学校现在有50多个社团，我相信很多进社团的同学们开始都是想着去玩。开始想着玩没有问题，但是你要玩出名堂就必须要坚持。比如说你去打乒乓球，你是玩，但是你坚持打，一直打下来，将来的世界冠军可能就是你。比如我们合唱团的学生，刚开始也是唱着玩一玩，但是他们坚持每天训练，所以他们在今年8月份魅力校园合唱比赛中获得了金奖，所以他们被文化部邀请去维也纳金色大厅演出。他们是对自己人生负责任的。（学生鼓掌）

我希望将来我们学校的舞蹈队、我们的管乐团都可以进维也纳金色大厅演出。当然还有我们的科技社团、文学社团的同学，将来你们的作品也可以出书。同学们，作为学生，你们想不想做好学生，想不想做品学兼优的好学生啊？（"想。"学生大声说道）

非常好！我想你们每个人都会想去做一个品学兼优的好学生。但是，为什么有些人做到了，有些人没有做到啊？好像我们五（3）班在上个星期有个同学呕吐了，但是有好多学生都不怕脏马上帮忙收拾。还有同学看到学校有垃圾就去捡，还有很多同学每天坚持回家读书、做作业。最后，他们都成了品学兼优的好学生。为什么？原因就在于他们有了目标，而且坚持去做。还有些人只有目标，没有行动。同学们，目标你们是有了，现在就差行动，你们愿意用行动来表达对目标的追逐吗？

（生：愿意！）

你们这样说了，我还要看到你们这样做。很快就要期末考了，我到时候要看一看，跟你们的中段考成绩对比，你们有没有进步。中段考考得不好没关系，但期末考你有进步了，你就是朝着你的目标努力了。同学们，向着自己的目标努力吧，对自己的人生负责吧。来，跟着我一起说：

我要对自己的人生负责！

（生：我要对自己的人生负责！）

我要努力学习！

（生：我要努力学习！）

我要做一个品学兼优的好学生！

（生：我要做一个品学兼优的好学生！）

同学们，我相信你们一定能做到。因为在上次社会实践活动中，你们在世界之窗和锦绣中华的表现，已经为我们学校赢得了声誉。别人都说，这么多年来在参加活动的学校中，滨海小学的纪律是最好的，也是最有礼貌的。同学们，我为你们骄傲。

谢谢大家！

2010 年 12 月 27 日

班会实录

六年级（1）班第十八周班会实录

主持：林宇　唐向方

记录：李芳芳

主持：尊敬的各位老师、同学们，大家下午好。

林宇：今天，我们的主题班会"对自己负责"现在开始。

唐向方：请同学们回忆李校长的讲话，希望大家踊跃发言。

朱玫菡：李校长讲了一个故事，有一位自行车运动员，叫沈金康。因一次车祸从此失去了左脚。于是他开始当教练，只有一个叫黄金宝的胖厨师来报名，他只是抱着玩的心态来报名的。但是他们俩每天积极训练，在亚运会中获得了第四名。后来他在报纸上说，四年后，他会获得亚运会的冠军。他每天加大训练量，一次香港刮台风，路上没有多少人，他还在拼命地练。四年后，他兑现了承诺，在亚运会的自行车赛中获得了金牌。

陈点点：黄金宝是天天坚持不懈地训练，所以才获得了金牌。

林宇：从李校长的讲话中，你有什么启发？

朱玫菡：你选择一件事，一定要尽力去做。

戴瑞隆：我明白了要对自己负责，也就是对人生负责。

张程：要对自己的选择负责。

林宇：我相信你，你一定做得到。

唐向方：李校长的讲话让我们明白了做人不要光说不做，要对自己的人生负责。

林宇：小组讨论一下，你从黄叔叔的行为中，学到了什么？

林志明：我学到了做人要有责任，学到做一件事情要坚持不懈。

张懿：我学到了做人要有目标，要坚持不懈，坚持就一定会胜利，就会有收获。

刘美琳：从你的选择就可以看出你是什么人。

唐向方：我学会了坚持与责任，没有坚持就是半途而废，就是对自己不负责。

黄倚秋：黄金宝，亚运会冠军，被誉为"亚洲车神"，被日本誉为"亚洲之虎"。

唐向方：你想成为黄金宝叔叔这样的人吗？为什么？该怎么做？

郑宏峰：想……

陈诗维：想，要对自己负责，不去只说不做。

林志明：想，他很负责，他的坚持不懈，很少人能做到。

林宇：我也想，因为他对自己负责，而不是三天打鱼，两天晒网，是努力训练的。

林宇：这个故事告诉我们什么？

赖敬文：做事要负责。

林志明：告诉我们要对自己或别人负责，我们要向他学习，做一个有责任心的人。

刘美琳：告诉我们选择一件事，要坚持不懈，不要半途而废，时刻对自己的行为负责。

唐向方：告诉自己，准备迎接任何挑战，决不自己先放弃自己。放弃任何一秒学习的时间，就等于放弃自己原本可以更加美好的未来。

林宇：告诉自己，我有能力站在高峰，我有毅力坚持到底，我有决心超越自己，我有耐心完善人生，我有诚心努力学习。

主持：就让我们铭记校长的话，对自己的一切负责吧！让我们都做一个有责任心的人。为自己的目标坚持不懈地奋斗！

学生的话

听了今天的国旗下课堂，我知道了选择了自己喜欢做的事情，就应该要做出名堂来。现在我是学校合唱团的成员，我要努力刻苦练习唱歌，做一个优秀的歌唱家。很快我们就要去维也纳金色大厅演出了，到时我一定要表现好，为校争光。

——二（1）班　赵逸飞

我现在是学校京剧社团的一分子，之前老师选我进入京剧社团的时候我不是很想参加，因为我感觉我唱不好，但是经过每天坚持不懈的训练和老师的鼓励，我还是坚持了下来，因此我也站在了这次缤纷节的舞台上了。上周末我还出去参加京剧汇报。

——二（4）班　钟柯君

开学时，我因为好玩所以参加了篮球社。自然，每天早上和下午就要去训练了。刚开始，我还坚持每天都去训练。可是后来，觉得真的很辛苦，我实在是坚持不住了，所以有时候会偷懒不去。因此，我打篮球的技术算是比较烂的。现在，我要尽自己最大的努力练习篮球，这才是对自己负责的态度！

——六（3）班　林惠玲

你是否把作业工整做好？你是否在任何时候做到了自律？如果你做到了以上两点，那么你就基本做到了对自己的人生负责了。

——六（3）班　潘　晔

教师的话

教师对自己的人生负责也是对学生的发展负责。社会的发展要求教师是什么样子，和教师个人的发展、人生的追求，应该是相容相通的。不能只是强调需要教师有爱心。教师热爱自己的职业，同时也要自觉地把个人的追求和社会的需求统一起来，这样才能建立正确的世界观、价值观、事业观，并且教给学生正确的世界观、价值观、事业观。

——汪姗姗

责任，是我们的校训的一部分。校长在国旗下的讲堂中，会利用不同的素材给同学们渗透责任意识，给同学们的心灵播下责任的种子。一个人能为自己的选择负责，能为自己的行为负责，能为自己所扮演的不同角色负责，这是多么重要而又可贵的啊。希望国旗下课堂中这一个个真实的故事，这一个个身边的榜样，能成为老师和同学们心灵的照明灯。

——张丽娜

【案例二】学会为自己的行为负责

校长的话

老师、同学们：

早上好！

"责任"是学校校训的重要内容。责任感必须从小培养。下面，我为大家讲个小故事，希望同学们可以从这个故事中得到启发，学会为自己的行为负责。

格里是个小学生，有一天还没有到晚上放学的时间，他就哭着回到了家。送他回来的是学校里的一个叔叔。格里的妈妈问学校里的叔叔，这到底是怎么一回事？

叔叔说，放学前小朋友们排队，可格里根本就不好好站，总是窜来窜去的，结果不知怎么，就和一个同学起了冲突。老师批评了格里几句，他就开始哇哇地哭个不停，还跟老师嚷嚷："我没错！我没有打他！"格里的妈妈向叔叔道了谢，然后拉着格里进了门。

"怎么回事?"妈妈看着两眼红红的格里问道。

"我不小心和马克撞了一下,结果马克就使劲儿地推我,我踢了他一脚,马克哭了,老师就说我了。"格里脸上挂着两行泪珠,补充说道,"是他先推我的!"

听到这里,妈妈基本上把事情的来龙去脉搞清楚了,她语气平和地问格里:"难道你一点责任都没有吗?""没有!不是我的错!是马克先推我的!"

"好,现在我问你,如果你好好按照老师的要求排队,不乱跑,你能不小心撞到别人吗?你没有撞到马克,马克会推你吗?"格里默不作声了。

"现在你再仔细想想,你一点责任都没有吗?你是男子汉,记住,不要把什么责任都推到别人的身上!遇事仔细想一想,为什么别人会这样对你,你是不是做了什么不对的事情。"最后,妈妈对格里又说了这样一句话:"你得学会对自己的行为负责!"格里用力地点了点头。

同学们,在家里,在学校里,在我们的日常生活中,我们难免会和兄弟姐妹、同学、小伙伴起冲突,有争执,但是我们一定要首先学会反省自己的行为,学会为自己的行为负责,而不是为自己的行为找借口,把责任都推到对方身上。一个从小就学会为自己的行为负责任的人,长大了才会成为一个有责任感的人,才会赢得别人的爱戴和尊重。

谢谢大家!

2009 年 3 月 16 日

学生的话

记得在一年级的时候,我班上有同学在出操的时候不小心踩到我了,我觉得我的脚很痛,于是我就狠狠地在那个同学脚上踩了一脚。这时,刚好被老师看到了,老师就严厉地批评了我。我说:"是他先踩我的。"老师说:"同学是不小心踩到你的,而不是故意的,而你现在是故意踩别人的,你这样做对吗?"当时老师还对另一个同学说:"你不小心踩到同学了就应该真诚地向同学道歉,说声对不起！这样就可以避免产生矛盾了。"今天听了校长在国旗下的讲话，让我明白了每个人都应该对自己的行为负责，要敢于承担责任，要做一个诚实的孩子。

——二（4）班　谢　星

今天早上升旗的时候，李唯校长讲了一个关于责任的故事，听了这个故事之后，我很内疚，想到前几天我不小心撞到了一个女同学，然后我就飞快地跑了……我应该向她道歉，想到这里，我连忙找到她，对她说："对不起！"她回答："没关系！"这时我的心情变得轻松起来！我们一定要为自己的行为负责，做一个有责任心的人。

——三（2）班　刘嘉龙

从小，父母老在我耳边说："你负起了姐姐的责任了吗？"到现在，责任这个词对我来说已经是我的朋友了，我对它已经不再陌生了。责任就像空气一样，一直徘徊在我们身边。

曾经，我对妈妈说过，我要考上一所好中学，不让父母操心，这是承诺的责任。

——五（3）班　黄洁莹

教师的话

通过还原事情的本真来讲道理，教育孩子，效果很佳。现在在我们的教学中，也经常遇到像格里这样的事情，我们是否不听缘由，快速地批评某个学生呢？格里母亲给我们做了很好的榜样。当事情发生时，我们不仅要听孩子的哭诉，更要引导他反思自己在事情中有没有错，要不要对自己负责。这样，才能有效疏导孩子的情绪，教育好孩子。

——房存尧

当我们犯了错误的时候，我们本能的第一个反应就是力图为自己辩解。今天，李校长在国旗下给我们上了生动的一课，让我们要学会为自己的行为负责。为自己的行为负责，勇于承担责任是需要勇气的。我们往往为了怕丢面子而千方百计为自己辩解，但是事情的结果却恰恰相反。利用班会课，我在我们班搞了一个"我的错，我担当"的活动，让学生学会处理身边发生的事情。我们先从值日生工作开始做起，以前哪个组值日的时候被扣分，哪个组就要重新打扫，现在改为因为谁扣分，谁就要重新打扫，让学生从小学会为自己的行为负责。我们教育学生如此，我们自己就更要努力。

——徐雅婧

【案例三】作业为谁而做？

校长的话

老师、同学们：

　　早上好！

　　同学们到学校来上学每天都要做的一件事情是什么呢？

　　（生：做作业！）

　　对，就是做作业。做作业是为了巩固当天所学的知识，也是每个学生应尽的责任。但是在我们滨海小学，每天、每个班、每门课都有一些学生不能按时交作业甚至不做作业，让老师非常头疼。老师每天都要想出各种各样的方法让同学们做作业。开始的时候，有些同学会有所进步，但是过一段时间，一些同学又开始不做作业了。今天我想请同学们问一问自己：我是在为谁做作业？

　　大约四十年前，在韩国的一所中学里，有一位英语老师布置了这样一份作业：他要求他的学生每天都要把当日所学课文抄写十遍。因为你们知道学英语要背单词、句子，如果你不去背，不去写，你是很难掌握的。刚开始的时候，大家都很认真地去做这份作业，后来就发现，老师好像没有天天检查，慢慢的，就有同学开始偷懒了。也有些同学就只写五六遍。哪知道后来到学期快结束的时候，老师就开始检查了，结果怎么样了？班里只有一个同学认认真真、不折不扣地完成了老师布置的那份作业，而且还是超额完成，为什么说是超额完成呢？因为他不但把课文抄写了十遍，在抄写的过程中，还把课文背了下来！那你们说他的英语成绩好不好啊？肯定很好！这个人是谁？你们知道吗？这个人就是我们现在的联合国秘书长：潘基文。要做到联合国秘书长可不得了啊！他除了要会很多种语言，还要具备渊博的知识。

同学们，四十多年前的潘基文就明白：作业不是为老师做的，不是为了爸爸妈妈做的，更不是为了应付老师检查做的，而是为自己掌握所学知识而做的。那四十多年后的今天，你们明白这个道理吗？明白了就应该怎么做呢？即使老师不检查，也应该认真完成老师布置的作业。因为认真完成作业是我们取得好成绩的重要保证。

谢谢大家！

2009 年 5 月 29 日

学生的话

听完了李校长的话，我感慨万分，因为我的作业有时也不能按时完成。我记得有一次电视上正放着我喜欢看的电视节目，我就把正在做的作业放在一边，把大部分作业都留到第二天才做，结果第二天来不及做作业。听完了李校长的讲话，我知道了做作业是为自己做的，长大才能成为有本领的人。

——三（3）班　吕思源

李校长通过一个故事告诉我们，我们是为自己学习，为自己做作业。我反复地咀嚼校长所说的话，终于领悟到了。作业确实是为自己而写的，学习也是为了自己而学，只有这样，才能为自己增长知识。有了这个觉悟，我不禁为自己以前的那些偷工减料写作业的行为感到羞愧，在这次国旗下讲堂之后，我不会再这么做了。

——四（3）班　黄国江

教师的话

"作业为谁而做？"——一个令科任老师头痛的问题。

今天，校长在国旗下用联合国秘书长潘基文儿时的例子，再一次教育学生："作业不是为老师做的，也不是为父母做的，更不是为了应付老师检查做的，而是为自己掌握所学知识而做的。"以国旗下讲话的形式再次让孩子明白：作业为自己而做！

当校长在台上讲时，我身边的同事都说："这个主题好，学期末到了，学生情绪很浮躁，不交作业的学生又多起来了。"我是个美术老师，在这个方面的感受不深，可从老师们的反映中，我似乎感到今天这个主题的意义很大！

在下午的班会课上，二（3）班的孩子才有了如下的感悟。苗苗说："我仔细想了这个问题，我想作业是为自己而做的，因为老师布置作业是为了让我们巩固当天所学的知识，让我们大脑变得更加聪明。长大了才能有出息，才能养活自己。我暗暗下了决心：我要独立完成作业，今天的事情绝不拖到明天去做。"就连调皮的小 A 都认识到："做作业是为了自己。因为作业可以让我们增长知识，巩固已学的知识，这样可以为将来打好牢固的基础。从今以后，我要认真完成作业，把每天写的作业本交到组长的桌子上，做一个按时完成作业的小学生。"其实，孩子们明白作业是为自己而做，并且努力践行，这不正是他们勇于承担责任的表现吗？这不正是和我们学校校训中所要求的责任一项相吻合吗？

——张毛焰

今天在国旗下听到李校长说到这个题目时，我的心不禁微微一震，在心底默默说了一句：谢谢李校长！每个班都有这样不愿意写作业的孩子，很感谢李校长能在这样特别的场合下，帮老师们规劝孩子们要明确自己学习的目的。果然，我发现在李校长的规劝下，我们班的李政连续几天作业完成得都很好。这在他以往的学习中都不曾出现过。

——刘　娜

今天国旗下的讲话题目是"作业为谁而做"，下午在二（6）班和学生们一起讨论，同学们对于这个题目都做出了一致的回答：为自己。这个回答让我们心里很温暖，我们的学生在做作业这方面都比较自觉，都能够按时完成。听到学生的回答，联想到自己，作为一名人民教师，我们手里的工作是为了谁而做？答案是肯定的：为国家、为社会、为学生、也为自己。教师的责任就是要帮助有梦想的学生圆梦。

——高　丹

今天，校长作了"作业为谁而做"的国旗下课堂讲话，我觉得这次讲话与学生的学习生活很贴切，并且在升旗仪式上作这次讲话，对学生的影响很大。在班队会讨论时，学生也能真正地理解到作业是为自己而做！——为自己，而非为家长，也非为老师！

——黄　燕

【案例四】责任心可以让我们把事情做完整

校长的话

老师、同学们：

早上好！

上周一早上，我在国旗下讲话中指出我们滨海小学有些学生没有养成良好的卫生习惯，希望同学们加以重视、予以改进；下午的班会课，班主任老师也组织大家进行了讨论，同学们也纷纷表态一定要努力做到讲卫生，保健康。一个星期过去了，情况有没有改善呢？

上周五，德育处对此作了一次调查。从调查中，我们高兴地发现，同学们上厕所的卫生行为有了很大的改善。其中冲水率为80.67%，比第一次调查时的47.06%，提高了33.61%左右；而洗手率则为85.04%，比第一次调查时的55.88%，提高了29.16%。从这个结果中，我们可以看出，虽然有大约30%的同学在进步，但仍然有近20%的同学没有改进。此外，在调查过程中，我们还发现，部分男同学方便的时候没有对着便池，所以虽然学生冲水率提高很多，但厕所的异味并没有得到很好的改善；洗手的人数增加了，但有些同学洗手时没有注意节约用水，把水洒到了地上，造成走道地面湿滑，容易导致同学摔倒，还有的同学互相洒水玩，这不仅浪费了水，还会引起同学之间的争执。

同学们，我们不仅要牢记上完厕所后要冲水和洗手，还要注意方便时要对准便池方便，洗手时要注意节约用水，不弄湿地面，不打水仗，这才是做好一件事应有的态度，也是一个人有责任心的体现。

我国外经贸部前副部长龙永图有一次到瑞士访问的时候，在一个洗手间里，他听到隔壁小间里一直有一种奇特的响动。在好奇心的驱使下，他通过小门的缝隙向里探望。这一看使他惊叹不已，原来，小间里一个只有七八岁的小男孩正在修理马桶的冲刷机关。一问才知道，这个小男孩上完厕所以后，因为冲刷设备出了问题，没有把脏东西冲下去，因此他就一个人蹲在那里，千方百计地想修复那个冲刷设备。而他的父母、老师当时并不在他的身边。这件事令龙永图非常感慨，一个只有七八岁的小男孩，竟然有如此强烈的负责精神，可以说这种负责精神已经完完全全成了他的习惯。

同学们，责任心是一种非常重要的素质，是一个优秀的人所必须具备的。责任心不仅仅是让我们去做一件事，更重要的是让我们把事情做完整、做好。让我们努力做一个有责任心的人吧。

谢谢大家！

2009 年 3 月 9 日

学生的话

今天是星期一，李校长给我们讲了"责任"二字，告诉我们做每一件事都要做好，要有责任心，才可以做好。李校长又讲了关于洗手、冲厕所的问题，发现比上周有很大的好转。我感觉，洗手、冲厕所也是一种责任，是对我们的校园和我们自己的身体健康需要承担的一种责任。我们要共同保护、爱护我们这个大家庭。

——四（2）班　凌修捷

今天，校长在国旗下讲话说："上一周老师再次观察我们有没有冲水和洗手。上一周比前一周冲水的同学多，洗手的同学也比上周多了。"听了这句话，我心里受到了很大的鼓舞，希望大家这周能坚持下去。这样，大家的身体才能健健康康，厕所才能变得更清洁，全校的环境才更美好。相信大家只要有责任心，就可以把每一件事情做得更完整。

——二（3）班　周梓锋

第五周国旗下讲话终于来了，我迫不及待地想：今天李校长会讲些什么呢？哦！上个星期说了我们很多不是，今天校长肯定要表扬我们的。好不容易到了校长讲话的时刻，我全神贯注地聆听校长的讲话。

刚开始，校长表扬了我们冲水、洗手有了很大的进步。我心里想，嗯嗯，我猜对了。可是校长却又说，我们尽管有了进步，但却还有人没有冲水、洗手。接着讲了个七八岁的孩子修马桶的故事，他真是一个有责任心的人。我于是便想，我也要成为一个有责任心的人。

—— 三（3）班　陈子睿

【专家点评】

责任心推动着生命自觉的形成与内化

生命自觉之"自觉"在于生命主体的主动发展，在于每个学生在日常学习生活中贯串始终的主动性——关注健康的生活质量，主动追求尊重与被尊重，在学习生活中坚持不懈，自主地与人诚信相处……但这些如何才能真正内化，真正从本质上发展这些自觉？李唯校长和滨海人抓住了责任心这样的关键点。

责任心是让主动性实现的本质动力。或许我们真的可以将很美好很有智慧的故事搬上基于国旗下课堂的国旗下课程，李唯校长可以坚持不懈地为孩子们讲这些深刻的故事，但是如果没能够让孩子们懂得什么是对自己负责任，那么教育的那些美好愿望有可能只是变成孩子们的负担，成为家长们唠叨的素材而已。但是，滨海小学非常强调责任心，并且基于国旗下课堂而创生的国旗下课程很用心地融入许多富有责任心的故事，让孩子们在这样的氛围中潜移默化。当孩子们一点点地形成自我的意识，认识到每个人身上都有大大小小的责任，他便会更为认真地对待周围的人和事，老师和校长的话语才能逐步地融入他的内心。

当然，学校在国旗下课堂中对责任自觉的培养，并不是抽象地高谈责任心，而是以学生易于理解和接受的方式展开的，是直指学生的内心又致力于让学生在行为中转化的。如"作业为谁而做"的课堂，让孩子们知道自己的责任是对自己负责，而不是为老师、家长而做作业。这是活生生的生活中的责任自觉案例，这时，责任不再遥远，不那么抽象，原来一份为了自己而写的作业也是负责的表现。可见，责任自觉亦有多角度的解读，自己坚持不懈地做一件事情也是为自己负责，甚至是在为自己的未来负责。相信在李唯校长这样的课堂中，学生可以逐渐明白，负责并不是一种负担，更不是要舍弃自己为了他人才是负责，责任心无时不在生活中，也无时不照顾着自己。

看着李唯校长讲话后学生的一篇篇感言，着实为孩子们灵魂深处的自觉意识的形成与内化感到高兴，更为孩子们将责任自觉由行为变为行为习惯感到欣喜和欣慰。

（李政涛）

回顾本章，我们把目光聚焦在学生身上，选择他们作为国旗下课程内容的开始部分，完全符合滨海小学的一贯做法，当然也是我考虑教育问题的惯用方法。首先，我就国旗下课程中的学生做了简单的分析，指出自己理解中的学生立场以及国旗下课程是如何体现这一立场，为这一立场努力的；学生立场不是为了别的，正如我们在学校的办学目标中所指出，是为了学生的健康成长，是为了培育学生的生命自觉。我认为生命自觉不是一个单层次的词汇，更不应该是一个理论层面的晦涩术语，生命自觉包括三个层面的内容：技术层面的生命自觉、心理层面的生命自觉、思想层面的生命自觉。生命自觉的这种多层次性不但明确了生命自觉教育的综合性，也提供了生命自觉教育的可行性。这也是我提出这样三个层次的原因所在。

其次，从学校的校训"健康、尊重、诚信、责任"出发，本章探讨了国旗下课程如何促进学生成长，就自己在健康自觉、尊重自觉、诚信自觉和责任自觉上的看法做了说明，指出每一种自觉的养成，需要的不仅仅是认知上的深入，还需要为学生提供技术层面和行为实践方面的指导，使学生参与其中，在实践活动中加深理解。应该说，这里所说的培育生命自觉的方法同前面的生命自觉的三层次具有内在的一致性，当然也是国旗下课程所一直坚持的路径。健康自觉、尊重自觉、诚信自觉和责任自觉并不是生命自觉教育的全部，但的确是生命自觉教育中最为重要的一个部分。

对学生的这种讨论方式也将用于后面对教师和学校的讨论。滨海小学的办学目标是"学生健康成长，教师幸福工作，学校优质示范"，这也是第二章、第三章和第四章依次展开的内容。

第三章　国旗下课程与教师发展

　　滨海小学的办学目标中指出要做到"教师幸福工作"。幸福表达了心的某种状态，除了外在的工资、安全和住宿等条件之外，对工作的兴趣、社会和他人尊重以及个体的发展等内在指标对个体的幸福更为重要。促进教师发展就是促进教师幸福工作，马斯洛指出，每个人都有生理需要、安全需要、情感和归属需要、尊重需要和自我实现的需要。自我实现的需要是努力实现自己的潜力，使自己越来越成为自己所期望的人物。

　　教师发展不仅是教师的一项权利，也是教师的一项义务。权利指向教师自身，义务指向学生和整个教育事业，这是由教育事业的特殊性决定的。从权利来看教师发展，学校应该为教师发展提供充足的资源和专业的指导，提供良好的环境和发展机会。对每个教师来说，都应该获得平等的发展机遇。对学校来说，保护教师发展的可能性，使教师发展的潜能得到充分的开发，是学校的一项责任与义务。学校应该把每位教师都视为一个充满更大可能性和不断前进发展的个体。从义务来看教师发展，促进教师发展是学校一项重要任务，也是教师对自己的要求。教育事业是培养人的事业，教师自身的素质也决定着学生的素质。在一个不断变化、新的知识不断产生、新问题不断涌现的时代里，教师也必须通过自身的发展不断更新知识，解决教育中产生的新问题，满足教育的新要求，从而更好地促进学生发展。另外，教师发展能够为学生发展提供学习的动力，正所谓上行下效，教师在工作中能够不断学习，补充新的知识，提高教学水平，学生就能够从中体会到学习的力量和精神，从而激发学习的兴趣，认识到学习的重要性。

　　教师是学校的人力资源，是整个学校运转的主要动力来源。他们除了完成教学和学校的日常管理之外，还是整个学校发展的智慧的来源。学校发展离不开学生、家长和教师的参与，教师自身发展也能够带动学校的发展。学校发展总会在教师那里找到新的点子，一个主动的教师群体总是把学校发展和自身成长联系在一起。

滨海小学一直致力于促进教师发展，在保障教师安全、稳定生活的前提下，更多地为教师创造发展的机会。我自己非常注重教师能够积极地融入学校的所有工作中来，不要围于一隅偏向发展，最好能够通过一次次的锻炼把自己推向一个更高的平台。对学校的管理者而言，还需要保证每个教师都在自己心中，能够为每个人都创造前进的平台，为他们提供公平的机会，这一点非常重要。教师发展如果只是促成了一两个专家教师的出现，这样的教师发展就只是学校的精品工程，而不具有普遍的价值和意义。那些没有机会的教师、没有得到重视的教师往往信心受挫，甚至自暴自弃。

本章就是从教师发展的角度来看国旗下课程的。试图探讨双方相对意义和自身的代表含义，它们是否有着相互促进和相互生成的关系。可以肯定的是，作为国旗下课程的主要参与者，教师群体从一开始就置身其中了，他们融合在国旗下课程里面，一旦把教师撤销，国旗下课程也就不存在了，至少很不完整。

一、国旗下课程中的教师

教育关键不是要让个体觉得自己被要求做什么，而是要让个体自己去思考需要做什么。对教师而言，他们具有更加丰富的知识，过往的生活与学习方面的经验也很多，思想与见解相对比较成熟，基本形成了自己的一套认知体系和思考问题的方法。学校应该充分调动教师的积极性和主动性。

国旗下课程的组织与开展要避免教师成为学校领导的传声筒、学校活动的贯彻执行者，一成不变，千篇一律，既没有活力，也没有创新。关键的是要让教师觉得国旗下课程是自己的事，而不是学校的事情，我只负责实行就可以了；要让教师认识到自己参与、自己组织、自己奉献、自己研究，其实最终都是自己收获。是的，如果一项活动没有指向教师的发展，让教师觉得劳而无获，那么，这样的活动就难以吸引教师，打动教师的心。

国旗下课程中的教师是始终参与的，他们从开始到终点都全程跟踪。而且，他们才是和学生接触最为紧密的人，他们能够在第一时间了解到学生在想什么，学生实践情况中如何做，他们也能够在第一时间了解到学生与家长之间的互动。当然，最为人心的参与还是教师自己在国旗下课程上的理解和思考。我非常渴望教师能够在国旗下课程的话题上发表自己的看法，形成自己的理解，表达自己的思想，而不是作为一个校长讲话的传声筒，对校长言听计从。而我自己也在从教师那里获得信息，获得演讲的资源，了解到教师的认识。当教师能够以一个学生的身份参与讨论的时候，他们原始的那种学习的激情就被激发出来了，他们也把自己放在同学生一样的位置，共同探讨，共同认识，共同学习。所以说，国旗下课程中的教师是一个学习者，他们以一个学习者的身份介入其中。这种心态决定了他们的姿态——开放自信，对未知的领域充满好奇，对未来的发展充满期待，躬身实践，潜心学习，以一个参与者的身份融入国旗下课程。这样，国旗下课程就不仅是学校的事、领导的事、学生的事情，更是自己的事，只有在共同的努力中才能实现和完善它。

除了作为国旗下课程的参与者，教师还是国旗下课程的主要组织者。这也是对教师的更高要求，是培养和发挥教师组织作用的途径。无论是班级研讨会，还是学生与家长的讨论，教师在其中都起到了关键的组织作用和桥梁作用。教育中的组织，尤其是课程里面的组织是需要从整个背景中统筹全局，把所有的影响因素都纳入其中考虑，还要对学生有深刻的理解，知道学生需要什么，厌恶什么。当然，教师对于事件推进的过程必须有前瞻性的认识，系统论和过程论都或隐或显地存在于教师的脑海里。此外，教育中的组织还需要教师的创造性方法和智慧，能够对突发情况随机应变，把学生的尊严、学习的欲求、儿童心理等融合其中。所以，国旗下课程中的教师必须是一个运筹帷幄的将军，能够看到全局，能够从整体这一角度对课程进行思考和组织，能够引导学生就某一话题展开论述，培养学生的思考能力、批判能力和创新能力。他还要引导学生进行家庭的讨论，及时地获得家庭讨论的结果，并对这些结果进行分析和总结，给予反馈。作为组织者的教师，更加主动，也有利于发挥教师自身的创造性。

此外，教师是国旗下课程的主动参与者。滨海小学强调主动精神，这不仅仅是要促进学校的发展，还要形成个体的主人翁精神。学校的每一个人都是学校的主人，学校为我，我为学校，每个人都从学校获得所需，也在为学校的主动尽责中体验快乐。强调主动尽责，是滨海促进学校精神文明建设的重要内容。其实，这方面的创新举措非常多，如学校的家长义工、家长合唱团、学生书籍的捐赠等。一个主动的人才是一个健全的人，是一个对集体和个人关系有正确认识的人。教师也是如此，教师的主动精神对于教育而言就是福音。当教师对教师职业和学校形成认同，对学生有爱、对教育事业充满了热爱，那么他由此而产生的正能量是巨大的。国旗下课程无论是产生，还是发展，都凝聚了教师的心血，这里面有他们出谋划策的影子，也有他们组织班级活动的汗水。作为国旗下课程不可缺少的重要组成部分，教师支持着国旗下课程的发展，教师可以为国旗下课程提供新鲜的话题，能够组织学生展开讨论，提出国旗下课程的发展建议，了解到国旗下课程的效果并及时作出反馈。主动的教师成就了国旗下课程，也成就了滨海小学。

国旗下课程中的教师是一个研究者。研究是一种生活的态度和生活的方法，它无须指向一个特定的研究课题。如果硬要从研究这一词汇的狭隘意义上找到一个课题的话，那么生活本身就是一个大的研究领域和研究课题。我更喜欢从研究所表达的更宽泛的状态出发来思考它自身：一个具有研究精神的人，他通过设定一个问题来确定经过一段过程之后需要达到的目的，问题一旦确定，他就开始思考问题的解决需要哪些条件，并对周围的环境进行分析，找到这些条件，发现解决问题的方法。一个好的研究者一定是一个统筹规划的能人，对于环境中和问题解决过程中出现的问题能够作出及时的回应。并非只有大学或研究室中才能做研究，生活就是我们最大的研究室。一个具有研究精神和研究意识的人，本身具有的是一种生活方式，掌握的是一种生活的方法。国旗下课程也要培养教师的研究意识和研究精神，它是一个新的事物，没有过先例，也没有参照可供我们把握。教师在整个国旗下课程的发展过程中，都需要自己来试验和摸索，如何吸收国旗下课程的讲话，如何组织国旗下课程的讨论，如何引导学生发表意见，如何引导学生和家长的交流，如何进行国旗下课程的总结，所有这些问题都从属于一个大问题，因此它也就是一个研究的课题，教师需要用研究的态度来对它们进行分析和思考。教师难以在一次分析之后就得出结论，更不可能直接获得问题的答案，只有通过一次又一次的试验，以及试验之后的思考，才能获得正确的答案和解决方法。一个教师的力量是有限的，但是如果整个学校的教师都是研究者的时候，那么整个学校就是一所研究型学校，就有研究的实力。

当然，最重要的是，教师是国旗下课程的收获者，他们在收获中肯定自己，在收获中发展自己，在收获中展望未来。不论是作为国旗下课程的参与者，还是作为国旗下课程的奉献者和组织者，他们应该从国旗下课程中有所收获，从而给自己以信心。国旗下课程为教师提供的是可能、希望与机会，培养教师的参与精神和主动精神，能够提高教师的组织能力，更重要的是让教师更加深入地了解了课程的概念，以及如何组织课程和促进课程的发展。同时，教师不止一次地开始关注自己，把自己作为一个等待认识的客体，从而做出调整和变化，这种变化就不仅仅是行为上的，还有心理上的。国旗下课程给教师以发挥自己能力、展现自己的机会，也为教师的创造力提供了一个平台。教师能够在其中找到自己的汗水和智慧的结晶，最终会体会到自己的力量，肯定自己，从而去体验被尊重和被重视的感觉，认识到自己的重要性。这也是国旗下课程带给教师最大的礼物。

总之，国旗下课程是一个新的领域，而我也希望国旗下课程中成长起来的教师是具有新气象的教师，我们也确定教师身上会发生某种正向的改变。因为作为国旗下课程的参与者、组织者、研究者和收获者，教师始终同国旗下课程一同生长。教师置身国旗下课程之中，而不是置身事外。国旗下课程的发展本身就反映了他们自身的发展。我相信，国旗下课程对于形成教师的生命自觉，促进教师的专业发展，以及形成教师互帮互助的团体文化都起到了很重要的作用。这也是我在下面的小节中所要展开的内容，我将从教师生命自觉、教师专业发展和教师生命共同体三个方面对国旗下课程促进教师发展展开论述。

二、国旗下课程促进教师发展

教师也需要发展，成长对每个人来说都是一项终其一生需要来从事的事业，而同时，教师又更需要发展，因为教师是培育人的事业，他们肩负着培育未来一代成长重任，他们需要对变化的时代做出反应，保持积极的步伐，并跟上时代发展的需要，能够得心应手地掌握新的技能、要求和方法，并把它们传给下一代。

发展是一个复合型的词汇，教师发展也是如此。我简单地把教师发展从三个方面来看待，一是教师生命自觉的培育。教师生命自觉更多地指向教师自身，是教师发展的基础性内容，也是教师发展的整个基础，是个体对发展的认识和整体性把握。二是教师专业发展。教师专业发展是教师发展的核心内容，它直接同教师的职业生涯相连接，决定着教师的专业水平。三是教师生命共同体的培养与发展，这是教师发展的重要补充，也是通过共同发展来获得教师个体发展的重要途径。

滨海小学注重教师自我实现的需要，并积极地创造条件和机会，促进教师的发展。国旗下课程对教师的生命自觉精神之形成、教师的专业成长以及教师生命共同体的形成发挥着重要的作用。我们的目的是通过教师发展来促进国旗下课程的发展，通过国旗下课程来促进教师发展。可以肯定的是，这种相互的影响与作用是存在的。教师是国旗下课程的重要参与者、组织者和研究者，是国旗下课程的重要组成人员，教师的发展本身也意味着国旗下课程的发展；另一方面，国旗下课程是教师发挥自己的能量、展示自我的一个平台，教师通过这样一个实践的平台来获得自信，并提高自己的技能，从而最终促进了教师成长与发展。

（一）教师生命自觉

教师生命自觉和学生生命自觉既有共同的基础，又有很大的差异性，理解这种共同的基础和它们之间的差异性对于教师生命自觉的培养有着很大的作用。

无论是教师，还是学生，作为一个生命个体，其生命自觉都来自于对生命的感悟和理解，来自于对生命的体认，在感悟、理解和体认的基础上进而生发出对于生命的掌控感。他们都对生命充满敬畏，都会非常珍惜生命，能够对生命进行思考。无论是教师，还是学生，对于生命的掌握和把控都在自觉之意中。但是，学生处在成长和发展的黄金时期，他们的知识、能力、思维都在形成中，所以对于生命的理解肯定有别于教师。教师有着特定的思考习惯，有着基本定型的生活方式，过去的生活与学习经验为教师提供了思维的基本框架，他们对生命的体认也因为经验的缘故而更为深刻。对于未来的发展，他们基本都比较清楚；对于新的刺激和变化，他们也大致可以很快地纳入到自己的认知体系中去。对他们而言，实现未尽的理想和目标似乎显得更加迫切。所以，教师的生命自觉需要在两个方向上努力：一是教师坚持自己的构思和规划，能够持之以恒地完成自己的目标，二是教师从常规的和不变的惯性中挣脱出来重新思考生命。这两个方面同等重要，也是教师生命自觉的重要条件。

首先，从惯性的窠臼中挣脱出来，从一成不变中挣脱出来是生命自觉精神的第一步。人最可怕的是迷失在惯性的力量中，很多人认为教师行业并不充满挑战，小学教师似乎更是如此，只需要一些简单的知识，不多的几个技巧，就可以从职业生涯的开始干到退休。工作往往从一开始就形成常规，步入常规，每天出现在同一个地方，以同样的方式，做着同样的事情，没有一丝一毫的变化。这对教师的成长和发展非常致命，教师的生命自觉精神也在这种日复一日的重复中消磨掉了。习惯可以杀死人，而且是慢性自杀，同生理上的死亡相比，没有前进的惯性生活方式则是思想上、精神上的死亡。然而，事实是无论哪一个行业，都可以在变化中找到动力，找到未来发展的可能性，教师更是如此，教师的未来并不是从开始之日起就确定不变的，教师是一个充满挑战，并需要不断变化和进步的职业。

教师生命自觉应该从跳出生活的惯性开始，从惯性的窠臼中挣脱，重新对生活充满好奇和疑问，能够在平淡的生活中找到不平凡的事情，能够对事物和教育事业充满敏感，对外界的变化做出及时的反应。关键的是，教师要对生命进行思考，从那种对待生命的漠然状态里走出来，重新唤起对于生命的敬畏感，重新相信生命的可能性与可塑性，这种可塑性贯串我们生命发展的始终。我想，这一点非常重要，按部就班和一成不变的生活轻易地把教师拉入没有思考和丧失敏感的泥潭中，当思考与敏感重新回归教师，教师的发展就会重新启动，而对于生命的反思与自觉也会回归。

其次，教师要能够坚持自己的构思和规划，持之以恒地完成自己的目标。对教师而言，工作一旦确定以后，似乎没有做出规划的必要，而展望未来也被视为不现实的做法。失去展望未来的勇气是生命自觉之路上最大的障碍。勇敢做梦是人的权利，也是人之为人的一个重要标志，能够展望也使生命自觉具有了可能性。对教师来说，能够对未来做出展望是一件困难的事情，这也是惯性的缘故，我们不应该把生命视为一个结局（在很多人眼里，它就是一个结局），它一直以来都是一个还没有完成的画布，后面的是什么，呈现什么，都取决于我们如何下笔。所以说，教师的生命自觉是要有梦，做出自觉的规划与构思。当然，规划和构思，以及对未来的展望是每个教师都可以做出的，但是如何坚持并达成自己的目标则并非每个教师都能实现。教师和学生不同，教师所承受的压力有来自工作的，也有来自生活的，还有来自身体等方面的压力，所以做出规划和变化所遇到的困难也要更大，而持之以恒地完成自己的目标，提高自己，发展自己，也就更加困难。

这两点也是促进教师生命自觉精神培养的重要渠道。滨海小学鼓励教师创新，突破常规，能够提出自己的疑问和思考，并为教师创造机会，使其能够对自己的职业生涯进行规划，并持之以恒地实现自己的目标。国旗下课程对于教师生命自觉精神的培养正是基于此。

首先，国旗下课程是一个全新的尝试，有新的内容和新的方式，教师在原有的教育经验中找不到或者很难找到相同的教育模式。所以，教师必须打破常规，通过自己的思考重新进行创造，从原有的教师经验中解脱出来，这既有强制的成分，也有自愿的成分，但无论如何，教师能够摆脱旧有的习惯和偏见，重新审视旧的方式，思考现行的教育实践，本身就是一种解放。同时，国旗下课程鼓励教师的参与，使教师能够对国旗下课程的内容进行反思，提出自己的观点和看法，这些内容涉及的范围相当广泛，教师从已有的生活经验和教育经验里做出解答，和学生一样形成自己的见解；而且，教师还是国旗下课程的组织者，组织的过程也是一个规划的过程，教师能够在组织的过程中感受到自己生命的力量，掌握着相应的技巧；还有，国旗下课程中的教师也是一个研究者，研究在指向国旗下课程的同时，更根本的是指向生命自身，教师在一个新的领域里边研究边前进，边尝试边总结，他们把自己的教育理想投射在国旗下课程上，既实现了国旗下课程的发展，也深化了对于生命的理解，达成了生命自觉。

其次，国旗下课程要求教师提出自己的构思和规划，并持之以恒地予以完善。国旗下课程不是一个节点，也不是一个单一的活动，而是一连串经验的集合，它有很多因素集合在一起，有学校、家庭和社会，有教师、学生和家长；它也有不同的场合和时间点，如操场、教室、家庭等。教师要想组织好国旗下课程，并促进国旗下课程的发展，就必须在具体的国旗下课程中提出自己的构思和规划，认真地完成它，并对国旗下课程在全校教育系统中所处的位置以及未来的发展和走向进行构思和规划，努力地实践并予以完善。这种构思、规划和完善也包含了对于生命的理解和自我发展的安排。

对教育实践工作者来说，如何培养他们对于生活和自己的信心、如何引起他们对于自己发展的关注，如何重新量身定制发展规划并持之以恒予以完成就显得更加重要了。生命自觉在这里也似乎表现为对于教师职业的再一次认识，对于自己的重新关注，对于自己的发展的进一步思考。如果把理论课堂里面的"生命是什么""生命具有什么意义"之类的话题抛给一线教师，他们是不太感兴趣的，那么收获自然就会很少。而在最贴近教师生活、工作和学习的领域与话题中教给教师如何进一步提升自己的素质，他们就会产生更多的兴趣。当教师重新获得改变现状的勇气，重新展望未来，并对未来充满希望，他们自然是在成长与发展，也自然而然把生命这一命题纳入自己的思考范围中了，生命的痕迹在实践的范畴里面似乎刻画得更为鲜明了。

下面是教师对于国旗下课程相关话题的思考。教师的思考既针对自己，也针对学生。针对国旗下课程，教师的确能够为学生的思考做出指导，学生和教师的共同思考正是教育的最美境地，这些思考也是国旗下课程的最好素材，以及展开后续工作的最好资料。

【案例一】我有诺言　尚待实现

校长的话

各位领导、各位来宾、老师们、同学们：

大家好！

才艺缤纷竞秀快乐"六一"，长卷百米同绘幸福童年！今天1000多名滨海师生在这里隆重庆祝六一国际儿童节，市、区两级领导和部分家长也来到我们中间，和我们一起共庆这快乐的日子。首先，请允许我代表学校向同学们致以节日的问候！向关心和支持我校工作的各位领导、各位家长表示诚挚的谢意！

童年是人的启蒙时期，对人一生的发展影响深远。成年以后的价值观、道德水准、行为习惯、学习兴趣大都在童年时期初步形成。童年的天真、好奇又是人类创造力的源泉，也是人生不可多得的宝贵财富。只有充分享受童年乐趣的儿童，才能最终拥有敏捷的思维和健康的人格。因此我希望同学们能够珍惜自己美好的童年时光，努力培育生命自觉意识，谨记"健康、尊重、诚信、责任"的校训，善于学习、勤于思考、快乐生活、健康成长！

同学们，我爱你们，不仅因为你们的样子，还因为和你们在一起时我的样子；我爱你们，不仅因为你们表现优异，还因为和你们在一起时，我能为你们做些什么……因为我们坚信所有滨海的孩子都像玫瑰花蕾一样，尽管有不同的花期，但最终都会绽放属于自己的美丽。

我是如此享受和你们在一起共度的时光，我为滨海有你们这样的学生而骄傲！希望你们快乐的童年能给你们的一生打上温馨的底色！

"树林美丽、幽暗而深邃，但我有诺言，尚待实现，还要奔行百里方可沉睡。"同学们，努力吧，用坚实的步伐去实现你们曾对自己许下的美好诺言吧。

衷心地祝愿你们节日快乐！衷心祝愿天下所有的孩子们节日快乐！

谢谢大家！

2009 年 6 月 1 日

教师的话

校长在"六一"时对全校孩子说的话，句句透着深情。正因为对孩子有着这样的深情，校长才会说："我是如此享受和你们在一起共度的时光！"也正因为校长希望学生快乐的童年能给他们的一生打上温馨的底色！所以，早在几天前，全校的老师就都动起来，准备了很多活动，有"甜蜜生活厨艺秀""百米长卷献祖国"等，所做的这些都是为了让孩子们过一个快乐的节日，让他们有个快乐的童年。因此，这些天的我们——累并快乐着！

——张毛焰

教师在教学工作中，一个基本要求就是言必信，行必果，说到做到。教师说到做到有两层意思：一是对学生的要求要说到做到；二是教师个人要言传身教，以身示范，说到做到。

教师布置任务，要求要具体，指标要明确，要求什么时候检查，就要什么时候检查；要求怎样检查，就要怎样检查；要求达到什么标准，就不得降低标准，检查就要过细，不给学生形成完成学习任务可以"打折扣"的观念。同时，教师要严格要求自己。比如，上课要候课，不迟到；与学生一起活动时遵守规则；在公共场所遵守纪律等，给学生带好头——身教重于言教。

——耿瑾

孔子说过："少成若天性"。不同的童年生活，将造就不同的人生底色。每一个儿童都是重要的，他们承载着家庭的希望与梦想，也承载着祖国未来的希望与梦想。作为教师，不仅要为他们的童年奠基人生的底色，更要启迪他们编织自己的童年梦想，让他们在今后的发展中梦想成真。时值 2009 年"六一",在我校庆祝活动中,李校长的讲话道出了滨海教师的心声,也道出了滨海孩子的心声。

—— 王栋昌

我有一个梦想,那就是在自己的教学生涯中,形成具有自己风格的教学方法,使自己的教学水平达到个人事业的巅峰。我知道这个梦想很远大,但是我不会因此而气馁,因为有梦想就可以推动自己前进,即使这是一条崎岖小路。我坚信,当梦想照进现实的时候,我会收获属于自己的幸福。

—— 肖　佩

【案例二】保持自己的水准

校长的话

老师、同学们:

新年好!新年新学期,总是给我们带来新的希望、新的梦想。昨天,我看到四(2)班的板报的主题是——四(2)班的同学说一下好不好?

(生:新学期新梦想。)

非常好,新学期新梦想。我相信,四(2)班的同学一定可以在梦想的召唤下努力前进。

这个学期我也有一个梦想。你们想知道我的梦想吗?我的梦想是希望滨海小学的每一个人,也就是每一位老师、每一位同学都能够努力保持或者提高自己做人的水准,努力做到健康自觉、尊重自觉、诚信自觉和责任自觉。

下面我就给大家讲一个保持自己水准的故事。

有一位教授带着他的孩子到市场去买水果。他在挑选水果的时候,那个卖水果的小贩不耐烦地说:"你到底买不买啊?不要总这样挑来挑去!"教授礼貌地说:"要买,要买。"教授把挑好的水果递给小贩,并且问:"多少钱?"小贩依旧很不耐烦地说:"这可很贵哦!你买不买得起啊?"教授依然是很有礼貌地说:"买得起,买得起。"他把钱递给小贩,买好水果,就带着小孩回家了。

在回家的路上，他的孩子忍不住地说道："爸爸，您是大学教授，您是我心中最为敬仰的人，为什么这位小贩这么无礼地对待您，您却能够忍受，难道您真的一点都不生气吗？"教授说："待人有礼、谦虚是我做人的水准；无礼、粗鲁、势利是小贩的水准，我不能够因为小贩的粗鲁而降低我的水准，我要保持自己的水准。"

同学们，我经常在校园里看到有些同学发生争执，如果你问他们，他们总是说："是他先骂的我，是他先打的我！"

同学们，打人骂人对不对啊？

（生：不对！）

好，那么你能够因为他的这种不对的行为而降低你的水准吗？有没有想过这个问题？同学们，我希望你们仔细想一想，你个人的水准是什么？不能因为别人做得不对而跟着他去做。比如说，同学在走廊上撞到了你，也许他是不小心的，即便是他有意撞了你，你一定要撞回他吗？又比如，我们学校，大家都觉得很干净，但是一走出校门口，你就发现到处是零食袋，这个我想应该是我们学校的学生丢的。如果我们只能保持校园里的干净，而一出了校门就可以随意地丢垃圾，这种做人的水准对吗？

（生：不对！）

如果你看到同学丢垃圾，你也跟着他一起丢，对不对？

（生：不对！）

再比如说，上学迟到就是没有尽到自己做学生的责任，那么就应该接受学校的规定，登记你的姓名、班级。学校这个规定也只是想促使同学们不要迟到，但是有些同学就故意报另外一个班级，让另外一个班级扣分，这种做人的水准对吗？

（生：不对！）

新学期我的梦想就是，同学们能够保持个人和校园内外的卫生，能够积极地参加体育锻炼，做到健康自觉；我希望同学们能够友善地对待你身边的每一位同学、老师、家人、朋友甚至是陌生人，如果别人做得不对，你也要用友善的行为去对待他，相信他一定会改正的，做到尊重自觉；我希望同学们在违反了校规的时候，甚至在家里犯了一些错误的时候，要勇于承认，做到诚信自觉，因为承认错误是改正错误的第一步；我希望同学们能够尽到自己的责任，每天按时完成作业，上课认真听讲，回家帮助爸爸妈妈做一些力所能及的家务事，积极参加社团活动，做到责任自觉。只要你们做到这四个自觉，我相信你们做人的水准一定会不断地得到提高。你们相信吗？

（生：相信！）

同学们，一个真正有水准的人就是一个有修养的人，他是不会跟别人因为一点小事而斤斤计较的，也不会动不动就跟别人大声争吵。我希望我们滨海小学的每一位老师、每一位同学都是一个有水准、有修养的人。

谢谢大家！

2010 年 2 月 24 日

班会实录

四年级（2）班第一周班会实录

主持：罗　璇　黄欣妍（学生）

记录：李意新

主持人：四（2）班第一周国旗下课堂"保持做人的水准"现在开始。先来谈谈同学们对于今天早上校长国旗下讲话的理解吧。

胡鸿宇：校长国旗下讲话中给我们讲了一个关于大学教授和卖水果的小贩的故事，故事中小贩很不耐烦、很无礼，大学教授却表现出良好的素质和礼仪。这个故事告诉我们不要因为别人的无礼而降低自己做人的水准，也学着像别人那样无礼。

姚楚轩：通过李校长讲的这个故事我知道了教授是一个谦虚有礼的人，他没有因为小贩的粗鲁无礼而失去了自己作为一个大学教授的水准。

洪树钿：通过这个故事校长想告诉我们要做一个保持自己水准的人。

主持人：看来同学们对于校长国旗下讲话都有了一定的理解。那么下面请同学们结合自身的实际，谈谈我们应该在哪些方面保持水准呢？在健康、尊重、诚信和责任四个方面又应该如何保持水准呢？

胡鸿宇：在家里我要做到不再那么小气，不能动不动就发脾气；

在学校也不能大声粗鲁，不要和同学起争执。

杨毅珩：在学校如果和同学起争执了，一定要心平气和，想想自己的水准，不要无礼冲动。

庄佳霓：我来谈谈尊重方面的水准，过年的时候我到亲戚家拜年，对方的小弟弟没有跟我打招呼，但是我还是主动和他打招呼，并且主动和其他人问好。

曾玮祺：在健康方面，为了保持自己健康的水准，我要每天坚持锻炼身体。

林圣锐：为了保持健康，我也会每天坚持跑跑步。

姚楚轩：要保持自己诚信方面的水准，不能做今天校长在国旗下讲话中提到的那些迟到了故意报其他班同学名字的行为。

洪树钿：在责任方面，作为小学生，我们要准时上学、认真听课、按时完成作业；另外作为鼓号队的成员，我要坚持准时参加鼓号队训练，做一个好鼓手。

林圣锐：作为一个劳动委员，一定要坚持把班里的值日工作做好了才能回家。

主持人：同学们是否曾经有过因为别人没有水准而失了自己做人的水准的经历呢？

姚楚轩：有一次我带了一盒巧克力到小区里去玩，有个小朋友见到了就跟我要了一块，我拿了一块给他，但是他很快就吃完了，又来问我要一块，我就不愿意给他，他就骂我小气，我就非常生气地回了他。现在我知道了，我那是失水准的做法。

庄佳霓：有一次我和弟弟玩游戏，他玩生气了就打了我一下，我也毫不示弱地打回了他。我现在觉得我真没水准，弟弟比我小，不懂事，我也学他不懂事。

张淑萍：今天张老师非常激动，对于四（2）班全体同学来说这是一次难忘的班队会。会上，同学们通过交流和讨论进一步领会了校长国旗下讲话的主题，并且都提出要在健康、尊重、诚信和责任四个方面保持我们作为一个小学生的做人的水准。张老师真的非常高兴。我希望同学们能够坚持，在学校做个好学生，在家里做个好孩子，在社会上做一个合格的小公民。

主持人：四（2）班第二十周主题班会现在结束。

学生的话

如果我们违反纪律给校园小管家发现了，要登记名字的时候，一定要诚实地报自己的、姓名和班级，不能看到别人说谎自己也跟着说谎！例如上个学期我们班就有同学报了自己是一（2）班的，这种行为就是降低了自己的水准。

——一（1）班 韦 祺

我有一次没写作业，但是看到南知龙说作业忘记带了，所以我也跟老师说忘带了，老师相信了，但是我那一天心里很紧张，生怕老师发现，中午赶紧把作业补上了，下午交给了老师，以后我再没有骗过老师，其实我不想说谎的。

——二（2）班 陈春帆

我要改正我上课讲话的行为，还要改正我诚信的水准，上个学期我把二（5）班的桌子摆歪了，以为这样做我们班就可以得高分，我的做法是不对的，违反了诚信的水准。以后我一定要做一个诚信的孩子。

——二（6）班 范梓浩

教师的话

今天李校长在国旗下讲话的题目是：《保持自己的水准》；下午，德育处组织全体师生观摩学习了四（2）班的国旗下课堂主题班会；放学后，又组织全体教师参加了"国旗下课堂观摩讨论会"。

作为教育工作者，我们应该保持自己的水准，能够冷静、客观地看待一些人的行为，不使自己心情的好坏随别人的情绪而波动，保持积极、健康、向上、快乐的心境，提高了自己的生活质量，何乐而不为？

要保持自己的水准，首先是自己要有高水准。怎样才能有高水准呢？我想应该多读书，读好书，学习优秀教育工作者的经验。同时，要不断地反思，遇到问题时先想一想：我这样做有没有效果？

是损人不利己呢还是利人利己的？如果是一位很优秀的教育工作者，他会怎么做？

——沈艳卿

往往在一些小事上就能体现出教师的人格魅力。比如我们走进课堂时，可能会遇到没擦黑板的情况，有的教师非常生气，夹着书回来；有的大发脾气，查找擦黑板的是谁；有的干脆就往字上写。这样做，实际上都影响教师在学生中的威信，甚至有的学生看到老师生气觉得很有意思。我认为这时教师一定要冷静对待，有一位老师曾遇到过这种情况，她当时看看黑板，又看看大家，拿起黑板擦就擦了，擦完后，她说："今天老师做一次值日，检查一下老师擦得怎么样？"教室里鸦雀无声，大家都觉得很不好意思，以后再也没有这样的情况了。这样也拉近了师生之间的感情，也能体现教师良好的修养。这样教师的修养水准也会像一丝春雨，"随风潜入夜，润物细无声"，潜移默化地影响着学生。

——徐彩苑

【案例三】 滴水穿石

校长的话

老师、同学们：

早上好！

你们一定听说过"滴水穿石"这个词吧，但是你们有没有想过小小的水滴为什么能把坚硬的石头击穿吗？是因为水的威力大吗？哪位同学能告诉我？滴水穿石不是因为水的威力够大，而是在于水的坚持，坚持不懈地努力，终于穿越了坚硬的石头。滴水穿石告诉我们做任何事，只要你有恒心并朝着目标不断努力，就一定会获得成功。

5月14日，也就是上周六的上午，滨海小学海之声合唱团在宝安区"迎大运"艺术展演合唱专场的比赛中，以9.7分的高分名列参赛的四十几支中小学合唱团之首，甚至超过了宝安中学，获得了比赛的第一名。这是海之声合唱团继去年夺得全区的合唱比赛冠军以后再一次夺得此类比赛的桂冠。比赛中，滨海小学海之声合唱团的同学们凭着自己对音乐的热爱和歌曲的感悟，以娴熟的演唱技巧和高超的音准能力，获得了评委和现场观众的高度评价。

同学们，三年前，刚成立不久的海之声合唱团在首次参加宝安区合唱比赛时，却只获得了倒数第五名的成绩。但是，他们没有气馁。他们知道要想提高演唱水平，在比赛中获得好成绩，只有加倍努力地坚持练习。他们每天至少保持两个小时的练习时间，从枯燥的发声练习到高难度的多声部的外文歌曲，从不间断。他们一点一点地学习，一点一点地进步。功夫不负有心人，他们不仅在去年六月夺得了宝安区合唱比赛的冠军，还在去年八月在北京获得第二届魅力校园合唱比赛金奖，而且在今年二月获得文化部邀请赴维也纳金色大厅演出。上个星期又获得了七月在香港举行的"国际合唱节"的比赛邀请。

同学们，让我们用最热烈的掌声对合唱团的全体同学和高丹、丁力老师表示最热烈的祝贺和衷心的感谢，感谢他们为滨海小学增了光。同时我们也要学习合唱团的同学们在失败面前不气馁，发扬滴水穿石的精神，持续不断地努力，终于获得了成功。

同学们，想一想自己，在做你该做的事情时，是不是因为缺乏坚持而半途而废？比如说本来学习成绩不错，但是却没有坚持上课认真听讲，坚持按时完成作业？再比如参加学校的社团活动时，是不是因为没有坚持训练而无法取得好成绩？你养的蚕、种的花是否坚持喂食和浇水？还有上洗手间坚持便后洗手冲水了吗？曾经有一段时间，有些同学在上洗手间的时候没有冲水，导致洗手间里总是有臭味，后来我在国旗下讲话里讲了几次，学校老师也反复提醒，情况很快有了好转，但一段时间以后，洗手间又开始有臭味了。这是为什么呢？原因就是有些同学没有把便后冲水的良好习惯坚持下去。

同学们，你们一定要记住，要想做好一件事，就必须坚持做下去。世上无难事，只要你肯努力，只要你有滴水穿石的坚持，总有一天，你一定会成功！

谢谢大家！

2011 年 5 月 16 日

学生的话

我上学期一直都能考90多分的，这学期成绩下降了，有好几次都只考了80多分，因为我没有坚持好好学习，上课认真听讲，开始跟前面的同学上课偷着讲话，有时还在下面折纸，所以成绩下降了。以后，我要坚持努力学习。

——一（1）班　罗汝琪

我是二年级才参加合唱团的，所以我比其他人都要学得晚一些，有时候会遇到发声方法不对，高音上不去，低音下不来的情况。后来我就不断地练习，在学校练，回家也要练，渐渐地，我就掌握了正确的方法。现在我已经是学校合唱团的正式比赛队员，但我觉得我还要继续努力。

——二（1）班　李　颖

其实，这个滴水穿石本身不是看两者的对比，而是水的坚持，一天一滴，两天两滴，日积月累，慢慢累积下来，逐渐的，石头就被滴穿了。这告诉我们一个道理：人只要努力，没有事情是不可以完成的。许多人都认为，在困难面前，半途而废是最好的选择。但是，我们永远也不能估计一个人的潜能有多大，就像《圣斗士》中说的："每个人心中都有小宇宙，一旦爆发，非常的厉害！"是啊！世上无难事，只怕有心人。只要我们肯努力，没有事情是办不到的。人是无可限量的！朱熹说过："立志不坚，终不济事。"让我们一起为了目标而努力吧！

——五（1）班　冯昱棠

教师的话

今天校长让学生上国旗台上解释"滴水穿石"的意思时，三（3）班的刘卓也上去了。这个学生自我表现的欲望很强，每次他见到有学生上升旗台回答校长提问时都很美慕，曾和我说："张老师，我也想上去"。今天他终于有机会一路小跑着上去了，看着他兴奋的小脸，我想：这下他的心愿实现了，够他高兴一阵的了。

——张毛焰

·191·

上周的"富兰克林的坚持"和本周的"滴水穿石"告诉我们一个共同的道理：成功贵在坚持。身边有许多这样坚持的榜样。李校长坚持每周国旗下讲话；许许多多的学生坚持一学年全勤，坚持每天按时交作业；许多家长义工坚持准时参加家长义工服务……他们坚持认真做好一件事情，使得事情圆满。我觉得坚持做好一件事情也是生命自觉的表现。

——曾女英

【案例四】什么是奖励?

校长的话

老师、同学们：

早上好!

读小学时，吉米为了得到老师的奖励，经常争着扫地、擦黑板、做好事，可老师好像没有看见似的，他有点泄气，对父亲说："我做了那么多好事，可老师一句表扬的话也没有。"父亲听了，鼓励他说："你只要坚持做下去，就一定能得到奖励。"果然，在学期末，老师在全班点名表扬了吉米。吉米觉得任何好事只要坚持做下去，就能得到人们的称赞，这就是奖励。

读中学时，吉米通过自己的努力和勤奋，考试成绩终于拿到了全班第一。那天，他高兴地对父亲说："老爸，我考了全班第一，你拿什么奖我?"父亲笑了笑，说："你已经得到了奖励，考第一就是对你的奖励。"任何勤奋都能得到它应有的回报，这就是奖励。

读大学时，吉米拿到了奖学金，便拿出奖学金的一部分接济一位贫困的同学。他把这件事告诉了父亲，父亲听了，直夸他说："你把自己的奖励拿出来给别人分享，你就得到了双份的奖励。"在帮助别人中分享快乐，这就是奖励。

在我们学校二（3）班，有一位同学名叫张佳颖，是位热心为集体服务的班级劳动监督员。她每次看到同学因为某些原因被扣分，都会很着急，然后去跟那位同学说应该要怎么做。这个学期一开学，二（3）班竞选班干部，张佳颖竞选上了劳动监督员。她很认真地履行自己的职责，每天一下课就拿着本子，检查哪位同学座位上有垃坂。她把垃圾捡起来之后，才登记同学的名字并提醒他。她还会经常检查同学的抽屉，如果抽屉里有垃圾，她会提醒同学把垃圾扔了。在她的严格监督下，二（3）班地上的垃圾越来越少了，班里也越来越干净了。班上的同学在她的影响下也经常会自觉地检查教室里的卫生了。每次看到张佳颖蹲在地上认真地检查卫生的时候，班主任林老师的心里就特别感动。张佳颖同学把为集体做好事看成是对自己的奖励。

同学们，听了今天的故事，想一想，你会把什么当成是对自己的奖励？

谢谢大家！

2011 年 5 月 30 日

学生的话

我每天早上把凳子搬到走廊，给同学们下课看书坐，老师虽然没有经常表扬我，但是看到同学们下课坐在那里看书，就是对我的奖励。

—— 一（1）班　陈诗文

我以前觉得老师给我的小红花就是我最大的奖励。可是今天听了这个故事我才明白，最大的奖励不是老师奖励给我的小红花，而是我真正地帮助了同学。同学的进步才是我最大的奖励。

—— 一（2）班　罗嘉辉

我以前每次考了 100 分就会让爸爸妈妈给我奖励。但是，从现在开始，我考 100 分也不会让爸爸妈妈奖励我了，因为我明白了什么才是真正的奖励。

——二（2）班　吴宇彤

教师的话

我觉得对于我们老师来说，家长的评价、家长的支持、家长对你工作的认可就是对我们老师最好的奖励。下面分享袁杉杉妈妈发给我的邮件：

随着生活水平的提高，大部分孩子都认为，奖励就是直观的物件，是美味的食品，是悦耳的声音。简言之就是声、光、色对身体各器官的直接刺激。因此，渐渐地，奖励就变成了刺激物，而为什么要奖励，做这件事情的过程变得不那么重要了。价值观的偏离，导致人们对细节的关注少了，对结果的重视多了。所以，我们一直在追赶。走得艰辛，也走得沧桑。所幸，今天李校长在国旗下告诉我和孩子们：我们学习、我们工作、我们生活，除了需要奖励，还可以享受学习的快乐、工作的幸福、生活的美满。

——姜志华

今天李校长的讲话让我联系到了我平时的工作，我和吉米的老师一样，也是疏忽了对孩子们的鼓励。其实对于孩子们来说，老师一抹美丽的微笑、一个鼓励的眼神、一句关切的话语，也许能拨动一根根美妙的心弦。让我们多一些表扬，少一些批评；多一些关爱，少一些冷漠；像母亲教孩子学步，不断地给予鼓励，给予掌声，让我们的校园不仅仅成为传播和生成知识的场所，也成为学生身心健康成长的乐园。

——赖月明

今天听了李校长在国旗下的讲话，我觉得奖励学生的方式更多了。什么对孩子来说是最好的奖励，如何激励孩子取得进步，这对我们老师来说真的是一件值得深思的事情。如果我们经常简单地表扬学生的行为，就会导致学生听觉疲软，不再信任老师的话，老师的表扬含金量也会逐渐降低。如果老师吝于赞美的话，学生觉得自己美好的行为没有得到认可，同样是一件很泄气的事情。长此以往，不利于学生积极性的提高。总之，我们老师要把握好度，多用评价方式，针对学生特点因材施教，找到最好的奖励学生的方式，从而激发学生潜能，使其取得更大的进步。

——房存尧

都说教师是一份特殊的职业，因为这份职业给我们的奖励不仅仅是工资。我们在忙碌烦琐的工作中时常收获特殊的奖励。一个书写潦草的学生在你的一次次引导和鼓励下，书写慢慢工整起来了；一个从来不敢开口说英语的学生，在你的一次次激励下终于也能举手回答问题；一声节日里的问候，下课后学生争着帮你把教具搬回办公室。这一切的一切都是对我们的奖励，都会让暖流时常在我们心中流淌。

——李意新

【专家点评】

做拥有生命自觉的教育者

培育生命自觉是当代教育者的重大使命。这一使命不仅指向学生生命，也指向作为教育者的教师自我的生命。要培育学生的生命自觉，首要问题是教师自身要有生命自觉。从国旗下课堂中我们发现，每周的国旗下课堂教师都自觉参与讨论，发表自己的想法。这说明在李唯校长的带领下，学校的教师群体是一个具有生命自觉的群体。

教师的生命自觉，首先体现为对培育学生生命自觉这一价值取向的自觉体认和自觉实践。这意味着教师自觉地将培育学生的生命自觉作为自身不可推卸的责任，自觉从生命自觉的角度研究学生和发现学生。学校的教师群体对学校"珍视童年价值，培育生命自觉"的办学理念有比较清晰的认识，在日常的教育教学中也自觉体认和实践这一理念。因此，当李唯校长在国旗下课堂中讲到生命自觉的主题时，老师们都能够结合自己的工作讲出比较有深度的体会和观点。

其次，教师的生命自觉体现在教育外在生境的自觉体察。教师会以生命自觉的眼光，判断生境的教育价值，选择性吸收和转化生境中有利于培育生命自觉的各种资源，自觉在外在生境和教育教学之间搭建起内在沟通的桥梁。他不会在教育发生障碍或者出现失败之时，抱怨生境，将责任推给生境，他会从容地通过种种调整，重建教育和生境之间的关系。从国旗下课堂的教师感言部分就可以看出，学校的教师们都有着积极乐观的心态，努力通过自己的实践来为学校培育生命自觉的办学理念变成现实而努力着，这些努力中就包括了对外界生境的自觉体察。

最后，教师的生命自觉还体现在自主自觉的学习和研究上。在给予学生自主、自觉的精神生活之前，先给予自己一种这样的精神生活，自觉使自己的精神生活博大、优雅和有品位，为此，他努力通过教育教学，自觉完善自我，创造自我，实现自我的生命价值的提升，从而把教育的过程变成同时培育学生生命自觉和自我生命自觉的过程，变成滋养学生生命和自我生命的过程。这一过程的实现，昭示着生命自觉并非生而有之，它是在教育者、受教育者、外在生境之间，在天地人事之间的沟通与交往中实现的，最终是由教师和学生共同完成的。国旗下课堂就为我们展现了教师与学生不断互动生成的过程。在这种互动中，教师通过自身的生命自觉带动了学生们的生命自觉，最终在培育学生的同时也使得教师有了成长和发展。

因此，我们由衷感叹，在滨海小学做教师是幸福的！

（李政涛）

（二）教师专业发展

教师专业发展越来越多地同学校发展建立了联系，教师专业发展也成为学校发展的一部分。随着我们对于发展的理解和深化，教师专业发展逐渐获得了主动性。滨海小学把教师专业发展不仅视为教师自身的成长，也预示着学校的成长。我觉得，对于教师专业发展的理解既决定了我们对待教师的态度，也决定了我们对待学校与教师关系的理解。其实，能不能把教师视为一个发展的个体，直接决定了学校采取什么行为。从我自身的理解来看，教师专业发展有三个特点。

首先，教师专业发展具有综合性。我们仅仅赋予教师专业发展的可能性还不够，还需要把发展视为一个综合的过程，在发展的断面上有不同的层次和多样化的内容。教师专业发展不是专业技巧或者某一项独立的内容的单独发展，而是一个包括教师对于教育的理解与认知、专业技巧、专业知识的扩展、人格变化等多方面的综合体。教师专业发展有着不同的内容，教师本身是一个有血有肉的生命，所以，只有在生命的基础上来理解教师专业发展才能还其原本的面目。即使就针对教师专业发展中的知识这一方面来说，也有不同性质的知识，如普通文化知识、学科知识、教育学科知识。

教师专业发展的综合性也告诉我们，需要从生命自觉的角度来促进教师专业发展，从多个方面来实现发展。对于发展中出现的问题，需要给予全面的解释。这一点非常关键，教师专业发展要想取得更好的效果，就不能仅仅集中在通过知识的传授来实现，那种认为把更多的专业知识告诉教师就必然能促进教师发展的想法在出发点上就错了，而且也自然不会获得好的结果。

对学校而言，提供给教师的就不仅仅是知识，还需要情意、理解、反思和具体的方法，而教学过程就不仅仅是讲授，还需要把讨论、研究、自我反思、总结报告、现场实践、情景陶冶等方法运用其中。同样，当教师专业发展出现问题，或者停滞不前时，我们就不能草率地将其归结为知识不够，或者教师没有掌握知识内容。因为一个教师即使掌握了足够多的知识，他也许还是难以将其转化为自己的方法，或者他本质上对于知识所表达的内容持反对态度，无法在情意和心理上接受它，当然不会应用它，相反，知识越多，他反对的情绪越强烈。因此，解决教师专业发展的问题就首先需要弄清楚，究竟是哪个原因导致了教师专业发展的止步不前，然后再对症下药，方能药到病除。这也正是教师专业发展的综合性给我们的方法论启示。

其次，教师专业发展具有连续性和阶段性。教师专业发展是一个连续的谱系，这直接改变了我们传统的对于教师专业发展的印象。传统教育把教师职前培训等同于教师专业发展，认为教师发展只是一个具有阶段性意义的词汇，当教师真正踏入工作岗位之后，教师的专业成长也就停止了，他需要做的就是把自己已经学到的一五一十地教给学生。然而，与此相反的是，教师专业发展是一个贯串教师职业生涯的过程性词汇，教师专业发展具有连续性。教师专业发展既包括教师的职前培训，也包括教师的在职培训，而且，教师从现实工作的经验和自学中获得专业知识的扩充和专业技能的提升，都是教师专业发展的组成部分。

教师专业发展的连续性既对学校提出要求，也对教师个体提出要求。个体和学校都应该树立一种动态的观点，教师成长并不会在某一个节点上停止，因此其专业发展也不会在某一个节点上突然终止。学校应该为教师的专业发展提供周期性的安排和训练，它不仅是综合性的——包括多样化的内容，而且还是全周期的——能够包含教师的整个成长周期。

另外，教师在不同的发展阶段的发展要求也不相同。因此，教师的专业发展具有阶段性，学校和教师个体都应该从这种阶段性的要求出发，合理地安排自己的专业发展之路。在职业的最初阶段，教师将会把专业知识的娴熟和教学技巧放在第一位，而在职业的后期，教师在专业知识和教学技巧上都已经非常纯熟，因此他们关注更多的可能是职业的幸福感和对教育的重新认识。需求不同，成长的阶段不同，学校提供给教师专业发展的机会就应该不同，教师自己寻找的促进自己专业发展的途径和内容也应该不同。

最后，教师专业发展具有规划性。规划是我们主动精神的表现形式之一。如前所述，教师专业发展具有综合性、连续性和阶段性，那么能否关注到教师专业发展的这些特性，则是需要学校和教师个体注意的问题。教师专业发展不应该是一个杂乱的组合，或者随意的安排，没有适合的进度，也没有具体的内容，这样的教师专业发展显然不能达到预期的目标。一项发展应该具有规划与细致的安排，教师专业发展更应该如此。学校应该合理地安排教师的培训，为教师的专业发展提供适合每个教师的机会。不同的教师在不同的阶段会有不同的需求，学校需要把教师分成不同的类型，并分别为不同类型的教师提供有针对性的发展内容。教师自身也需要根据自己的需求寻找适合自己的发展机遇。教师对自己的了解应该最为清楚，知道自己需要什么，不需要什么，什么是急需的，什么还不那么急迫。然后，根据自己的实际情况进行安排，制定适合自己的发展规划。教师专业发展的规划性要求我们把发展视为一项事业，一项待完成的事业，而我们是事业完成的总设计师。这也是教师生命自觉的表现形式之一。

教师专业发展具有综合性、连续性、阶段性和规划性，滨海小学正是从这些性质出发来组织和实现教师的专业发展的。此外，教师专业发展并不是单一层面的，它是多层次的，而且具有鲜明的学校特色。滨海小学的教师专业发展具有三个层次：学校为本、同事合作和自我探索。这三个层次相互支持、相互结合在一起，构成教师专业发展的三驾马车。

第一，学校为本。

学校是促进教师专业发展的主体，教师专业发展必须坚持学校为本。这是因为相对于个体来说，学校具有更大的权力和能力，能够为教师的专业发展提供合适的机会和保障。学校是教师的主要工作场所，教师的绝大部分时间都是在学校度过的。当然，学校可以通过集体的、专题的形式为教师专业发展提供机会，而且，由于这样的培训往往具有针对性，相对比较集中，信息丰富，能够为大多数教师所接受，所以具有一定的强迫性，也在最大程度上保证了学校教师接受专业发展指导。集体学习也有很多好处，教师能够在相互讨论和互动学习中更快地提高自己的专业水平。

学校必须承担教师专业发展的主要任务。相对于个体很难找到相应的资料，学校往往可以通过共同学习的形式要求所有教师参加学习，也可以为每位教师提供适合自己的发展机会。例如，校本研究的课题成为教师参与的重要领地。滨海小学有很多科研课题，为教师的专业发展提供了很多难得的机会，教师在参与校本研究课题的同时，既了解了课题内容，完成了课题要求，也扩展了自己的眼界，丰富了自己的知识，提高了自己的专业水平。

所以说，学校在教师专业发展中起主导作用，学校需要在宏观上、整体上引导教师的专业发展，为教师的专业发展营造一个良好的氛围，打下一个良好的基础。国旗下课程作为学校的重要尝试，或者说一个研究课题，教师在其中既是参与者，又是研究者。学校通过国旗下课程为教师营造了一个锻炼自己的机会，使其既可以丰富自己的知识，也可以在参与中提升自己的综合素质，同时也掌握了教育的一些方法与原理，促进了教师的专业发展。这也正是滨海小学的目标，通过让教师参与实践，在实践中学习，使教师担当一定的责任，通过自己的研究和探索来提高自己的能力。当然，这就需要学校能够起到一个组织和引导的作用，积极地为教师创造国旗下课程这样的机会。

第二，同事合作。

同事合作是教师专业成长的重要途径。根据阿尔弗雷德·阿德勒的说法，个体只有在合作中才能确定生活的意义。对教师来说，他们必须通过同事之间的合作才能更有效地促进自己的专业发展。从发展的力量来源讲，个体的力量既可以来自自身，也可以来自外在环境，但是成长的力量也有很大一部分是来自同事之间的合作。同事是个体相处时间最长的群体，个体能够从同事那里进行隐性学习（榜样的力量，通过比较获得的自我发展的决心，潜移默化的影响等），也可以通过显性学习的方式促进自己的发展（直接向同事请教，和同事就某一问题进行讨论，和同事合作完成某项工作等）对教师来说，解决工作中遇到的问题和困难，同事也是主要的帮助力量，这和同事的便利性有关，也和同事的特殊地位有关。教师总能在第一时间见到同事，和同事共享教育领域的事情，大家对于彼此的问题都比较清楚，能够更加便利地理解对方。

因此，滨海小学国旗下课程既鼓励教师之间的合作，也积极地为教师合作创造条件。国旗下课程作为新的形式，需要教师的合作才能取得成功。教师在同事之间的交流中不断澄清自己的想法，并把自己的方法同别人的方法做对比，从而做出正确的选择，这样既能够增进自己的知识，也可以提高自己的教学水平，同时还可以增进教师之间的友谊，建立良好的关系。

第三，自我探索。

自我的力量是最可信赖的力量，对教师的专业发展而言也是如此。教师总可以从自身找到力量，也总可以求助于自己的力量。我们总可以随时随地向自己索取力量，这就是自我探索对于专业发展的便利。把自我探索作为教师专业发展的重要途径，也是对于教师生命自觉的强调，教师应该自我激励，自我规划，为自己的成长做主。教师在整个教育生涯中，总能够使自己成为教育的研究者，这也是教育中所说的基于教师个体的研究与成长。

国旗下课程要求教师针对不同的问题发表自己的看法，形成自己的观点。当出现问题时，教师应该自己做出判断，并通过思考找出相应的解决途径，并去积极尝试。不用等待别人的行动，而是依赖于自己。可以说，一切发展都源于自身的理解和接纳，如果个体自身并没有对发展的刺激做出反应，或者没有把外界的刺激纳入自己的理解之中，那么刺激只会成为刺激，而不会促进个体的成长，成长只发生在自己理解的范围之内，外因只有通过内因起作用。

国旗下课程本身是以校本研究为特征的，是教师专业发展的校本探索之一，而且，国旗下课程营造具体的环境，保证教师之间的讨论，并积极促使其形成一个教师共同体，鼓励教师的自我激励、自我规划和自我发展。国旗下课程似乎把教师引入了一个新的领域，做一种新的尝试，对滨海小学的教师而言，他们彼此理解，相互合作，共同完成一项任务。专业发展总是和这一过程相连，发展和实践总是一对双胞胎，总是彼此相连，难以分彼此。

具体来说，首先，国旗下课程丰富了教师对于课程的理解。教师能够从经验这个角度重新理解课程，"经验"以及"经验的组织"更加深入教师的心中。所以，教师的眼界更加开阔了，对于教育的把握就更加准确了，至少把正规课堂外的时间、活动和人物做新的组合、新的安排、新的思考，甚至把包括家庭在内的外在环境与实践都纳入学生的教育内容之中，纳入影响学生的教育因素之中，这深化了教师对于教育的理解。教师同时也参与到组织国旗下课程，展开国旗下课程的讨论与实践。

其次，国旗下课程丰富了教师的文化知识。国旗下课程原本就是从国旗下讲话演变而来的，国旗下课程所提供和展示的那些话题，往往能够为教师增添很多新的、没有接触到的文化知识，这些文化知识既有传统的和历史的，也有现代的和流行的，但它们总能引发教师的一番思考，而接下去教师还需要根据话题展开。来自自己的反思，来自学生的讨论，都将扩大教师的眼界和视野。

国旗下课程使教师掌握了很多具体的教学技巧，比如说如何掌控课堂，如何提问，等等。尤其对于国旗下课程中的学生讨论环节，教师如果能够很好地组织和掌控，的确非常不容易，但是这种教学环境相对比较轻松，不同于正规的课堂教学，教师可以在这里更多地思考和实践，比较自由。教师能够就如何引发学生更加积极的思考做出尝试，引导学生，并保证学生遵守纪律，这些都使得教师的教学技巧更加纯熟，也使得教师对于教学更加充满自信。

【案例一】 人不能像树懒一样活着

校长的话

老师、同学们：

早上好！

同学们，你们知道世界上行动最缓慢的动物是什么吗？

（生：蜗牛、乌龟。）

对，蜗牛和乌龟行动非常缓慢，所以人们往往把行动缓慢的人叫做"乌龟爬"。但是你们知道吗？世界上还有一种动物比"乌龟爬"还要慢。它每走一步需要 12 秒钟，我们有些跑得快的同学 12 秒钟可以跑六七十米了。世界上跑得最快的飞人博尔特跑 100 米也不需要 12 秒钟啊，是不是啊？

这种动物即使面对敌人要来吃它的时候，它逃跑的速度也只是每 5 秒 1 米，它是不是比乌龟慢多了？这种动物你们想知道它叫什么名字吗？

（生：想知道。）

它的名字就叫做树懒，"树"就是"大树"的"树"，"懒"就是"懒惰"的"懒"。

它的本性跟它的名字一样，懒得出奇。树懒生活在南美洲茂密的树林里，它一生都懒洋洋的，懒得去吃，懒得去玩，它每天大部分时间都是倒吊在树上，睡觉的时间长达 20 小时。它一生的活动范围也就是在三四棵树之间，它吃的是别的动物不愿意吃的非常难吃的树叶。因为它生活在树上，为了能够在树上生活，它又懒得吃，它就要降低体重、降低体温，所以它一旦下到地上来，它站都站不稳，如果这个时候美洲狮来吃它呢，它根本逃不了。

同学们，人，能不能像树懒一样活着啊？

（生：不能。）

对，人绝对不能像树懒一样活着，因为没有任何东西是可以不劳而获的，也没有不付出代价你就能获得成功的。当你羡慕世界首富比尔·盖茨的财富的时候，你应该知道他每天工作长达十七八个小时；当你羡慕别的同学学习好的时候，你应该看到她每天是怎样努力地学习的。

我记得上学期有客人到我们学校来参观，看到我们乒乓球队的二年级的小队员虽然个子小小的，但是乒乓球却打得很好，来访的客人都打不过他们，他们说这些同学真的像专业队的。可这些都是他们平时努力训练的结果。据我所知，寒假了，同学们都放假了，但是乒乓球队还在训练，他们一直训练到二月八日。因为勤奋训练，所以他们才打得好。

同学们，当你们懒得学习，懒得去运动的时候，你就应该想想树懒，要避免像树懒一样的命运，就要努力，就要争取，积极进取向上才是我们应该有的生活态度。

我希望同学们一定要记住这句话："人不能像树懒一样活着！"跟我说一遍好吗？

（生：人不能像树懒一样活着！）

对，人绝对不能像"树懒"一样活着。

谢谢大家！

2010 年 3 月 1 日

班会实录

六年级（2）班第二周班会实录

主持：陈珉　刘天岚

记录：谢伟

主持人：看到题目你们有什么感想呢？

王雨婷：人应该对社会有贡献，死了以后才不会后悔。

曾景辉：不应该懒洋洋地活着，我们应该有自己的目标。

黎泽晨：人要有意义地活着。

谢老师：大家都同意黎泽晨同学的话吗？

学生：我们同意。

谢老师：那么人应该怎样活着才算是有意义呢？

曾景辉：我想人应该去做有意义的事，比如希望工程啊，那也是一种享受。

龚飞龙：为什么是一种享受呢？

谢老师：我想曾景辉的意思是说去做希望工程，要付出很多，虽然很累，但是有意义，那是一种享受。

主持人：我想今天李校长说的话大家一定还记忆犹新，谁来回忆一下今天李校长讲话的内容？

曾景辉：树懒很懒，整天倒吊在树上，饿了就吃难吃的树叶，告诉我们不要像树懒一样。

谢老师：我们回忆一下李校长的讲话，概括一下树懒懒在哪些地方。

黎泽晨：懒得动，懒得吃，甚至于懒得逃。

郑宏典：一句话，就是懒得出奇。

主持人：我们应该从树懒身上吸取什么教训？

曾景辉：太懒了，这样，我们会失去很多东西。

郑宏典：我们要克服自己身上的许多缺点。比如有些人太懒了就应该克服懒惰的缺点。

主持人：由树懒身上你想到了自己的什么事情？

李瑞泉：我想到自己太懒了，经常不完成作业。

主持人：你能说出你身边的人是勤劳还是懒惰吗？

张津瑞：我说说我自己吧，我觉得我不算勤劳也不算懒惰。我希望自己能更勤劳一些。

主持人：你有什么目标吗？

张津瑞：提高我自己的学习成绩。

主持人：还有吗？

阳元昊：我自己很懒。

主持人：那你以后会怎么做？

阳元昊：认真听讲，努力完成作业。"黑发不知勤学早，白首方悔读书迟。"现在不努力，以后想努力也迟了。

主持人：通过今天的班会课，你懂得了什么？以后又打算怎么做呢？

王雨婷：人的一生很短暂，整天像树懒一样活着，当危机来了的时候连自己都保护不了，那怎么行啊？人应该轰轰烈烈地活一场。

黎泽晨：人每天都应该过得充实。

谢老师：怎样才是充实的一天？今天你过得充实吗？

黄雪彬：不充实。

谢老师：为什么呢？

黄雪彬：因为我没有回答问题。

林儒彤：我觉得很充实，但是不快乐。因为我今天跟以前是一样的，做一样的事，没有什么改变。

谢老师：为什么呢？是不是没有进步？

林儒彤：我想应该是的。

阳元昊：我觉得我也不充实，我没有回答问题。

主持人：下面请谢老师总结一下。

谢老师：请大家把掌声送给刘天岚和陈珉，他们是勤劳的典范，今天的课件都是他们中午利用休息时间做出来的。刚才大家说得很好，人应该活得有意义，活得充实，怎么样才能做到这些呢？我想如果你每天勤劳地学习，让自己进步一点点，你一定会充实，一定会快乐！

学生的话

我以前每天看书都不多，做作业也不够认真，浪费了很多时间，学习成绩从 A 跌到 B。从今以后，我一定要多做作业，多动脑子，做到勤奋上进。

——一（1）班　邓李滔

我很喜欢唱歌。经过自己的努力，我在缤纷节上表演了独唱。其实我平时很辛苦的，早上 7：25 分就要到学校训练，晚上放学还要训练，有时星期天也不休息，所以我才会有今天的成绩。如果你也想跟我一样，只要你努力，就会唱得很好听。

——二（2）班　黄侃森

今天，李校长在升旗台上给我们讲了一个故事，那就是我们不学树懒。这个故事我听完以后有一个想法：第一，我要把我的学科学好；第二，我也要认真训练羽毛球；第三，我还要把老师说的重要部分给记在一个本子上，这样才能提高自己的学习能力，这些就是我的目标。

——三（5）班 陈鹏松

教师的话

今天第一次尝试让孩子们来主持，上午就把任务给刘天岚和陈珉布置下去了，担心他们不会做课件，我还特意嘱咐，可以不做课件，没想到中午就收到刘天岚的信息，她已经做好了课件。我心里一阵感动，真是个勤劳的孩子。

很快就到下午第二节课了，我心里有些紧张，会不会冷场？会不会主持人没话说，下面同学也没话说？还没来得及理清头绪，两位主持人已经开始了。我也拿出笔和本子出来记录。今天李校长的题目是"人不能像树懒一样活着"，我就将讨论的题目定为："人应该怎么样活着？"

没想到一开场，主持人一抛出问题，曾景辉和黎泽晨等人就说出了很深刻的话：人要有意义地活着，人应该多为社会作贡献。主持人并没有就此再讨论，我也加入讨论，什么样的生活才是有意义的生活？

从今天的讨论中，我发现其实孩子们还是有自己的想法的，王雨婷甚至说出人一定要轰轰烈烈地活一场的话来。这样的看法不一定每个人都同意，但无论是选择平淡还是选择轰轰烈烈，我们都应该有积极向上的心态，认真去完成每天该做的事情。

——谢 伟

是呀，人不能像树懒一样活着。听到校长讲的，没有什么是可以不劳而获的，没有什么收获是不需要付出代价的。我常常会因为同事课上得精彩而羡慕，因为同事们高分通过教师的招调考试而羡慕，等等。正如校长讲的，当我们在羡慕世界首富比尔·盖茨的财富时，却不知道他每天工作长达十六七个小时。所以，任何成绩的取得都是需要努力的。

人不能像树懒一样活着，努力、勤奋、进取、向上，才是我们应有的生活态度。作为老师，要为人师表，更应在方方面面体现出这一点来。做好学生的身教的同时，不断提高自己。

——王　俊

【案例二】愿我们都有一颗橘子的心

校长的话

老师、同学们：

早上好！

适逢金秋，正是橘子飘香的季节。橘子色彩鲜艳、酸甜可口，是秋冬季常见的美味佳果。橘子的营养也十分丰富，一个橘子所含有的维生素 C 就几乎满足了人体每天所需的量。橘子还含有丰富的天然抗氧化剂，每天吃一到两个橘子，不仅能预防心血管疾病，还能有效地消除疲劳。所以很多人都喜欢吃橘子。

有一天，一个喜欢吃橘子的孩子手持一个橘子，问："妈妈，为什么橘子不能拿来就吃，而要剥皮呢？"

"孩子，那是橘子在告诉你，你想要得到的东西，不是伸手就能得到，而是要付出相应的劳动的。"妈妈说。

"妈妈，为什么橘子里的果肉是分成一小瓣一小瓣的，而不是一个完整的呢？"

"孩子，那就是在告诉你，你手中的东西，不能独自占有，不能独自享用，而要懂得与人分享。如果你手中有一个橘子，那就要懂得把橘子分成很多份，然后分给别人与你一起分享。"

同学们，上个星期五的下午，学校图书馆的鄞晓明老师非常高兴地告诉我，教学楼每层楼走廊里书架上的图书一本都没有丢，我听了也很高兴。上个学期末，经过清点，我们走廊里和班级书车里的图书丢了不少。我想一定是爱书的同学们拿回家看了忘记拿回来了，后来想拿回来又怕老师批评。同学们，如果你想还书又不想被老师、同学知道，那你就把它放到走廊里的书架上吧。鄞老师会在星期五清点图书的时候发现的。

爱书的孩子都是好孩子，但是学校的书是供全校学生分享的，愿我们滨海小学的每一个孩子都有一颗橘子的心，懂得有努力才有收获，懂得好东西要和大家一起分享。

　　谢谢大家！

2009 年 9 月 7 日

学生的话

　　听了李校长的讲话后，我知道了：有东西要和长辈、伙伴一起分享，不能独自享有。小时候有好吃的自己就吃了，也没想辛苦的长辈们。现在，我懂得了这个道理：有东西不能自己吃，而要和大家一起分享哦！

——二（6）班　朱剑越

　　今天，我们的李校长在国旗下讲了橘子的故事，我听完受到了很多启发。校长告诉我们，只有努力、勤劳、自己动手才有收获，我们的学习也是一样。他还告诉我们要有一颗橘子的心，要懂得有好东西和别人一起分享，这样你才会更快乐。

——二（3）班　巫雨菲

　　中午上学，我看见何江南要用尺子我就借给他，我拥有了橘子的心。要是全班都有橘子心，全班都会和平共处。拥有橘子心的感觉真开心。

——三（6）班　叶浩程

教师的话

　　一个普通的橘子，被一个母亲道出了如此深刻的道理，我非常佩服这位母亲对生活的深刻的感悟和理解，而更佩服的是这位母亲对孩子的教育方式。没有长篇大论的说教，只是简单的几句话，我想那个幸运的孩子，一定会在剥开橘子皮之后，先与人分享，再慢慢品尝。今天李校长亦是如此，借着这个故事来引导孩子们爱护学校的图书，按时归还，如此的教育智慧是我努力的方向。

——何燕娴

与滨海的同事们在一起工作，我感受到了大家心中那颗炙热的橘子之心。一年级的工作繁杂，因为有了同事们分享的心，让好多工作在寻求实效中得以简化，大大提高了工作效率。这样就有了更多的时间去了解孩子，沟通家长。橘子之心，分享之心，滨海人的心！

——刘　娜

作为新老师，能来到滨海小学，我感到很幸运，因为有那么多老师在与我分享着自己的经验心得，在提醒着我如何能成为一名合格的老师。年级组办公室里充满着温馨，科组里一副轻松而不失严谨的氛围。老师们经常会分享快乐，会谈一下今天发生的趣事。分享是快乐的，快乐是可以传染的，把自己的快乐分享给别人，将收获另一种快乐。愿我们都有一颗橘子的心。

——何美萍

"分享"这个词是我来滨海小学后最深的感受。我来学校的第二天，级组、科组的老师就纷纷给我发一些相关的资料，以便我更快地了解学生，了解学校，更快更好地进行新学期的备课工作。这些资料很多，以至于我用了一天的时间来接受和阅读。所有这些都让我感受到了滨海人的那份橘子心般的乐于分享的美丽心境。

——孙耀辉

【案例三】我要飞得更高
校长的话

老师、同学们：

早上好！有一句话你们一定听说过，叫做"天高任鸟飞"但是今天我想问问同学们，天高任鸟飞，那什么样的鸟才能飞得更高，飞得更远？有没有哪位同学愿意上来告诉我？

这位一年级的小同学，你来和大家说说。你叫什么名字呀？

（生：张瑞鑫。）

张瑞鑫同学，你认为什么样的鸟儿才能飞得高呢？

（生：燕子。）

哦，你说燕子，可能我刚刚的问题问得不准确。我的意思是说是翅膀结实的鸟儿飞得高呢还是翅膀不结实的鸟儿飞得高呢？

（生：翅膀结实的鸟儿才能飞得高。）

那鸟儿的翅膀怎么样才能变得结实，你知道吗？

（生：不知道。）

哦。我想只有不断练习飞行的鸟儿翅膀才能变得很结实，你同意吗？

（生：同意。）

哦，谢谢你，张瑞鑫同学。

同学们，天高虽然任鸟飞，但是只有本领高强、翅膀硬实的鸟儿才能飞得更高、飞得更远。同学们，下周一，7月4日我们就要进行下个学期的期末考试了。而对六年级的同学来说呢，这是他们在小学阶段的最后一次考试。在同学们都在紧张复习迎考的时候，我们学校已经有6位同学被中学录取了，其中骆驿达、王晨、黄倚秋、李春浩四位同学被深圳中学录取了，朱玫函、刘可欣两位同学被宝安中学录取了。现在我们请这些同学上来做个现场采访好吗？

骆驿达同学，首先我祝贺你被深圳中学录取了。我听说你在班上的学习成绩经常是排在前两位的，你是怎样做到歌唱得好，学习也好呢？

（生：虽然我早读和下午作业课的时间要去合唱团排练，耽误了一些学习的时间，但是我上课会专心听讲，回到家会抓紧时间认真地预习、复习，所以没有落下学习。）

黄倚秋同学，我知道你是合唱团的团长，每次我到合唱室，都可以看到你在帮助老师组织学生训练。你觉得当团长有没有耽误你的学习啊？

（生：没有。因为当了团长，我更加知道要求别人之前必须先要求自己。所以我很努力地唱歌和学习。）

说得真好！朱玫函、刘可欣同学，祝贺你们被宝安中学录取了。你们有什么话想对弟弟妹妹说呢？

（生：我们希望他们该学习的时候就努力学习，到时候肯定能进入理想的中学。）

六年级的同学们，还剩一个星期的复习时间，你们有没有想过，将要以什么样的毕业成绩来和母校告别，来给自己的毕业考试交上满意的答卷？我在这里也不是说一定要拿多少分，而是自己尽力了，努力了，就行了。上周一正值中学九年级的同学参加中考，有几位离开母校两年，正读八年级的滨海小学第一届的毕业生，特地回到母校来看望老师。他们说很怀念在滨海小学读书的时光，怀念缤纷节，怀念社团活动，怀念国旗下的课堂，怀念在滨海小学度过的所有时光。他们感谢老师们对他们的鼓励、表扬，也感谢老师们对他们的批评、教育……在深圳中学就读的郭思琪同学，在海滨中学就读的罗丹丹、林启南同学，在宝安实验就读的余冲、许家豪和彭慧同学都告诉我，当他们得知滨海小学合唱团连续两年获得宝安区冠军，并又在深圳夺冠的时候，他们由衷地为母校感到自豪。

同学们，我想说的是，今天你们为母校感到自豪，明天母校因你而感到骄傲。天高任鸟飞，但前提是鸟的翅膀要够结实。所以，同学们，如果你想飞得远，飞得高，就一定要在平时练好本领，只有这样，你才能经得起风雨，才能飞得更远，飞得更高。还有一个星期就要期末考试了，同学们，刻苦学习吧，相信你们经过努力一定会飞得更远，飞得更高！

同学们，跟我一起说"我要飞得更高！"

（生：我要飞得更高。）

谢谢大家！

2009 年 7 月 13 日

班会实录

六年级（3）班第二十周班会实录

主持：董芳君、陈燕妮

记录：徐雅婧

主持人：六（3）中队第二十周国旗下课堂"我要飞得更高"主题班队会现在开始。同学们，请你们概括一下今天校长讲了什么内容？

张楚婷：校长今天讲了如果你想飞得更高，翅膀就要硬。在期末考试来临之际，我们要努力复习，打下扎实的基础。

钟冬阳：我们要有坚硬的"翅膀"，才可以飞得更高，飞得更远。

王炳瑞：我认为拥有坚硬的翅膀、有飞上高空的志向的鸟才能飞得更高。

许熠谦：我认为勤劳的鸟才能飞得更高，正所谓笨鸟先飞嘛。

林迪：有奋发图强的精神、必胜的信念的鸟才能飞得更高。

董芳君：生活中，我们怎样才能像鸟儿一样飞得更高？我们要做出什么样的行动呢？

林自力：要有自己的目标并且努力追求这个目标，每时每刻都要奋斗。

庞佳慧：在生活中我们要勤奋，把每一件事尽力做到最好，最完美。

江振庭：我们要认真倾听，要努力、尽力地完成每一件事。

陈燕妮：现在临近期末，我们应该要做一些什么准备，才能给自己和母校交上一份满意的答卷呢？

曾展铧：我们首先要在为数不多的日子里抓紧时间复习，不要过于紧张，这样反而会发挥失常，我们只要尽力而为就好。

黄柏斯：我们要竭尽全力，在这最后的考验面前不要留下遗憾。

董芳君：天高任鸟飞，但前提是鸟的翅膀要够结实。所以，同学们，如果你想飞得远，飞得高，就一定要在平时练好本领，只有这样，你才能经得起风雨，才能飞得更远，飞得更高。我们在最后一个星期里应该怎样做最后的冲刺？

黄国江：语文该背就背，英语该记就记，数学多看些错题。

聂希影：应该要好好复习，作业不可以应付老师，要认真完成，毕竟学习是自己的事。

刘仕正：在家可以多看看试卷上的错题，告诫自己别再犯下相同的错误。

幸家瑞：很多同学在前几个月都很努力，但现在有些同学整天玩耍，我们要调整心态，别让几个月的努力白白浪费。

邹宇橘：在这几天里，成绩好的同学可以指导不太好的同学提高成绩，两个人并肩作战。

陈燕妮：还有一个星期就要期末考试了，同学们，刻苦学习吧，相信你们经过努力一定会飞得更远，飞得更高！

董芳君：六（3）中队第二十周国旗下课堂主题班队会到此结束。

学生的话

今天听了李校长的国旗下讲话，我知道了只有翅膀结实的鸟，才能飞上高高的天空。我要向六年级的那几个哥哥姐姐学习，从二年级开始就努力学习，把自己的翅膀练结实了，我也能飞上高高的天空的。大家加油吧！

——二（3）班　王浩然

郑思淳，她的英语口语原来并不好，但她一直在努力地练习、练习……上个星期的英语口语考试，她得了很高的分数。邱淇，她的控制力是那样好，她不会被电脑诱惑，她不会被电视迷惑，她只为学习而痴迷。她无时无刻不在学习，下课学、上课学、回家学，甚至在放学的路上也在学。她们都是值得我学习的榜样。我要努力努力再努力！我要飞得更高！

——五（1）班　庄佳铭

教师的话

鸟飞得高靠的是硬实宽大的翅膀，而人要想"飞"得高，靠的是学识与头脑。很多人在小的时候有许多美好的理想，而真正能实现梦想的人是从小就开始学本领，珍视任何学习机会，把各学科的知识内化为自己能力的人。作为教师，我希望自己的学生能对任何事都抱有积极的态度，以极强的责任心来面对每一件事情。那么，从现在起，我也要跟学生们一起努力，与他们一起展翅翱翔。

——耿　瑾

我要飞得更高，我行吗？这两年我沮丧过，徘徊过。由于身体原因我甚至想病退了事。但当我去年二月份中途接一年级三班时，我给家长发了一条信息，让家长放心，我会把每一个孩子当做自己的孩子一样看待。回忆接到这帮学生的一年半中，我确实做到了我的诺言。我难于在高空飞翔，那就让我的学生穿越乌云，飞得更高更远。

——陈利云

【案例四】Just do it

校长的话

老师、同学们：

早上好！

为了迎接即将来临的世界大学生运动会，深圳掀起了全民学英语的热潮。今天我们也来学一句吧。我们今天要学的这句英语就是：Just do it. 这个句子可能很多同学都很熟悉，甚至还会说，但是你们了解它真正的含义吗？"Just do it"真正的含义就是"坐而言不如起而行"。通俗点说就是只说不做是不行的。

最近，美国一家网站调查了1000位成功人士，其中包括已经作出巨大贡献的科学家和作家、拥有庞大产业的企业家和商人、家喻户晓的超级体育明星和影视明星，以及其他取得巨大成就的成功人士。

这些成功人士中，有99％的人说不清楚自己为什么会成功；在成功之前，也没有一套完整的走向成功的计划书。但他们有一个共同点就是一直没有放弃对成功的追求，勤奋努力地行动着，最终获得了成功。

接着，那家网站又向公众征集1000份最完美的成功计划书。其中包括如何成为一位伟大的科学家或作家，如何成为一位成功的企业家或商人，如何成为一位超级体育明星或影视明星等。经过层层筛选，1000份最完美的成功计划书经专家们反复讨论后终于评选出来了。这些计划书详尽列出每小时应该做的事情，每天应该做的事情，具体到每天休息多少个小时，工作多少个小时。

这1000份完美的成功计划书，让人看后就会产生实现梦想的冲动，并且坚信自己能够成功。随后，网站又对这1000份完美计划书的制订者进行了采访。结果发现，在现实中，这1000个人全是未成功人士，或者说正在努力追求实现梦想，但还未成功的人。

为什么手握计划书的人不能成功，而那些没做过任何计划书的人却成功了呢？同学们，这个故事告诉我们坐而言不如起而行，行动永远是通向成功的唯一途径。

每次考试过后，那些成绩不理想的学生就暗下决心：上课要专心听讲，作业要认真完成，不懂要问老师，下次一定要考好。如果他是这样想的，也是这样做的，那他一定会考好。但往往是想归想，做归做，电视照看，游戏照玩，结果下一次考试依然考不好。只想不做或只说不做是没有任何用处的。

同学们，你想提高学习成绩吗？Just do it! 你想养成良好的卫生习惯吗？Just do it! 你想助人为乐吗？Just do it! 你想做一个有教养的人吗？Just do it!

坐而言不如起而行，Just do it!

谢谢大家！

2011 年 3 月 14 日

班会实录

一年级（1）班第五周班会实录

主持：马红梅

记录：杨冬云

马老师：今天在国旗下李校长教了我们一句英语，你们还记得么？Just do it，意思就是马上行动，说了就立刻去做。

马老师：在我们班级就存在着很多这样只说不做的现象，现在请同学们自己想一想，你有没有光说不做的时候，听了今天校长的讲话，你今后又该怎样做？

李莎：我这个班长做得不好，我说要按时完成作业，要帮助身边的同学改掉坏毛病，可是我说了却没有做到，有两次没写作业，没有给同学们做出好榜样，以后我要改正缺点，说到做到。

仲俊辉：我每次上课都说话，我向老师保证过，以后上课要认真听讲不能总开小差。可是我说了却没有做，现在上课还是说话，不仅影响了自己还影响了同学。

马老师：他们两个是敢于大胆找出自己不足的同学，我们不怕自己有不足的地方，就怕找不到自己的不足之处。有了缺点，我们就可以一起想办法改正它，我们是一个集体、一个大家庭。同学之间要互相帮助。我相信他们两个以后可以做得更好。

张浩南：我总是控制不住自己说话，我也很想做好。我希望以后同学们可以帮助我改掉我的坏毛病。我不要做只说不做的学生。

李翠铭：我上课的时候总是和同桌说话，我也向老师保证过上课不说话。可是我没有做到，还影响了身边的同学学习。我要从今天做起，从现在做起，改掉自己的坏习惯。

冯学维：我下课的时候总是乱跑，我说我以后不再乱跑了。可是每次说完我都没有做到。我要督促自己，说到就要做到，不能做只说不做的学生。

马老师：同学们说得都非常好，都找出了自己的缺点，并下决心要改正，希望你们能说到做到。让我们一起大声地朗读这句话：Just do it！坐而言不如起而行。

学生的话

Just do it，这一句话，翻译过来的意思就是：心动不如赶快行动。我们虽然一直在不停地说要为大运会作点贡献，可是，你做到了吗？你有天天都在坚持把地上的小纸屑给捡起来吗？你有良好的卫生习惯与好的学习精神吗？你有看到学校、家里来了客人主动问好吗？如果你想成为一个优秀的学生的话，请大家记住：just do it。如果你记住了这句话，你就掌握了成功的资源。

——四（2）班　朱青霞

我有一个目标，就是把语文、数学、英语三门课的成绩提高并稳定下来。语文稳在 80 到 90 分之间，数学、英语要稳在 90 分以上。计划定出来了，接下来就是行动。语文我在做练习册，天天都在努力，数学现在开始做习题，英语每天都要听读五遍。千里之行，始于足下，我要拿这句话来勉励自己。心动不如行动，从今天做起！

——五（2）班　杨毅珩

教师的话

对于我们老师来说这也是一次通识教育的强化。对于成年人，这些道理都懂，可是，这句话的重要性还没有深刻体会到。总是在写计划，可计划又总是没有按期实现。这真的就是没有成功的原因。

想想自己总是花一到三小时去想一些问题，去计划一些事，可是，最后因为一点小事一分钟就放弃了原来的计划。真的是坐而言不如起而行。Just do it!

——王　俊

今天检查孩子的作业，发现他的作业写得很马虎，我很生气。当我想批评他时，我想到"经常批评孩子的家长不是好家长"这句话。于是我忍住，轻声地问他："开学初，你说你的梦想是什么？你还记得吗？"他说："认真学习。"我继续问："如果要认真学习，做作业要怎样？"他回答："认真做作业。"我把他的作业递给他看："这样的作业是认真做的吗？"他把头低下，不敢吭声。

"今天李校长在国旗下讲了什么主题？"我问。

"Just do it."他回答。

"是什么意思？"

"就是你想做的事情，只说是不行的，要去做。"

"那么，你要想认真学习该怎么办？"

"认真听课，认真做作业。"

"好，今天的作业怎么办？"

"我重新认真做。"

"好的，用行动去实现你的梦想。"我心里窃喜。

我经常用李校长的国旗下讲话去教育孩子，起到很好的效果。

——曾女英

【专家点评】

基于生命自觉，培育注重专业发展的教师

以"培育生命自觉"作为学校的办学理念和发展的目标，只是万里长征第一步，要实现这一目标尚需全校上下付出长期的艰辛努力，也需要学校具备一定的前提条件。其中，教师的专业水平和专业发展的自我提升的内需与意愿就是很重要的条件之一。

教师是学生日常生活里的"重要他人"，他们与学生朝夕相处，在潜移默

化中影响着学生。同时，教师也肩负着解读学生和发现学生的职责。这种职责就要求教师在日常工作中要具备教育的眼光和专业的眼光。只有具备了上述眼光，教师才能发现教育中的难点和关键点，才能在恰当的时机给学生恰当的指导和帮助。

学校校长和教师深知，在培育生命自觉的道路上还横亘着各种或显或隐的阻碍，如家长的放纵娇宠，教师的替代和强制，学生养成的依赖盲从的习惯，等等。因此，他们自觉到自己面临的重大任务，就是了解是什么因素阻碍了学生生命自觉的形成，进而寻找相应策略去破除这些阻碍。在这种认识下，追求专业发展也就成为各位老师的自觉努力。

教师的专业发展自觉需要有外在的激励机制和交流平台，学校也较为重视教师专业发展的保障措施，通过各种活动引领教师的专业发展，学校每周三晚上的"生命自觉讲堂"就为教师交流思想、互相学习提供了良好的平台。

专业发展的自觉从根本上来说是源于教师内在的发展意愿，是教师自身主动发展的体现。学校基于国旗下课堂的国旗下课程，正是一个不断激发教师的内在发展意愿的课堂，李唯校长的演讲不仅在学生中引起强烈反响，也引起了教师们的共鸣。教师们的内在发展意愿至少体现在两个方面。一是明确的责任意识。学校以"健康、尊重、诚信、责任"为校训，这也成为教师自觉遵守的训诫。每个教师都以高度的责任意识为学生的发展负责，因此也就会自觉地去提升自己的专业水平和业务能力。二是终身学习的意识。学校每周三的"生命自觉讲堂"已经成为教师分享读书经验的"荐书会"，教师在自觉的阅读学习中不断提升着自己的专业水平。正如有教师感叹的那样："'学无止境'这是我上学的时候就熟记的一句话，现在作为一名人民教师，不仅要把这句话教给学生，让学生明白这个道理，而且还要以身作则。所以，要做一名优秀的教师，我们应该在阅读中寻找成功的道路，让阅读充实自己。"

教师专业发展的自觉也在一定程度上达成了李唯校长的理想：教师不仅仅是把教书当做谋生的职业，而且是实现自我价值和理想的事业。正是在这种自觉专业发展的气氛中，学校实现着自身的跨越式发展。

（李政涛）

（三）教师生命共同体

一个学校除了要对个体教师的成长给予肯定，更要追求全体教师的共同成长。教师之间的互助行为有助于教师的成长。学校是一个集体，全体教师也是一个集体，集体的凝聚力来自教师之间的相互理解和帮助。我们知道，一个个强大的个体如果松散地集合在一起，难以发挥出一个个不那么强大的个体充满凝聚力地集合在一起所发挥的力量。对学校而言，教育的力量不仅仅是个体能力的展现，同时更是整个学校、全体教师合力的表现，学校只有表现得像个集体，学生才能受到统一的、更加强大的教育合力，教师之间的合作往往可以产生独立的教育个体无法呈现的教育力量。所以，教师共同体本身就是教育力量的彰显。其次，教师共同体指向所有教师的成长，指向集体的成长。一个人的成长离不开集体，也依赖于集体。人只有在集体的环境里才能健康成长。集体就是这样一个场所，个体脱离了集体就很难存在，个人总是在不同的集体中。集体能够提供给个体所无法拥有的东西：合作的力量、疑难问题的解答、他人的指导、温馨而又充满活力的气氛，等等。所以说，教师生命共同体本身就是为了满足个体教师的成长的需要。

为教师生命共同体赋予重要的含义的另一点在于个体需要在集体中找到身份认同。我们是社会性的动物，需要集体为我们提供一种身份认同，在一个共同体中，我们似乎找到了属于自己的安全领地。集体总是可以为个体提供一种归属感，而归属感对于个体的成长不可或缺，否则，我们就会因为产生被抛弃的感觉而焦虑，影响个体的发展。其中，对于集体归属感的寻求既存在于人类之中，也存在于其他动物中。

下面，我将在国旗下课程的平台上对教师生命共同体进行讨论。首先，将尝试回答国旗下课程如何促进教师生命共同体的形成，这也有助于我们理解教师生命共同体的生成需要哪些条件，而国旗下课程又是如何满足这些条件的。其次，对国旗下课程的教师生命共同体的形式进行叙述和分析。最后，讨论基于国旗下课程的教师生命共同体为教师带来了什么，这也明确了国旗下课程形成的教师生命共同体对于教师的作用。

1. 国旗下课程如何生成教师生命共同体？

共同体的形成需要一定的条件，教师生命共同体也是基于社会交往理论和组织理论建立起来的集体，从组织行为学的角度来看，一个共同体的形成至少需要满足三个条件。

（1）共同体成员有共同的目标。

共同的目标是形成共同体最基本的条件，也是最重要的条件。因为只有具有共同目标的人，他们才会相互吸引并走到一起。共同的目标是一个中心，充满了引力的核心，成员因为引力的作用，才聚集在它的周围。所以说，共同的目标提供了一种力量，它贯串共同体的始终，既决定了共同体是否可以形成，也决定了共同体是否能够继续，而且还决定了共同体的牢固程度。所以，共同的目标是共同体形成的决定性因素，它为共同体的形成提供了可能性。当然，从组织行为学的角度来考虑，还可以对目标提出很多具体的要求，因为不是任何一个目标都可以聚集一些个体，形成一个组织，往往因为目标原因而使得共同体解散的例子屡见不鲜。共同体的目标要尽量具体和清晰，能够为每位成员所理解，当然，还需要同每一个体的切身利益密切相关或至少间接相关。这对于教师生命共同体也是适用的。国旗下课程为所有教师提供的共同目标就是在认识国旗下课程的基础上进一步使每位教师幸福工作、专业发展。这一目标建立在学校的教育理念和办学目标的基础之上。对教师来说，幸福工作与专业发展都是具体而清晰的目标，而且同他们自身都密切相关。国旗下课程是全校教师共同参与的事情，是面向全体教师共同成长的，当这种潜在的意愿以明确的形式得到表达，并且为所有教师理解并接受的时候，那么幸福工作与专业发展的目标就会进入教师的潜意识，成为共同体所赖以生存的基础。

（2）共同体目标通过合作才能完成。

成员目标只有合作才可以完成是组成共同体的必要条件，如果个体能够依靠自己单独的力量达成目标的话，所有个体之间形成并列的关系，而不是相互联系、相互交叉形成共同体。如果说目标过分简单，就很难促使个体之间组成整体，因为个体可以完成没必要求助于整体。这也是学校在为教师提供一个共同的目标时应该注意的。个体的力量还不足以实现这一目标，目标的达成只有通过共同体才可以实现。在国旗下课程中，如果要形成一个正确的认识，并把国旗下课程做好，一个人是不可能实现的。首先，因为国旗下课程是一个全新的事物，滨海小学的教师还没有这方面的经验，所以个体教师还难以面对运行过程中出现的全部问题，也不可能解决所有问题。其次，国旗下课程是一个系统工程，对教师提出很多方面的挑战，每位教师都需要在别人那里取得经验，并总结教训，在互动中消灭障碍，增进效率。可以说，国旗下课程提供了一个只有通过大家共同努力才可以完成的目标，它本身就呼唤和赞赏教师之间的相互合作，并以教师生命共同体的形式确定下来，而后努力前进。这也在另外一个层面上说明，适当的困难对于个体发展来说非常重要，同时还为组建一个共同体提供了机会。

（3）共同体成员在互助中收获。

收获是共同体存在下去的必要条件。在组织行为学中，组织的存在在一定程度上取决于组织能够为个体提供的报偿，个体只有在组织中获得个体无法获得的报偿，才有继续留在组织中的需求。个体收获其实相当重要，如果只强调奉献，个体不能获得自己心仪的东西，那么个体的积极性就会受挫，个体前进的动力就会减少。所以，个体收获既是为自己的，也是为集体的。只有理解了这种相互的制约关系，才会把个体的需求纳入考虑的范围之内。这里，还需要强调的是，每个人的需求是不一样的。人的需求有物质需求，也有精神需求，需求不同、时间不同、场合不同，它们所发挥的作用、对人的吸引力也会不同。对于一个物质需求非常匮乏的人来说，物质需求往往更加能够激发他的活力和自信心。而对一个物质需求不那么紧迫，精神方面比较匮乏的人来说，促进个体的发展以及提供精神的鼓励与保障就显得更加重要了。报偿的价值并不取决于作为报偿的东西是否贵重，而在于是否正当其时地满足了个体的需求。对教师来说，他们更加看重个体的发展。国旗下课程形成的教师共同体能够为教师提供发展机会，把教师的幸福工作和共同发展放在第一位。教师生命共同体为教师所提供的报偿也是教师所需求的。在教师生命共同体中，教师之间的互帮互助能够为教师提供他们个体生存所无法得到的东西，这些东西又恰巧满足了他们的需求，这就是共同体的吸引力，也是它存在的条件。

（4）共同体成员有合作的条件。

共同体的形成，除了以上三点，如果没有相应的合作的条件做保障的话，还是难以形成。合作的条件往往指的是这样一些内容：个体之间是否具有良好的合作意向和关系，有没有适合个体组织在一起进行工作的环境，个体成员之间的处事规则能否保障共同体的形成和维系，等等。这里的条件既有物质条件，也有制度方面的条件，既有外部条件，也有内部条件，只有满足了这些条件，个体之间的合作和共同体的形成才会成为可能。这里，对教师共同体的形成来说，学校在共同体形成的条件保障上充当重要角色，学校要致力于创造一个适合教师共同成长、相互合作的环境，为教师提供适合的工作环境，提供定期举行集体讨论和学习的场所，同时还有相应的基本成型的制度建设，能够促进教师的合作与交流。

　　滨海小学为教师成长做了很多努力，能够保障教师的基本生活条件，能够为教师安心工作提供物质保障。教师研讨有专门的办公室和场所，有基本的设备。同时，滨海小学在教师合作和生命共同体形成中具备相应的制度保障，全校也形成了教师合作的文化氛围。国旗下课程的教师生命共同体的形成具备合作的条件。

　　2. 国旗下课程的教师生命共同体的主要形式是什么？

　　共同体的构成可以有多种形式，国旗下课程因为自身的特点，需要突出教师的探索精神和分享精神。所以，教师生命共同体主要包括两种形式：一是教师的经验分享，二是教师的研讨。我们把滨海小学的教师经验交流分享会以及教师科组研讨会的形式在国旗下课程进行推广和扩展，这样就构成了国旗下课程的经验交流分享会以及国旗下课程的研讨辩论会。我想这两者都非常重要，缺一不可。首先，组织教师对国旗下课程进行研讨和辩论非常必要，因为国旗下课程是一个不断生成的产物，是一个过程性产物，在它的发展过程中，并没有现成的经验可供我们凭依，教师具有不同的想法和看法都是正常的，值得肯定的，需要在一个共同的平台上讨论哪种方法更合适。教师讨论的过程可以使问题得到解决，也可以引发很多其他的问题，讨论可以使得决策更加民主，更主要的是教师的积极性得到了提升，能够把教师融入国旗下课程的发展中去，使教师体会到自己对于国旗下课程发展的重要性，从而体会到自己的重要性。其次，教师对国旗下课程的经验交流会也很重要。每一个教师对于国旗下课程的理解都不同，他们在国旗下课程中的推进和实施都有自己独特的方法和经验，如果教师能够分享自己的经验，那么新教师就可以获得很多已有的经验，而且，也可以通过比较和分析，确定哪一个更好，哪一个方法更加适合，它们又分别适合什么样的场景。这的确可以为教师打开思路，当然也帮助国旗下课程打开了思路。

　　这里，需要明确的是，国旗下课程的教师生命共同体是一个基于国旗下课程的共同体，所以它必须指向国旗下课程，能够围绕国旗下课程展开自己的内容，围绕国旗下课程形成组织的形式。同时，国旗下课程的教师生命共同体应该同其他教师生命共同体组成一个整体，他们都是教师生命共同体的一部分，只是发挥的作用各不相同，或者路径不同而已。因此，国旗下课程教师生命共同体是建立在学校教师共同体基础之上的，它并不是单独的、狭隙的、自行发展的一个部分，而是本身就融合在教师组织里，这也有利于更好地组织教师，而不是增加教师的负担与任务。这也是学校的思路，尽量把一个新的思路和举措融合在旧的途径里面，减少变化的难度，避免增加教师与学生的压力，通过小步骤来实现学校的变革。否则，在某些情况下，一个独立的新举措不但难以起到有效的作用，相反还会造成负面的影响。

3. 国旗下课程的教师生命共同体给教师的报偿是什么？

教师生命共同体必须为教师的成长与发展提供报偿，教师必须在国旗下课程教师生命共同体中获得一些东西，他们才会有足够的积极性投入国旗下课程。

（1）增进了解、互帮互助。

在最基础的层面上，一个共同体的形成总是有利于共同体成员之间的相互了解和深入理解，国旗下课程教师生命共同体也是这样。因为教师能够在共同体中进行交流，他们似乎找到了一个共同的场所，其实在共同体形成的初期，个体成员就已经开始了相互的了解，相互的了解是共同体形成的基础。当共同体形成之后，相互之间的了解将更加深入，每个教师的个性、观点、发表问题的方式、他的行动和思路都可供他人认识自己。当然，这些讨论和交流也是个体在共同体中介绍自己、表达自己和推广自己的方法。对于学校来说，教师之间的相互了解与尊重非常重要，对于教师的成长也非常必要。此外，国旗下课程教师生命共同体的形成对于教师之间的互帮互助也有作用，教师在共同体中找到可以帮助自己的同事，在共同体之内寻找帮助显然更加方便。同时，因为共同体中的个体之间分享彼此的信息，有着共同的目标，彼此之间也更加了解对方需要什么，所以提供的帮助也就更加符合对方的要求。

无论是增进了解，还是互帮互助，国旗下课程教师生命共同体都指向一种文化生成，我们希望国旗下课程能够把教师自然地聚合在一起，他们相互之间都能够敞开自己，为着共同的目标努力，相互帮助，互相扶持。当我们能够从外面清晰地感受到教师生命共同体的形成，我们自然也可以清晰地感觉到滨海小学教师以一种明确的方式在行动，自我期许、互相帮扶、敞开胸怀、共同努力，这些都已经融入在教师的理念、思想中了，融化在教师们的日常行为中了，从而向新型教师文化的形成迈出了最坚实的一步。

（2）加强身份认同。

加强身份认同是国旗下课程教师生命共同体的重要结果。当一个共同体形成的同时，也就是为每个个体赋予身份的时刻。我希望滨海小学的所有教师都能够找到自己的名字和位置，既有个体所赋予自身的，更有集体所赠送给自己的。这两者同等重要，不可偏颇。国旗下课程教师生命共同体中，每个教师都可以在其中找到属于自己的位置，他们不会觉得自己被排斥在外，他们在其中找到一种归属感。它仿佛提供了一个场所，一个交流和分享的场所，它其实是一种界限和领地，居于其中的人获得了安全与尊重，这就是一个共同体的作用。

教师能够把自己视为共同体的一员，这里的共同体标签是国旗下课程，是滨海小学。正是因为参与者的身份，教师在国旗下课程中找到了身份认同，他们都有一个共同的名字——教师，都有一个共同的试验地——国旗下课程，都有一个共同的目标——学生健康成长，教师幸福工作。教师生命共同体为所有教师提供了一个共同的名称，也为每个教师提供了一个共同的怀抱和成长环境。其实，共同体要达到这样一个美好的境地，个体在自己成长的同时，要更加理解共同体的作用，从而把个体和共同体相互联系在一起。个体每成长一点，共同体就更加地深入个体内心一点。对学校来说，当教师能够茁壮成长的时候，也应该清晰地表现出共同体的印记，写着国旗下课程教师生命共同体，写着滨海小学。所以，从一开始，教师就是和学校一起成长的，他们从来没有分开过，这就是教师生命共同体的意蕴。

【案例一】滨海因我而精彩

校长的话

老师、同学们：

早上好！

开学第一天，我看到二（2）班的板报上有这样一句话，"精彩从这里开始"，我特别欣赏。我想，每个人内心都渴望精彩，那如何才能精彩呢？精彩从哪里开始呢？

2月22日下午，四（2）班的许晓茵、黄倩两位同学到宝安体育馆参加培训，在培训结束后回家的路上捡到了一个钱包。当时她们想，丢失钱包的人心里该多着急啊。于是，她们就在广场上四处寻找失主，但没有找到。怎么办呢？她们打开钱包，在钱包里发现了一张失主体育馆的会员卡，她俩马上就到体育馆前台去查询，终于找到了失主的电话。接着她们又急忙跑到公用电话亭打电话给失主，失主当时正焦急万分，接到她们的电话，真是喜出望外。当丢失钱包的谢女士知道她们是学校的学生时，不住地赞叹学校教育得好，培养出这样拾金不昧的好学生。谢女士在给她们班主任张老师打电话时，一再嘱托学校要表扬她们。又通过短信感谢学校老师对孩子们良好的品德教育。谢女士还说她的孩子正在上幼儿园，等到上小学的年龄一定要送到滨海小学来读书。

许晓茵、黄倩两位同学用自己的行为为滨海增添了光彩，值得大家学习。从中我们可以知道，精彩就是从我们平时的一言一行开始的。当然，不可能每一个人都有捡获钱包的机会，那是不是就无法为学校增添光彩了？当然不是，除了拾金不昧以外，每天按时上学、上课认真听讲、见人主动问好等良好的行为习惯的养成都是为自己、为学校增添光彩。

我还了解到这两位同学平时在学校就乐于助人，关心集体，经常主动做值日。但是，这两位同学在学习上还不够主动，有时完成作业较拖拉，希望小茵、小倩两位同学能够把关心集体、乐于做好事的精神，积极投入到学习中去，让学习和品德一样精彩。也希望全体滨海人一起努力，互相鼓励，让自己各方面都取得进步。我相信终有一天你们可以骄傲地对自己说"滨海因我而精彩"。

谢谢大家！

2009 年 2 月 23 日

那天下午班会课后，四（2）班的班主任张淑萍老师给我发来了这样的信息：

李校长：今早你在国旗下的讲话好精彩，通过这件事，我班两个孩子在各方面必将有一个质的飞跃。同时，她们的行动，我想也会影响我们四（2）班的每位同学。尤其是对我们四（2）班的班级管理必将带来极大的方便。谢谢你！上午升完旗，我进入班级小结，发现我们班的孩子个个脸上生辉。两个孩子被你这样隆重地表扬，带动了班级的其他孩子为班级增光，为学校增光的自信心。

教师的话

今天国旗下课堂，李校长讲到了上个星期六，学校有两名女学生在体育馆拾金不昧的事情。她对孩子们说，滨海会因她们而精彩，并号召每一个同学从我做起，从现在做起，让精彩从一点一滴开始，从这里开始。我在想，孩子们是这样，我们老师何尝不也是这样？当我走进课堂的时候，我要做一个好老师，让课堂成为学生舒展心灵、放飞想象的处所，我要努力营造宽松与高洁、明丽与清新的氛围，给学生足够自主的空间，让精彩从课堂开始。当我回到家里的时候，我要给家人一个灿烂的微笑、一个温暖的港湾，让精彩从关爱开始。

——王　燕

来到学校工作已经半年多了，在这里，学习生活让我感到前所未有的充实。作为一名新教师，我感受到我身上的责任重大，该学习的地方还有很多。雨果曾经说过："花的事业是尊贵的，果实的事业是甜美的，让我们做叶的事业吧，因为叶的事业是平凡而谦逊的。"所以我要踏踏实实做人，勤勤恳恳工作，勤奋创新，为人师表。我会用心体会、用心做事、用心教书，发挥自己的长处，积极进取，让滨海因为有我的努力而变得精彩。

——高　丹

我想我们全校师生都在为"滨海因我而精彩"而努力着。今天，李校长在国旗下讲话中，引用了学校学生自己身边的拾金不昧的例子，真的让人耳目一新。试想，孩子们都能用一件件的事例证明"滨海因我而精彩"。我们老师是否也为"滨海因我而精彩"而尽心尽力了呢？我将会在以后的工作中不断摸索，努力让滨海真的因我而精彩。

——陈利云

听了校长今天的讲话，我突然想到了这句话：先做人，再做事。这两个孩子学习不是最好的，但却有着好品质，是受欢迎的人，我想，这样的孩子将来会成功的，因为他会做人。

——马红梅

【案例二】立即行动并竭尽全力

校长的话

老师、同学们：

早上好！

在学习的过程当中，有许多知识是需要背诵的，比如，语文当中的古诗词、数学定理和乘法口诀，还有英语单词和基本句型。但是我知道，很多同学都很讨厌背诵，因为背诵既花时间，又很单调，所以我们都觉得非常的枯燥乏味，是不是啊？

（生：是。）

那么做枯燥乏味的事情就是很需要毅力的。如果一个人没有毅力的话，他将来是很难成功的。那么怎么样才能够有毅力呢？其实很简单，同学们你们只要记住：在做每一件事情的时候都要竭尽全力。

在40多年前的美国，有一个11岁的男孩就明白凡事都要竭尽全力的这个道理，最后他成为举世瞩目的成功人士。40多年前，在美国西雅图的一所教堂里，有一个牧师叫做泰勒，他在每一个教会学校给全班学生上课时就要求学生背诵《圣经·马太福音》中第五章到第七章的全部内容。你们知道这部分内容有多少字吗？有好几万字啊！这个牧师知道背诵的难度很大，所以他就郑重地对学生承诺说：如果你们当中有谁能够背出来了，我就邀请他去西雅图最著名的餐厅参加免费聚餐会。

参加免费聚餐会对所有的学生来说都是件梦寐以求的事情啊，所以学生都尝试着背起来。但是因为有好几万字的内容，背诵的难度实在是太大了。有些学生背诵了几千字就放弃了，有些学生背诵了一半也放弃了，还有些学生背诵了一大半最后也放弃了。几天以后，全班只有一个11岁的男孩胸有成竹地站在泰勒牧师的面前，他从头到尾、一字不漏地全部背下来了，没出一点差错，到了最后，他完全就是在声情并茂地朗诵了。

当时全班同学包括泰勒牧师本人都惊呆了，因为他知道就是成年人要在几天内背下几万字的内容都是很困难的，更何况是一个只有11岁的小男孩呢。他就很好奇地问他："你为什么能背下这么长的内容呢？"

这个男孩不假思索地回答道："I try my best!"意思就是说我竭尽全力了。

同学们，我们一起来说说这句话："我竭尽全力了。"

（生：我竭尽全力了。）

这个凡事都竭尽全力的小男孩，在16年以后创建了世界上最著名的软件公司——微软，他就是连续多年的全球首富——比尔·盖茨。

同学们，决定一个人能不能成功绝对不完全是智力问题，还有毅力问题。每个人都是有很大的潜能的。心理学家研究认为，一个人如果开发了50％的潜能，就可以背诵400本教科书。那么那些没有很好地完成老师布置的背诵作业的同学，基本上都不是智力问题，而是没有毅力，没有竭尽全力。同学们，你们想不想在期末考试取得好成绩啊？好，只要你愿意，你就可以做到竭尽全力，而只要你竭尽全力了，你就一定能够取得好成绩！

同学们，我相信你们在期末考试中一定会取得好成绩的！同学们，让我们立即行动起来并竭尽全力吧！

谢谢大家！

2009 年 6 月 8 日

学生的话

每周的星期一是我最期待的一天，因为我可以从李唯校长那里获取做人做事的道理。

今天听了李唯校长的国旗下讲话，我明白了许许多多的事情都是需要靠毅力坚持做下去的，半途而废或者没有尽自己的最大努力都是不行的，所以我要从现在开始努力克服学习上的困难，努力学习。

—— 三（3）班　胡纪豪

有时候，老师布置的听写、背诵作业我都没有完成好。这是为什么呢？因为我没有竭尽全力。我要为自己加油，改掉之前偷懒的坏习惯，竭尽全力争取做到最好。把老师布置的作业认真完成好。那么，我就可以取得好的成绩了。竭尽全力，我可以做到的。

—— 二（5）班　叶晓娅

今天听完校长用比尔·盖茨的例子诠释"竭尽全力"之后，对我而言，"竭尽全力"应该是：不论时间，不论地点，想尽办法学习。如果我能那么做，我想学习对于我来说不是一件困难的事情，而是一件幸福的事情，因为我收获了知识，收获了"竭尽全力"这四个字的含义。

——四（3）班　许熠谦

教师的话

现代汉语词典这样解释：竭尽全力就是用尽全力。我想竭尽全力对于教师而言或许可以用这样一句话来表达：谁给我一滴水，我便回报他整个大海。

我们班的孩子就是我手里的那滴水，他们让我感到教书的幸福，那么作为他们的受惠者，我应该回报比他们所给予我的更多的东西，因此我要用尽自己的力气去做好我手里的事情，尽全力教好他们，不光是教给他们知识，还要教会他们做人的道理，以谦恭、谨慎、博爱、广智走向未来。

——杨　芳

"立即行动并竭尽全力"一时之间成了滨海小学全体师生做事态度的风向标。每个人都有许多事情缠身，有些人却踏实、认真、出色地完成任务，但总有一部分人做的事情就那么不尽如人意。这不是因为他的能力问题，我想应该问他是否立即行动并竭尽全力了。反思自己，每件事情是否是积极主动竭尽全力了呢？作为一名新教师，在专业成长上，在教学水平上，是否开始行动，并竭尽全力了呢？我想，今天校长给了我们一个肯定的风向，让我们立即行动，竭尽全力实现梦想。

——袁伯维

【案例三】没有钱的布施

校长的话

老师、同学们：

早上好！今天我想跟大家谈一谈"布施"。同学们经常在电影上看到和尚总是会说"施主、施主"。那什么叫做"施主"呢？你们知道吗？

（生：不知道。）

一般呢，行使布施这种行为的人就叫做"施主"。比如说把自己的钱和物无条件地给别人这种行为叫"布施"。

那我们同学们可不可以布施啊？同学们也有一些零花钱，可能你们在街上看到乞丐的时候也会把你的零花钱给他一点。但是，我们同学们毕竟是没有经济来源的人，所以我们不能够经常把自己的钱物布施给别人。

是不是没有钱就不可以布施呢？实际上不是的。有几种布施是不需要钱的，你们想知道吗？

（生：想知道。）

第一种就是容颜的布施。什么意思呢？就是见到人就微笑，很和善地对别人，经常把微笑送给别人，这种布施就是容颜的布施。同学们，想想看，你们班上哪些同学是整天都对别人微笑的，总是很和善地看着别人的？那可以说，他们就是在进行容颜的布施了。

第二种就是语言的布施。见到老师、同学、客人总是主动地问好；见到别人不开心就说些宽慰的话；见到别人很开心就说些贺喜的话……俗话说，良言一句三冬暖，意思就是说一句好话会让人在严寒的冬天里感受到温暖，这就是语言的布施。我今天早上到学校来的时候见到几个同学，他们主动地和我打招呼，我也和他们打招呼，这种就叫做语言的布施。

第三种就是心意的布施。什么意思呢？就是说看到别人不开心，我们就去劝慰他；看到别人痛苦，我们心里很难过。同学们，如果我们身边的朋友不开心了，你主动地去劝慰他，他生气了，你去劝阻他。比如说有一个同学和别的班的同学发生了冲突，你去劝阻他，不要生气不要去打架，这种布施就是心意的布施。

第四种就是行动的布施。上星期，二（3）班的老师告诉我一件事，我非常高兴。我觉得他们班的同学已经懂得了用行动去布施。什么意思呢？他们班的黑板擦坏了，有一个同学就悄悄地把黑板擦拿回家去把它修好了，在修好之前呢？好像黑板擦没有得用，又有一个同学主动地去买了一个新的黑板擦放到班上，而且还不让别人知道。我觉得他们这种行为就是行动的布施，他们用他们的行动为自己的班级做了一些事情。

第五种就是座位的布施。你上公交车，上了地铁，你主动把你的座位让给老人，让给有需要的人，这种行为就是座位的布施。

同学们，现在我们知道了，没有钱，一样可以布施，对吗？

（生：对！）

那么，我们现在就想一想，我们都可以有哪些布施啊。

我们有容颜的布施，是什么呀？

（生：微笑地对别人。）

我们还有什么布施啊？

（生：语言的布施。）

见到人要怎么样啊？

（生：要问好！）

要问好，要打招呼，要说善意的话。我们还可以有什么布施啊？

（生：心意的布施。）

什么是心意的布施啊？看到别人痛苦了，我们心里很难过。看到别人生气了，我们去劝阻他。好，那么还有一个是什么啊？行动的布施，别人有需要，我们去帮助他；他拿东西太重了，拿不了，我们去帮他提一提；他在搞值日，天色很晚了，我主动去帮他一起搞；看到班级里的东西坏了，我主动去修。还有一种呢，就是座位的布施，当然座位的布施可以放到行动的布施中去。

同学们，只要你做到这几种布施的话，将来你就一定会成功的，好运一定会伴随着你的。同学们，关于这几种布施呢，实际上还有一个小故事。

有一天，有一个人跑到佛祖释迦牟尼那里哭诉他不论怎么样努力都不会成功，佛祖就对他说："那是因为你还没有学会布施。""可是我都没有钱，我是一个穷光蛋，我哪里有钱布施给别人啊？""不对，即使没有钱你也是可以布施给别人的，因为有些布施是不需要钱的。"同学们，你们记住了这不需要钱的布施了吗？

（生：记住了！）

下面，我想请二（3）班的那两位为班级做好事的同学到台上

来，我想认识你们，全校的同学也想认识你们，请你们快点上来。同学们，给点掌声吧！（掌声）

请告诉我，你叫什么名字？

（生：孟子航。）

你好，孟子航。你叫什么名字？

（生：陈彤彤。）

你好，陈彤彤。

孟子航同学，你为班级做了什么？

（生：买了一个黑板擦。）

你为什么买黑板擦呢？

（生：因为班级的黑板擦坏了。）

哦，班上的黑板擦坏了，你觉得不好用了你就买了一个黑板擦是吧？你是在用行动来布施。

陈彤彤同学，你为班级做了什么？

（生：我是把黑板擦给补了一下。）

哦，把黑板擦补了一下。是你自己补的吗？

（生：是。）

哦，同学们，黑板擦坏了把它补一下，这个是勤俭节约。陈彤彤同学在拿去修补的时候，孟子航同学就去买了一个新黑板擦，他们这种为班级着想的行为是非常值得大家学习的。不过，在这里，我想告诉大家，如果你们以后发现班上的黑板擦坏了，可以告诉班主任老师，班主任老师会到学校去领一个的。虽然班主任老师可以到学校领一个黑板擦，但你们的这种为班级着想的行为还是值得大家学习的。希望你们以后能够多为班级做事情。谢谢你们。

同学们，你们会为自己的班级做事情吗？

（生：会。）

你们会珍惜班级的荣誉吗？

（生：会。）

上个星期有两个班级的同学打架，所以他们两个班在评选"生命自觉班级"这一项的分数就全部取消了，他们个人的行为影响了班级的荣誉。所以我们每一个爱护班级荣誉的人呢，都应该努力地学习，遵守校规校纪，多为班级做好事。

谢谢大家！

2010 年 3 月 15 日

班会实录

一年级（1）班第四周班会实录

主持：何燕娴

记录：沈艳卿

主题：做一个乐于布施的人

何老师：今天校长讲话的主题是"没有钱的布施"，谁来谈谈什么是布施？什么是没有钱的布施？

晓琪：布施就是把自己的一部分财产分给别人。

何老师：那什么是没有钱的布施呢？

思骏：对别人微笑就是没有钱的布施。

梓言：校长今天讲了一件发生在我们学校二（3）班的事，有一位同学看到班上的黑板擦坏了，就主动把它修好了，另一位同学又给班上重新买了一个新的黑板擦。这就是布施。

悠游：布施有很多种，有容颜的布施，比如我们平时看到别人就主动微笑，向别人问好，这就是容颜布施。

韦祺：如果看到别人没有东西吃，我们就分一点给别人吃。

何老师：我们来回顾一下今天校长所讲的故事吧！第一种是容颜布施，就是你可以以微笑与别人相处。第二种是语言布施，见到别人主动微笑地打招呼问好，对别人说鼓励的话、安慰的话、称赞的话、谦让的话、温柔的话。第三种是心意的布施，敞开心扉，诚意待人，见到别人受苦，你就心生怜悯，见到别人不开心，你就要主动安慰他。第四种是行动的布施，以行动去帮助别人。第五种是座位的布施，乘船坐车时，将自己的座位让给别人。

何老师：今天我们班上发生了一件事情，排队的时候，有一个同学不小心踩到了别人，他没有向别人道歉，结果后面的同学就跟他争执起来了。同学们，你们想想，如果当时踩到别人的同学微笑地跟人家说声"对不起",被踩的同学礼貌地说声"没关系",你们说后面的事情还会发生吗?

何老师:同学们,你们能根据校长所说的五种布施来谈谈生活中你的做法吗?

周腾辉:如果我们看到乞丐没有吃的,我们就给他食物。

何老师:老师也赞同你的做法,但是你今天可以给他吃的,那明天,后天,以后的每一天呢?我们应该鼓励他们要自力更生,通过自己的努力来创造属于他们自己的生活,不能总想着不劳而获靠别人施舍。

廖子滔:如果我们看到有人迷路了,向我们问路的时候,我们可以给他指路或者给别人个指南针。这就是行动的布施。

家辉:看到别人本子丢在地上了,我们就要帮别人捡起来。这也是行动的布施。

海颖:在图书馆的时候,如果看到有的小朋友个子比较小,拿不到图书,我们可以帮他拿。

张权:如果我们看到别人摔倒了,我就帮忙把他扶起来。

何老师:我也同意你的做法,如果是摔得不是很严重的话,我们可以鼓励他自己爬起来,自己能做的事自己做。

钦淇:如果在课堂上,我们看到别人没有带文具的时候,我们可以借给他用……

学生的话

听了校长的讲话,我明白了一个道理,要做一个乐于布施的人。今天放学后,我微笑地跟同学们和叔叔阿姨打招呼。我看见一个小朋友摔倒了,把他扶起来,微笑地说:"小心!"妈妈说,这些都是布施。妈妈还说我有一种布施做得很好,那就是从上小学到现在,每次放学我都会主动微笑着跟老师说再见。我明白了布施就是从小事做起,尊重别人,真诚待人,乐于助人。从今天起,我要做一个乐于布施的人。

—— 一(1)班 赵逸飞

以前经过小区的大门,总是看见一些很小的孩子,用树叶、石子丢保安,我也会加入他们的行列,似乎这样可以戏弄保安,谁都知道保安不会打小区里的住户嘛，他们被小孩打了，只能忍气吞声。但听了李校长的讲话，我知道应该布施一样东西给保安，那就是尊严。从现在起，我要向有礼貌的人学习，尊重那些日夜保护我们小区的保安叔叔。

——四（1）班　蔡佳潭

班会课上，谢老师和我们继续探讨布施的话题。通过老师的讲话和发言，我发觉，我理解错了布施的意思了。我原以为布施就是施舍，而它真正的意思是帮助。在别人遇到不顺心的事情的时候，用语言去安慰他、鼓励他，这难道不是一种布施吗？在学校的走廊上看见垃圾，把它捡起来，看到工具房的扫把倒了就把它扶起来，这虽然是举手之劳，难道不是一种布施吗？布施是一件值得人骄傲的事情。莫以善小而不为，我想这个世界只要多一份布施，就会多一些感动，这个世界就会变得更和谐。

——六（2）班　陈珉

教师的话

自昨天听了李校长国旗下课堂的内容后，在我的身边，布施的人员增多了，例如随处都可以看见孩子们容颜的布施、语言的布施，平常见到老师会躲起来的腼腆的孩子见到老师也会露出难得的笑容。

对于我们老师来说，也比平常多了一份宽容。对上课喜欢讲话的孩子，利用眼光的布施、容颜的布施，感化孩子们，让他们慢慢地安静下来。没有想到这"糖衣炮弹"比斥责更有效。

由于近期我儿子要主持班上的国旗下课堂主题班会，因此，每周周一中午，他都会留在办公室准备下午的主题班会内容，做好课件。有了这个锻炼的机会，我发现他各方面都有了很大的进步。昨天晚上吃饭时，我特意把儿子喜欢的青菜心夹到他的碗里。可意想不到的事情发生了，儿子把我夹给他的菜夹回到我的碗里，连声说："妈妈，您辛苦了，您吃吧！"我一下子还没回过神来，推让了一会儿。可他执意要我吃，这时我才反应过来，笑着说："怎么？你这是布施？"他不好意思地笑了。这时的我真是感慨万分，回想以前的儿子，由于婆婆的宠爱，儿子养成了一个很不好的习惯，每次炒菜心，那最嫩的一节肯定就是往儿子碗里夹的，慢慢地习惯成自然，每次端上炒好的菜，儿子便毫不客气地把那最嫩的菜夹到自己碗里。我曾经纠正他好几次，告诉他在家里还好，要是去做客那可难为情了，可他仍然我行我素。没想到李校长国旗下的讲话给儿子带来了那么大的转变。

晚上，我收到了班上学生昕晴妈妈的短信：

"陈老师您好！今天晚上我们一家讨论了李校长讲的没有钱也能布施的故事，昕晴对布施也有了一些认识，故事让她懂得了从小就要有爱心，乐于帮助别人，微笑着与人相处。确实在某些方面我们家长做得还不够，也要和孩子一起学习，希望这种习惯能让她受益一生。"

——陈利云

我觉得和谐校园应该从微笑打招呼开始。老师与老师之间，学生与学生之间，老师与学生之间，都微笑打招呼。相信很多人都有体会，微笑与人相处是件多么幸福的事情。关键问题是，知道离做到还有多远？人人从我做起吧。我们做老师的，首先以身作则，主动微笑向学生打招呼。其次，教会学生打招呼的动作和语言，然后还有训练。最后是帮助学生，使之成为习惯。

——曾女英

【案例四】你希望自己是哪种人

校长的话

老师，同学们：

早上好！

在一个星期天的下午，爸爸、妈妈和儿子一家三口高高兴兴地去超市购物。儿子非常开心，因为爸爸、妈妈给他买了很多他喜欢的东西。买完以后，他们把东西装上车，爸爸对儿子说，请把购物手推车推回原处。儿子不太愿意，因为他发现手推车扔得到处都是，没有几个人把手推车送回原处。这个时候，他们就僵持在那里，然后爸爸叫他看：原来有一对年老的夫妇正在把手推车送回原处。于是爸爸对儿子说："这个世界上有两种人：一种人用完了手推车，就将它随手一扔；另一种人则会将它送回去。"

上星期三下午两点钟左右，我在教学楼三楼巡查，发现了地面有些纸屑，我正想捡起，就看到大约有五六个同学正走过来，我当时就想：有没有同学会把它捡起来呢？大部分同学都视而不见地走过了，虽然他们都看到了地上的纸屑，但是只有一个同学弯下腰来，认认真真地把地上的纸屑捡了起来。我想说：这个世界上也有两种人，一种人是对地上的纸屑视而不见，一种人不仅看见，而且还认真地把地上的纸屑捡了起来。这位同学是谁呢？他就是五（3）班的王佳奇同学。王佳奇同学，请你上来。

也是在上个星期，我们一年级有个同学发现水龙头没有关，水正哗哗地流着，她很心痛。她急忙跑过去把水龙头关上，然后又跑去告诉校医，希望能够提醒大家节约用水。我想说：这世界上有两种人，一种人是忘记关水龙头，还有一种人随时注意水龙头有没有关，来提醒大家要关水龙头。这位同学就是一（3）班的刘彤彤同学。刘彤彤同学请你上来，请你跑步上来，大家都急切地想见到你。

王佳奇同学，你为什么会捡起纸屑呢？大家都当没看见，你为什么会捡呢？

（生：我想如果这样子的话，地上每一处都有垃圾，让清洁工阿姨捡的话，也会很累的。）

哦，那么一个是清洁工阿姨会很累，还有一个滨海小学就成了什么？

（生：垃圾堆。）

对，那滨海小学就成了垃圾堆了，那我们每天生活在垃圾堆好不好啊？

（生：不好。）

好，那你就把滨海小学当成家了，对不对？

（生：对。）

你爱校如家，非常好。但是很遗憾，今天早上，我很偶然地知道了原来你有时没有按时完成作业，是这样吗？

（生：有时候是这样。）

那以后还会这样吗？

（生：不会了，我会改正。）

以后会改正，好，老师相信你！彤彤同学，你好！你看到水龙头没有关，你就把它关上了，你是怎么想的呢？

（生：不能浪费水。）

不能浪费水，因为地球上的水资源是非常有限的，对不对？如果我们浪费水，将来有一天我们就没有水用了，是不是这样想的？

（生：是！）

好。老师代表滨海小学谢谢你。你来告诉我，你每天都按时完成作业吗？

（生：按时完成。）

你作业做得认真吗？

（生：一点点。）

一点点认真啊？你还很谦虚，但老师说你已经很认真啦，你的意思是说你以后会更认真，是不是？

（生：是。）

好，谢谢你们！

同学们，这个世界上有两种人：一种人会去做自己认为正确、有益的事；另一种人则是寻找种种借口不去做那些正确的事情。哪一种人更可贵啊？第一种人更可贵。尤其可贵的是，他们都会坚定不移地去做他们认为正确的事情，而不管别人有没有去做，这个才是最重要的，做你们自己认为正确的事。

同学们，我希望你们能够记住：努力地去做第一种人。期末考试就要到了，用你们的行动来回答这个问题吧，谢谢大家！

谢谢大家！

2009 年 6 月 15 日

学生的话

你想做哪种人？第一种人总是去做自己认为正确、有益的事；第二种人则是寻找理由不去做这样的事。如果要我选，我会选择做第一种人。因为第一种人是可贵的，无论别人做不做都坚定地去做自己认为正确、有益的事。保尔·柯察金曾说过："人的一生，应当

· 237 ·

这样度过：每当回首往事时，不会因为碌碌无为而悔恨，也不会因为虚度年华而羞耻。"为了不后悔，我要成为一个积极向上的人。

——四（1）班 罗元君

我们班的郑嘉涛，他做事就不半途而废，他每天早上都坚持把书车推在教室门外，放学时又要把车推回教室。我想：世界上有两种人，一种人做事不半途而废坚持到底。另一种人三分钟热度，半途而废。

我的好朋友小惠，她的作业以前很马虎，但现在她的作业越写越好。我想：世界上有两种人，一种人，知道自己不足后努力改正。另一种人，知道自己的不足而不正视，不肯努力也不肯改变自己。

——四（2）班 林秀玲

教师的话

每当看到其他老师在讲台上挥洒自如的时候，我就希望自己是一个活泼开朗的人，能像他们那样放得开；每当看到其他老师在演讲台上侃侃而谈的时候，我就希望自己是一个能言善辩的人；每当看到其他老师在课堂上注意到一些细节的时候，我就希望自己是一个细心的人，把每个细节都注意到。我要朝着我希望成为的那种人努力。

——林海媚

今天国旗下讲话中，校长和孩子们讲述如何做人。很深的道理，却用了很浅显的表述，让人易于接受。每每和班主任一起到班里开主题班会时，看着那些稚嫩的小脸，竟说出一些让人感悟颇深的话来，让我震撼。滨海的孩子是幸运的，因为他们有一位愿意将自己的人生感悟说出来与他们交流的校长，并在他们成长的道路上不厌其烦地教导他们，为他们指明方向。

在成长的岁月里，我也曾问过自己这个问题：我希望自己做个什么样的人？记得当时我的答案是：希望自己做个快乐、善良、幸福的人！多么抽象的回答。其实，我们每个人都只要坚持做自己认为正确的事情，就会是快乐的。也许，坚持做正确的事短时间内是不快乐的，但结果一定是快乐的、幸福的！对我们来说，到底要做哪种人？全在于自己的选择。在今后的人生道路中，我要努力去做第一种人，让自己的人生无怨无悔。

——张毛焰

我希望自己成为一个心平气和的人，想做这样的人，要有深厚的内涵，要有深厚的修养。

我希望自己成为一个快乐的人，想做这样的人，心一定要平淡，因为生活是平淡的。

我希望自己成为一个善良的人，保持赤子之心。

我希望自己成为一个勤奋的人，因为勤奋才能让自己跑得更快，跑得更远。

——黄幸子

【专家点评】

在共同体氛围的营造中促成教师的生命自觉

学校在引领教师发展，促成教师的生命自觉方面进行了卓有成效的探索，并通过"生命自觉讲坛"等平台向教师讲解生命自觉的内涵。同时，李唯校长还通过国旗下课堂，通过自己的亲身实践来推动教师共同体的形成，从而在共同体氛围的营造中促成教师的生命自觉。在我看来，这无疑是一个十分重要的途径。教师共同体的创建之所以很重要，是因为它不但满足了教育教学中教师专业合作的需要，而且还能以群体氛围带动教师发展。

其一，共同体有助于增强教师的职业认同感。

教师对职业的认同对教师的发展有重要的作用。它既决定了教师工作的基本态度，也深深地影响着教师对自我、对职业的感受。一个形成了职业认同的教师会从内心认为自己所从事的教师职业是有价值、有意义的，从而产生内在的发展动力。他会把教育当做一种事业，而不仅仅是职业。他不仅能够创造性地开展工作，还能感受到职业带来的幸福和由此而提升的生命价值。作为现代教师，知识和能力已经不是突出的问题，非学术方面的品质显得尤为重要，比如爱心、责任心、进取心。很多时候，不是能否胜任的能力问题，

· 239 ·

而是能否对职业产生认同的态度问题。教师只有建立了内在的职业认同，才会有发自内心的精神满足，获得真正的专业发展。李唯校长正是认识到了这一点，所以在国旗下课堂等活动中，更注重从增强教师的职业认同感入手来引领教师的生命自觉。

其二，共同体可以为教师提供发展的坐标。

教师在职业生涯规划中最重要的是要明确自身的职业发展目标和发展方向，以及通过何种途径实现发展目标。教师共同体的建立则更有利于上述目标的实现，在教师共同体中，教师之间不仅可以彼此进行业务上的交流，还可以在与同行的交流中找到自己的发展坐标。国旗下课堂正是为教师提供了一个交流的平台，让教师在共同体的交流中找到自己的发展坐标。并且，在这种共同体的交流中也营造了一种积极向上、追求生命自觉的氛围。教师们的感悟中也表达了李唯校长的讲话对营造学校整体氛围的作用，以及这种氛围对他们发展的潜移默化的影响。

其三，共同体有助于寻找职业的内在尊严与欢乐。

优秀教师大多都具有强烈的使命感，他们不是把教师当成一种职业，而是将其视为一种责任和使命。而一般教师之所以容易产生职业倦怠和发展的高原期，也正是因为缺少一种使命感。使命感可以说是许多教师潜在的工作动力，也是教师职业的内在尊严与欢乐的源泉。通过阅读老师们的感言我们会发现，老师们的话语中流露出的是对自己职业的高度认同和愉悦的享受。之所以会有这种局面，正是因为李唯校长通过国旗下课堂等不同形式，让所有的教师都在工作中得到了成长，让所有的教师感觉到了做教师的幸福，教师在学校中实现了自己的成长和发展，实现了自我价值。

（李政涛）

第四章　国旗下课程与学校变革

作为一所新建学校，滨海小学还有必要谈变革吗？我的回答是肯定的。我是这样理解变革的，它是学校对外界环境和学校结构之关系，以及学校内部各部分之关系进行判断的基础上做出的明智举动。当外界环境发生变化，学校结构不能与之相应时，学校就需要变革；当学校内部各部分之间相互掣肘，难以平稳推进工作之时，学校就需要变革。

因此，选择变革就是选择态度。新的变化总在发生，有的变化大一点，有的变化小一点，环境中的变化总是在不断产生，并影响着学校。如果我们把学校视为一个老迈僵化的硬壳果实的话，学校就开始站定脚跟，与外界不相往来了，只能等外界环境来适应自己，以不变应万变，但这是不可能的。学校坚持自己的教育理念不变，坚持教育的本质不变，这和学校变革是两回事。学校变革是坚持正确的教育理念不变，是从教育本质出发的，变革正是从不变处开始的，所以我们在不变之基上谈变。而学校变革指向的正是要变的那一部分：关系、细节、冗余的内容、贫乏的躯壳、没有精神气质的行动方式、与外在环境的脱节，等等。

学校变革是对外界环境的回应。我们一直强调一个变革的环境总能为学校的发展带来挑战，同时，也为学校贡献了很多难得的机遇。如果能够把握机遇，直面挑战，学校就可以在变革转型中塑造自己，形成自己的风格，并最终促进学校的发展。而现实情况是，我们对待外界环境的变化要么是害怕的，避之唯恐不及；要么是漠然的，根本察觉不到发生在我们周围的变化。所以，怎样解读环境，怎么与外界交往，是学校成立后所要做的第一件事情。环境变化的类型多种多样，分析这些类型，并及时地关注这些类型，及时获得不同类型的变化并转化为学校的活动平台，使其显化。国家政策是学校变革的重要政策环境，如《国家中长期教育改革和发展规划纲要（2010－2020

年)》就是所有学校最为重要的政策环境,如果我们对此不了解,或者理解不深刻的话,就难以把握现行国家政策及国家的要求,不能在学校发展上做出相应判断。政策分析原本就带有找寻机遇的特色,深入解读国家教育相关政策,把握教育发展的脉搏,这是学校必须具备的能力。时代特色是学校变革的重要社会背景。我们所处的时代是一个变化的时代,新的事物在不断涌现,价值观越来越多元,发展的步伐在不断加快,经济全球化、教育国际化、地方特色的教育等内容都在不断被提及,而这些都构成儿童成长和发展的整个时代背景,他们只能在这里成长,只能在这样的环境中生活,因此他们的教育就不能无视这些变化。教育需要对儿童成长的环境做出反应,其实也是在对学校的生存环境做出回应。

还有一个对学校来说也是至关重要的环境,就是学校所处的社区环境。学校的社区环境是学校存在的最为紧密结合的地方,学校的存在与发展也同社区密切相关。一些因素将会使社区发生变化,使学校的生存环境发生变化,如社区人口的流动、社区的功能定位、社区对学校教育的态度,等等。如果社区的人口发生大规模的流动,不仅会影响到学校周围的社会成员情况,也会直接影响到学校的生源;如果社区的功能定位发生重大的转变(这种情况在今日的中国非常普遍),如从原来的工业区转变为商业区,社区的商业气息就会增加,人员流动就会增大,很多不确定性因素、不安全因素会增多,正是这些不确定和不安全的因素重构了社区环境,重构了学校的外在环境。如果学校对之视而不见的话,学校的教育效果就会产生波动。

其次,学校变革是对内部环境的回应。如果把学校内部结构和事物视为一个整体的话,随着学校内部成员——学生、教师和领导的变化,随着学校阶段性成长转变,随着学校面临新的任务,内部环境也相应地发生了变化。学校需要直面这些变化,并对变化做出反应。学校建立的初期,所面临的主要变革是尝试和理清,对结构性失调的弊病进行重点把脉,重新审视最初阶段犯下的过度草率的毛病。当然,也许不是草率,只是学校早期发展的必经之途。学校成立之初的制度建设和文化建设肯定都是比较混乱的,学校的各项活动难以统筹协调,只有具体的内容,而没有统一的背景。当然,机构之间或许还没有融合在一起,不能发挥应有的作用。学校变革就是从这些问题出发的,学校变革也是在解决问题中实现的。此外,一所学校如果没有新的思路和方法,那么从建立之日起,就立即落入俗套中了,所以学校从建立之日起就和变革共生共存。

而且，学校的结构性失调往往影响到学校的整体运行，而且变革也较慢而持久。结构性失调至少包括缺失性失调、重复性失调和冲突性失调三种类型。如果学校面临的是缺失性失调，学校变革的重点就在于重新建立相关部门和机构，补充学校缺失的功能，其难点在于寻找机构的组成人员，以及处理新生机构同其他机构之间的关系。如果是两个机构或者多个机构在功能上重合，或者部分重合了，那么学校就存在重复性失调问题，重复性失调是比较难处理的一种结构失调，因为涉及部门之间的利益、人员之间的重新组合和调整，但是如果解决好重复性失调，那么学校将会减少冗余，精简机构，提高效率。第三个是冲突性失调，指的是学校两个部门在具体的操作中出现冲突，不能达成统一的认识，这种失调在学校中或许少见，但是造成的危害却是最大的，因为学校的不同部门之间不能朝着共同的目标前进，而是相互造成负面影响，相互掣肘，这完全有悖于教育的要求。

无论是对外界环境的回应，还是对内部环境的回应，学校的变革最终都要指向学校自身，是实现自身的变革。不可否认，学校推进变革是需要勇气的，更是需要智慧的。没有勇气就不可能踏上变革之路。任何变革都需要基于学校自身，从学校自身出发。变革没有统一的道路，在我看来，成功的变革也意味着学校特色的形成。所以，学校的变革必须是从学校自身出发的变革，变革的过程是具有学校特色的，变革的结果也具有学校特色。

一、国旗下课程中的学校

在国旗下课程中，学校似乎被国旗下课程涵盖了，其实我们只是赋予学校更多的主动性，它在学校变革中的角色一直都是最直接的，不能旁落他方。国旗下课程中的提出，需要我们重新明确学校的功能定位。学校变革必须在实践中，通过实践来实现。这里，我将说明两个问题。

（一）学校为何选择国旗下课程？

选择是首要的问题，更是必要的问题。通过国旗下课程来带动学校变革、实现学校变革的道路是从一个模糊不清的状态逐渐清晰的，并不是从开始就如此明确，是学校的努力使然。任何变革过程都开始于摸索和探究，没有一个按部就班就可以成功的变革先例。正因为这样，国旗下课程是从学校的实践中慢慢成长起来的，当种子在泥土中的时候，我们并不知道它将来要成为什么，我们更不知道可以用它来做什么。我们可以做的，就是等待、期待，在整个种子发芽、破土、长叶、伸展的过程中，学校需要的是培育和预测，并给予积极的营养、保护，当然不可缺少的还有及时的观察和一颗敏感的心，如果透露出一点点将会怎样的信心，那么大胆地去预测它，把握它，并给予鼓励和催化。这就是学校在实践中埋下的种子，亦如国旗下课程一般。这里成长起来的，必然是学校的、滨海特色的、具有实践意味的、充满着乡土气息的。但是，如果这样的种子长大成荫，我们会惊喜地发现，它所蕴涵的那种变革精神贯串始终，它天然地适合这里，适合这片土壤，因为它就是从这里成长起来的，它属于这里。

首先，国旗下课程是校本研究的。变革不是革命，它无须连根拔起，国旗下课程就是从学校的日常生活和实践中找到了成长的基因的，它把学校如何利用"过去"和"现有"表现得淋漓尽致。它的根非常牢固，相对于无中生有的再生来说，它似乎更加容易进入学校，或许可以说它原本就在学校中，只是不被我们发现而已。所以，我们在实践中研究，在学校中研究，在教学的日常故事中研究，扎根在我们原本就有的生活里面，汲取营养，茁壮成长。也正因为此，国旗下课程解决了问题，或者说带来了好处。它没有使我们的生活中断，它还是它本身，只是做了一个华丽的转身，变得更艳丽了一点而已，这我们还是可以接受的。它不显得陌生，一切都非常熟悉，教师和学生都能够找到过去的回忆，也能够展望未来。

其次，国旗下课程是以小带大、以点生面的。对学校进行重构似乎显得太过宏大而无从下手，学校变革需要一个着力点，这个着力点既容易，又复杂。容易是说我们可以很好地上手，能够在这里找到感觉，学生不困扰，教师不彷徨，大家都能够亲近它；复杂是说它不能是一个没有内涵的举措，它必须将学校的教育理念和变革意图体现得足够充分，它能够同学校的其他部分建立联系，发生关系，从它这里可以延伸出更丰富的内容。国旗下课程满足这一点。从国旗下课程出发，我们可以找到课程、德育、教师专业发展、学生生命自觉、学校文化形成等节点，它们都仿佛一个网络中的节点，彼此牵连，彼此照应。正因为如此，也就更有利于我们把国旗下课程纳入学校发展的棋盘中去，当然也更有利于我们从国旗下课程出发找到学校发展的全部痕迹。学校需要做的，不是从外面加入新的东西，它们往往不起作用，还有可能对学校的发展产生冲击，而是从全局入手，把国旗下课程进一步扩展，使其内涵更加丰富，使国旗下课程同其他部分的联系更加清晰，并付诸实践，使国旗下课程同其他部分结合，重新生发出新的组合。这就是以小带大、以点生面。

（二）国旗下课程在学校层面的几项保障

当我们说学校的时候，它既不是一个与建筑意向有关的词汇——如学校的校园，也不是一个独立的群体的形象——如学校的教师，或者学校的学生，等等。当我们从口中说出"学校"这一词汇的时候，它显得既模糊又真实，是指向了一个复合型的概念，校园、教师、学生都不能替代它，不能和它画上等号，当然，我们不能说学校就是学生加上教师再加上校园。学校从开始就以一个独立的身份存在，像法律中的法人那样，但是它也有自己的行为意向和代表人，有时候是教师，有时候是校长，而有的时候是学生，或者是把学校区别于其他社会建筑的校园。但是，当需要从教师和学生的角度来看学校的时候，就不需要那么复杂，它就在所有教师和学生的周围，或者前面，为每个人规定相应的行为规范，决定他们的学校行动，划定了学校各个成员的权利和义务，能够通过提供机会和场所保障教师与学生的利益。所以，学校层面需要为国旗下课程提供制度、人员的保障。首先，在制度层面，国旗下课程的实施需要制度作保障，规定学生的角色和教师的角色，时间、地点以及课程展开的方式都必须由学校通过制度的形式做出明确的规定。当有制度之后，国旗下课程的运行就会更加具有可行性和可操作性，这也方便了学校教师与学生，他们能够根据制度行事。国旗下课程的人员保障就来自教师和学生，但无论是教师，还是学生，他们个体并不具有直接参与国旗下课程的动机和原因，只有在学校层面的人员安排才能保障国旗下课程的人员参与。

【案例一】滨海拾贝的快乐（邹昭文）

在宽阔的海滨，踩着松软的沙滩，一群孩子在欢声笑语中拾贝，是很惬意的事。在高楼林立之间的学校，全校师生站在碧绿的操场，李唯校长在庄严的国旗下与师生憧憬"面朝大海，春暖花开"的美景，同样是惬意的事。这就是国旗下课堂。这种课堂与海滨拾贝一样浪漫、一样精彩。

有人认为，课堂是学生学习的场所，是育人的主渠道。但是我们认为，课堂更是学生生命成长的原野。学校的国旗下课堂就是基于这样的认识提出来的。变国旗下讲话为国旗下课堂，变生硬的说教为具有丰富内涵的课堂，把学生置于视野开阔的海滨，在她宽阔的胸怀中模仿、探索、实践、提高，从而实现生命的成长。

每逢周一，李唯校长带领全校师生，迎着初升的太阳，与大家共享各种故事：有学生身边的榜样——四（2）班许晓茵和黄倩同学拾金不昧的故事，有古代名人奕秋的故事，有全校师生对个人卫生的跟踪调查故事……从这些可感可知、浅显易懂的故事中，孩子们蒙眬地懂得了一些道理。

周一下午的班队会课上，围绕国旗下讲话中的故事，学生们热烈地讨论、交流、碰撞，进一步感悟道理，体验情感，反思自己的所为，规范行为。从学生的感言、习作和行动中，我们感觉到学校的国旗下课堂成了学生、教师主动学习的场所，从中真正实现了生命的成长。

国旗下课堂不仅是学生学习的场所，也是体现教师尝试、提高教育艺术的机会。每一位教师都围绕国旗下课堂的内容，挖掘其蕴涵的无限活力，运用自己的智慧和创造力，把国旗下课堂营造成生动活泼、贴近学生生活的学习过程。学生在真实的学习环境中学习和操练，不断提高口语交际和习作能力。如三（1）班的故事改编、一（1）班的故事叙述，无不体现了教师的智慧。

学校国旗下课堂还是家校密切联系的桥梁。学生把在国旗下课堂听到的故事，回家复述给家长听，甚至写在自己家里用于练习的黑板上。学生与家长一起欣赏、讨论，家长更加了解了学校的教育内容，更加了解了自己的孩子。还有的班级鼓励家长通过邮件、网络与老师交流教育孩子的心得、感悟，架起了以国旗下课堂为纽带的家校联系的桥梁。

海边拾贝的乐趣不仅在于拾到了多少美丽的贝壳，还在于将这些拾到的贝壳连成串，并不时回顾、欣赏，再把它修整成更美的贝壳链。学校国旗下课堂就像校长带领全校师生在宽阔的海边捡拾着一个个有益于学生成长的贝壳。她在孩子的生活中努力寻找着一个个合适的教育机会、教育素材，构建了动态的、生成的、延伸的、不断完善的，学生、教师、家长共同参与的大课堂。

在宽阔的海滨，迎着一轮升起的太阳，踩着松软的沙滩，一位校长带领全校师生在追寻、在拾贝……

【案例二】滨海人的精神盛宴（徐雅婧）

在滨海小学有一节非常特别的课，叫做国旗下的课堂。每周一上午八点准时开讲。主讲的老师就是那个会讲故事的校长——李唯。她每天都用生动有趣富有哲理的故事告诉学生做人的道理。听课的不仅有学生还有老师，甚至还有学生的家长。他们围在围墙外，站在阳台上。国旗下的课堂是滨海人的精神盛宴。我们享受着这样的精神洗礼。

可是回想起国旗下课堂刚开办的时候，我心里的抵触情绪很大。因为国旗下的课堂不仅要在国旗下听讲，周一下午还要组织学生进行深入学习和讨论。作为班主任的我要在一上午的时间准备好上课的课件和主持稿，还要上课。所以周一对我来说简直就是手忙脚乱。下午讨论后还要组织学生写感想。老师还要整理课堂的实录。一个国旗下的课堂，让我增加了很多工作。心里不由生出很多怨气。可是这是学校布置的工作不得不完成。就这样在极度抓狂中，我逐渐培养学生来做课件，来做主持。我给学生分好工，一到国旗下的课堂，他们就开始行动起来。有人布置板报，有人来做课件，有人做主持。忙得不亦乐乎。通过这样的分工，不仅减轻了我的工作负担，还让学生得到了锻炼。学生在主题讨论中应变能力得到了提高。在参加宝安区国学辩论中获得了优异的成绩。我惊讶于学生这样的变化。学生感慨地说：感谢国旗下的课堂，它给了我锻炼口才的机会。

如今的国旗下的课堂在滨海小学已经纳入日常的课程中。老师们也不断总结经验，摸索出较为成熟的教学方法。从最初的抵触到现在的喜爱，国旗下的课堂已经成为滨海小学重要的一部分。

【案例三】塑阳光心态，做文明教师（何美萍）

滨海小学的国旗下课堂不仅对学生团体有效，对教师共同体的促进作用也是日渐明显的。在校长的国旗下课堂上，老师们经常会联系自身，思考在工作上、生活中，以至在人生的旅程中应该实现些什么。老师们在这样的校园文化中修炼了阳光心态，鼓起了工作士气，净化了师德师风。

1. 修炼了阳光心态

教师生命共同体的打造需要关注教师，给予教师们积极的心理支持。爱人、尊重、谦让、感恩是国旗下课堂的几大主题，我们常常在故事中感动、受启发，思考、规范自己的行为。一位老师在听了"爱的礼物"的故事之后，满怀深情地写下了下面的话："一个六岁的孩子尚且有如此博大的爱，而我们却一直拘泥于付出和得到多少的纠结，实在惭愧之极啊！她是一个天使，在天堂依然爱着她所有的亲人和这个世界。她的爱会一直伴着他们到永远。你、我都应去好好爱我们所爱之人！在埃莲娜给世人留下的坚强笑容中，我们明白了也许生命的长度无法掌控，但可以留下灿烂的生命足印！"还有一位老师，在"让我们保持一颗谦让感恩的心吧"的国旗下课堂后，写下自己的思考："我喜欢谦让，但是总感觉少说了很多的'谢谢'，在孩子们间开展感恩教育，我想首先老师和大人们就要给孩子树立一个谦让感恩的形象。从平时做起，来评'谁的谦让行为最多'的老师。在今后的生活学习中，我将与孩子们一起来完善自己，使自己也学会感恩，懂得谦让，做一个懂得尊重的教师！"他这样写了也这样做了，每天都能见到他微笑着谢谢学生。学生对他的喜爱之情油然而生，这位教师也收获了成就感。

有了阳光教师，才有幸福学生；有了成就感的阳光教师，才能培养出闪烁金子般光彩的学生。虽然我们教师"手把青秧插满田，低头便见水中天"，但因为有了国旗下课堂这门阳光心态修炼的课程，我们教师工作着并快乐着，懂得了"心地清净方为道，退步原来是向前"。于是，教师阳光了，人心和谐了，校园也就和谐了。

2. 鼓起了工作士气

美国学者艾伦伯格（Ellenberg）说："哪些学校（教师）的士气高昂，哪些学校的学生学业成绩就不断增长。"

滨海小学每学期开始的国旗下课堂都是那么振奋人心，"放飞梦想""人不能像树懒一样活着""任何事情从现在做起都不晚""好样的，中国孩子""不简单和不容易"，刚休假回校的教师们听到这些，很快又燃起工作的斗志。就如一位教师这样写道："李校国旗下的讲话，鼓舞着我们满怀冲劲地面对新学期的工作和学习。第一个和最后一个到终点不放弃的运动员有一个共同点，就是他们都付出了洒水，都经历了为实现理想而奋斗的过程。希望我们都拥有自己的理想，都拥有为理想洒汗水的毅力。"另一个教师反思并想到学期新计划："新学期新梦想，这个关于保持自己水准的梦想，联系到我们，不是简单的扔垃圾，打闹，迟到的问题，而是上升到怎样做一名淡定的老师的问题。首先应该给自己订下一些代表着高水准的原则，另外，能够冷静、客观地看待一些人的偏激行为，不使自己心情的好坏随别人的情绪而波动，保持积极、健康、向上、快乐的心境，才不会把不好的情绪传染给学生。"一位数学教师还联系到了学科发展的历史："在数学当中，最容易知道的一些公理、定理，其实是最难证明的，比如，'1＋1＝2'的证明，数学家们一直在进行中，著名的数学家陈景润的'哥德巴赫猜想'也只是证明了一部分'1＋2＝3'。可见，世界上的事物很多看似简简单单，非常容易，但是却不容易做到。这句话还可以理解为：一件简单的事，做得多了就不是简单的事了。和雷锋一样，一件好事不难做，难的是做一辈子好事。勿以善小而不为。做得多了，就是大善。不管是对于职场，还是教育，最重要的是将重复的、简单的日常工作做精细、做专业，并恒久地坚持下去，做到位、做扎实。获得成就的人一定是犯错误最少的那个人。"满怀士气地工作，哪有不出成绩的呢？

3. 净化了师德师风

滨海小学的国旗下课堂是面对全体师生的，所以教师从国旗下讲话、班会上、课后的自我反思中，铭记了自己应该具备的师德师风。记得在教师节前夕，那节主题是"拿什么感谢您，我的老师"的国旗下课堂，教师们也发表了自己的愿景："我希望每天都能看到班里的孩子开心地学习""我希望咱们班的孩子能多锻炼，少感冒""我希望孩子能用自己的好表现来感谢老师们"，等等。老师的愿景都建立在了孩子身上，这应该称得上为人师表。在"成功无捷径"的主题课堂里，一位教师联想到了："教育无捷径，教育是面对人的事业，在围墙外的人难以参透这内部的美不胜收，我们必须深入其中，才可能感到意兴盎然。教书也是如此。"这就是爱岗。在"愿我们都有一颗橘子的心"的国旗下讲话中，温馨而富有哲理，也让教师们感受颇多。同事们纷纷写下了自己的感触："生活要靠快乐来支撑才是真正的充实。而生活中的许多快乐，都是互相分享得来的""作为新教师，我对滨海小学并不陌生，因为有那么多教师在与我分享着自己的经验心得，在提醒着我如何能成为一名合格的教师。年级组办公室里充满着温馨，科组里一副轻松而不失严谨的氛围。教师们经常会分享快乐，分享教学和管理的经验。橘子长成一瓣瓣的就是因为我们要与人分享它""分享是快乐的，快乐是可以传染的，把自己的快乐分享给别人，将收获另一种快乐。愿我们都有一颗橘子的心。"我想这无私的分享就是教师共同体里互助敬业的表现。

二、国旗下课程促进学校变革

学校变革应该形成一个整体，这一整体把学校变革的方方面面整合在一起：能够通过学校整体来思考学校具体层面的变革；学校具体层面的变革都指向同一目标；具体层面的学校变革能够充分体现学校变革的精神和气息，它本身就是整体，它反映了整体。国旗下课程充分体现了学校变革的精神和气质，它是学校变革的一部分，但是从中可以看到学校变革的全部，它已经具有了学校变革的全部意蕴。

（一）促进学校转型

我们所要实现的学校转型是从传统的学校模式中跳出来，接受新思想，面对新现象，能够随时代脉搏而动、而舞。我们所共同努力的是要实现滨海小学的转型，而且因为其自身建立时间短，转型的难度并不大，这也是我们的优势。我想，最基本的转型包括以下四个方面，而国旗下课程也是为了促成这四种转型的。

首先，促成学校的价值观念的变化。价值观念是一所学校赖以存在的基础，它决定着学校的教育理念，决定着教师和学生的行为方式，决定着领导的管理方式。促成学校的价值观念的变化是实现学校转型的重要前提。最重要的价值观念，莫过于关于学生的价值观。传统的教育把学生视为集体的必不可少的部分，但没有强调或者较少强调个体自身的价值，没有强调个体和集体的相互融合与相互包纳。传统教育赋予未来以重要的价值，今天的生活是为未来做准备，但是却忽略了今天的价值。今天自身的价值表现在儿童身上，就是把儿童今天的价值通过对于明天的作用来衡量，而没有赋予儿童生活的当下的绝对价值。因此，也就忽略了儿童的今天具有内在的重要性和价值。

　　滨海小学的转型性变革首先就是要实现价值观的转变，赋予学生个体自身以价值，赋予学生生活的当下以内在价值。这些价值并不因为未来或者他人的某种改变而发生变化。因此，教育也发生了真正的转向。教育的价值不仅是为了美好的未来，虽然它的确有助于我们获得一个美好的未来，但是它本身不是目的，因为这样强调就会忽略了生命的成长性和过程性。教育的价值就是为了个体幸福地生活，包括未来，更包括当下。所以说，教育的目的也从为未来做准备、准备考试和进入大学而转变为替当下的生活谋幸福，使儿童能够健康、快乐地成长，使儿童能发挥自己的所有潜力。这就是教育的全部价值。这种价值观念的转变又最终反射到我们的整个教育中来，包括教学方法、管理方法，等等，都发生了根本性的转变。

　　国旗下课程无论是在内容上，还是在形式上，都强调了对儿童生命价值的关注，要体现学生立场，实现学生的生命自觉，包括学生的健康自觉、尊重自觉、诚信自觉和责任自觉，这种观念也从国旗下课程的开展上表现出来。在内容上，国旗下课程向所有人提出生命自觉的概念，并通过具体的实例展示生命自觉，为学生和教师提供生命自觉的方法与途径，引发他们的讨论思考。在形式上，国旗下课程显然更多地开始关注学生的观点，而不是教师的、权威的、正统的观点，越来越多地强调讨论、反思、实践的重要性，而不是接受、听从、记忆的重要性，学生处在学习的中心，学生的观点得到尊重和倾听。把儿童当儿童看，把儿童当生命看，儿童有自己的思想、方法和体系，他们不是不成熟，他们只是和成人有差别，需要给时间和空间供他们思考，容许他们表达自己的观点与看法，当然，最重要的是提供实践的机会，让他们表现自己。国旗下课程把滨海小学的教育理念融合在发展与实践过程中，它要向所有教师和学生展示强调的教育观念和价值观，重视儿童，赋予儿童本身以价值，赋予生命的每个阶段以价值。

　　其次，促进学校管理的转型。学校管理既能保证教师和学生能够按照规定办事，也可以保障学校各项工作有序开展。学校管理在营造一个良好的教育环境上发挥着重要作用。好的学校管理本身就具有教育的意义。促进学校管理的转型，就是要把生命的概念重新放回学校管理的核心，重新审视儿童的概念。

好的学校管理不是仅仅为着纪律或者有序而工作的，好的管理的目的是教育和发展，它不是为了规约，而是为了解放；它不是为了束缚，而是为了自由。具有生命气息的学校管理和没有生命气息的学校管理之间有着本质的区别。

滨海小学实现学校管理的转型，就是要实现管理的目的、管理的方法和管理人员的变化。在管理目的上，从形成一个有序的环境转变为形成一个有利于学生安全、健康成长的环境，从传统的减少麻烦转变为促进学生成长。管理目的的转变得益于生命概念在管理中的介入，强迫和压制、训诫和恐吓并不能促进生命的发展，而只有通过鼓励学生的生命自觉才能实现学生生命的发展。管理方法也从传统的简单粗暴向多样化、多元化和充满温情的方式转变，强调对学生的尊重和信任，强调说服教育和榜样的示范教育，惩罚从管理层面慢慢渗出。管理人员的变迁开始下移，这也是管理变化的重要内容。管理下移就是转变自上而下的金字塔形的管理方式，把权力还给教师，使教师在管理班级和学生中更加具有主动性；把权力下放给学生，通过学生制定管理规则，使学生自觉尊重管理条例来实现管理的民主，这也突出了管理中的学生作用，使学生的主动性和创造性得到发挥，更重要的是把对学生的信任最大化，提高学校管理水平。

国旗下课程从产生之日起就努力改变过去的那种方式，教师被赋予更多的权利，学生讨论和学生交流都由教师管理，而具体的班级形式则交由教师自己确定，把教师放在学校和学生之间，有利于教师根据自己的经验和认识来安排国旗下课程的开展。同时，学生被赋予更多的权利和责任，他们可以向教师谏言，如创造性的思路与方法等。国旗下课程的管理也向学生开放，让学生组织自己的管理团队，制定自己的管理条例，这不仅增加了师生之间的信任，也提高了学生的自我管理能力和生命自觉能力。管理的权利下移减少了管理中的权威与僵化，增加了管理的民主性，也使得管理更具活力，为教师和学生发挥自己的作用提供了机会，使教师和学生参与到学校的管理、发展和建设中来，使学生能够更加主动地进行自我管理。可以说，管理转型是学校变革的重要内容，是学校转型性变革的重要保障。

再次，促进学校的结构转型。学校的结构转型主要是指学校从封闭结构向开放结构的变化。从封闭走向开放，首先是一种态度的转变，学校的管理者、教师以及学生都需要一个开放的心态，保持对周围环境变化的敏感。无论是社会环境还是自然环境，我们所面对的变化总是无穷无尽，新生事物的呈现能否为教育所关注，并通过转化而进入教育，是我们开放态度的重要表现，也是我们开放的方法的具体体现。开放需要面对新的方法、新的内容、新的思想、新的观念、新的关系等，它们都需要为教育者所认识和理解，并纳入到教育体系中来。

判断是开放的前提，如果没有具体的判断，就做不到开放。因为开放并不是没有标准的接纳，也不是没有指向的进入，而是基于理性判断的开放。而且，开放也不仅仅是在内容上进行的增添，它也可能是关系的变迁，或者是内涵的转变，这些都属于开放的范畴。总之，开放是一种态度和方法的集合体。在滨海小学国旗下课程中，开放体现得更加具体和深刻。国旗下课程所持有的开放姿态在话题选择上就有明显体现，传统的国旗下讲话很多都是集中在对学校规章制度的强调上，或者是本周的一些重要事项，而持开放姿态的国旗下课程则不然，内容更加宽泛，来源也更加多样，不仅包括学校的一些规章制度，更多的是引发学生思考的故事，生活、责任、学习、习惯、健康、信任等都是国旗下课程的内容，它更多地扎根于学生和学校的日常生活中，更有亲切感和乐趣。

国旗下课程的开放还有一个重要方面是学校向外的开放，也就是建立了学校和家庭之间的联系，通过国旗下课程，让家庭参与到学校的教学和运行中来，使家长参与到孩子的教育中来。而封闭的学校和家庭关系因此也就无法形成教育的合力。国旗下课程也正是基于这样的考虑。教育从学校延伸到家庭，让家长也来发表自己的意见，表达自己的看法，更关键的是把家庭的意见和看法同学生的意见和看法进行对比，在比较和讨论中加深学生对于问题的认识。这样，学校的结构变革走向了开放，开放不仅是面向学校内部的开放，同时也是面向学校外部的开放，是学校建立多样关系的重要一步。

最后，促进学校的意识转型。学校的所有转型，最终是为了实现学校的意识转型。意识是一个生命所专用的词汇，我们把这样一个词汇赋予学校，也是要赋予学校以生命的特征，我们是在生命这一层次上来看待学校的。学校的意识就是学校作为生命个体所表现出来的对于学校自身的认识，以及学校的发展动力。学校的意识是什么，就是在学校是如何认识自身发展的，学校的发展动力来自何处，学校将会如何促进自身的发展，等等。学校的意识转型，是要把被动的学校意识转化为主动的学校意识。被动的学校其实并不具有自己的意识，它只是对外界的刺激做出反应，所以是一种刺激—反应的模式，而我们所要建立的学校意识是要学校对外在环境保持敏感，能够主动地思考环境，及时感受到环境的变化，并做出及时的、积极的反应，所以这是一种主动的反应模式。

具有主动意识的学校能够对学校的现状做出认真的反思和总结，它的发展动力来自内部，并不是被动的产物，它有学校内在的发展需求、发展动力和发展机制，能够看到学生需求，能够把生命的健康成长作为自己的根本目标，这些都内在于学校。滨海小学的国旗下课程把学校的内在要求放在第一位，能够坚持从学校的根本任务和根本目标出发来思考学校的发展及学生生命自觉和教师生命自觉的培养。而且，这些发展与内在要求的不断重复强调，使得学校似乎也具有了人的意识，具有了生命的特征，而滨海小学也似乎具有了生命自觉。

是的，具有生命自觉意识的学校能够从内在的动力出发，不断面对新的变化与挑战，不断对环境做出认真的解读，然后在外界环境和内部机制中寻找发展的动力和机会。这些都来自于学校自身的内部运转，是学校主动运转和启动之后所自行具有的那种内在惯性，它本身要求发展，渴望把学生放在教育的中心地位，呼吁生命重归教育，健康、成长、今天都成为学校的关键词。因此，具有生命自觉意识的学校是一个对生命形成正确认识的学校，是一个鼓励教师专业发展和学生生命自觉的学校，也是一个内部机制合理、内外关系协调的学校。当教师和学生进入这样一所具有生命自觉意识的学校之后，他们都能够在学校的召唤下主动探索和学习。

很难说滨海小学已经完全实现了学校的转型性变革，实现了观念转型、管理转型、结构转型和意识转型，但是不可否认的是，滨海小学已经踏上了转型之路，同时，我们也相信这样的转型一定会实现，而它的前途也一定是光明的。

【案例】学生眼中的国旗下课程

【案例一】 国旗下课堂为我营造了一个不一样的世界

宝安实验学校七（3）班　曾馨可

二年级前，在村小读书的我是个毛病多多、娇生惯养的女孩子。不守时，任性，甚至仗着爸爸在学校的"威严"的势，老拿别人说事，别人稍稍碰我一下，就破口大骂——对，我以前就是这样一个粗鲁的女孩子！

可哪知，三年级，我随着爸爸转学进了滨海小学，竟有了翻天覆地的变化。如今我从滨海小学毕业，升上了初中，是一个同学公认的活泼开朗、善解人意的女孩。这一切，都是李校长的国旗下课堂改变的。

我们学校和别的学校一样——星期一升国旗时，校长总会作国旗下讲话。起初，我以为李校长也是像以前的校长那样例行公事，要么婆婆妈妈地那样唠叨几句上一周旧事，要么就气短声长地照着早准备好的稿子通读一番。可渐渐地，我竟发现李校长的话总有着一股强大的吸引力——简简单单的一个小故事，却蕴涵着深刻的人生哲理；普普通通的几个字，却让你受益匪浅，获益终生。有时，还会叫几个"大胆"的同学到升旗台上去现场采访、现场回答，就像我们的课堂上一样，生动极了。从此，这升旗仪式便变成了我每周最期待的思想"大餐"。升旗的那一天，我总会起得早早的，穿戴得整整洁洁，像是要去参加一个重要朋友的生日庆典。

清楚地记得李校长对我们说过："什么是诚信？诚信就是信用，就是长时间积累的信任度。信用是难得易失的，费十年工夫积累的信用，往往由于一时一事的言行而失掉。"我那时还在三年级，懵懵懂懂地知道学校校训里有一条——诚信，但因为年纪小，并没有过多去关注和理解。"比如说，一个同学约另一个同学出去，你因为一件小事所以没去，也没告知对方，这就是没讲信用了！你不交作业，就是失信于老师；你出去玩，错过了回来的时间，就是失信于爸爸妈妈。"哦，我恍然大悟，原来诚信是这样，我一下就记住了。我记得有一次，班上一位要好的同学邀请我和其他同学星期六上午11点去她家玩，我毫不犹豫地答应了。为了不迟到，一大早，我就出发了。等我兴冲冲地上楼，进了同学家，惊讶地发现，同学的家里静悄悄的，没一点我想象的热闹非凡的场面。直到11点40分，才有几个同学陆陆续续地赶了过来。看着那些迟到了还满不在乎的同学，那一刻，我为我是一个诚信的人感到骄傲。

还清楚地记得李校长给我们讲过这么一则故事。有一位教授，带着他的孩子去买水果。教授正在挑水果，小摊的小贩不耐烦地说："你到底买不买啊，不要总这样挑来挑去。"教授礼貌地说："我买，我买。"小贩不耐烦地说："这可很贵的，你买不买得起啊？"教授很有礼貌地说："买得起，买得起。"他们在回家的路上，儿子问爸爸："您身为大学教授，怎么不骂小贩呢?"教授说："小贩人品低，我不应该降低我的水准。"当时听完这个故事，我的脸刹那间红了，我想起了前几天发生的一件事。班上的一位男同学不小心把我的笔摔坏了，我站起来就冲着他破口大骂。只见那位个子和我齐头高的同学低头哀声地，大气也不敢出，一副可怜巴巴的样子。我似乎看到了那天趾高气扬的我是多么渺小。如果是今天，我一定会立刻把骂人的话咽回去，说声"没关系"。现在，每当我和同学要发生争执时，我就想起这件事，想起李校长讲的那个教授的故事，这使我和同学们亲近了不少。在今年的毕业典礼上，我和我的那些"死党"同学哭得最厉害。

现在，我已经不再是以前那个毛病多多的可可了，而是一个懂得"宽恕"的人，这都是国旗下课堂在我的内心里造了一个不一样精彩的世界，李校长就是那世界里的一盏灯，照得高高的，远远的……

【案例二】　　　　令我受益匪浅的国旗下讲话

五（3）班　邹龙凯

我已经进入滨海这个大家庭四年了。在这个大家庭里，有洋溢着书香的语文课、数字飘扬的数学课、活泼生动的英语课、热情四溢的体育课……但令我印象最深刻的是每周一李校长的讲话。

每周一，我都期待万分，是因为早上有李校长的讲话。

随着出操的音乐响起，我满怀希望地排队下楼，来聆听李校长的讲话。听着李校长讲的小故事大道理，每次我都受益匪浅。

记得有一次，李校长讲的是邓亚萍的故事："邓亚萍是中国有名的乒乓球运动员，但她的英语并不好。在老师问她的英语情况时，她竟然连大小写混合都写不出26个英文字母！但她并没有放弃，每天的大部分时间都用来学英语。功夫不负有心人，她终于取得了巨大的进步，凭着自己的知识，考取了外国的一所有名的学校。"听了这个故事，我深有感触：我实在佩服邓亚萍的那种坚忍不拔的精神和那种超人的毅力。她并不是遇到困难就放弃，而是努力，拼命地努力。从那以后，我的字典里就没了"放弃"。

我不仅爱听校长的国旗下讲话，还爱周一下午的班队会课，因为在这里，我们会讨论校长的国旗下讲话，并发表自己的看法。同学们畅所欲言，发表各自的观点，不知不觉中我们把道理理解得更深刻。老师幽默的语言，同学的欢笑，使我更加喜欢国旗下课堂了。

我喜欢国旗下讲话，喜欢它的小故事、大道理，因为它给了我许多的感悟。

【案例三】 　　　　　　**给老师最好的礼物**

五（1）班　李心语

又一次旭日东升，又一度秋风送爽，在我们愉快地迈进新学年的时候，又一个教师节正踏着轻盈的步伐缓缓向我们走来。在这个即将来临的令人敬慕的节日里，我要向老师们表达藏在心中已久的问候和最真诚的祝贺——亲爱的老师，您辛苦了！祝您节日快乐！

站在我们身边的每一位老师都是可亲可敬的。回忆在滨海的四年，脑海中浮现的是清晨老师陪伴大家锻炼的身影；课堂上老师充满期待的眼神；放学时，老师叮嘱我们过马路要注意安全、要认真完成作业的谆谆教诲；最后离开学校的总是老师那疲惫的身影。

敬爱的老师，在这属于您的节日里，学生该拿什么来感谢您？

而今天，李校长的国旗下讲话让我们知道了答案。

课堂上，专心致志地听讲，这便是感恩；下课后，在走廊里遇到老师，一抹淡淡的微笑，一声甜甜的"老师好"，这也是感恩；放学时，向老师招招手，说一声"老师再见"，这是感恩；在特别的节日里，送一张亲手做的贺卡，祝老师节日快乐，这也是感恩；当然，认真地完成每次作业，积极地举手发言，靠自己的努力换来理想的成绩，取得更大的进步，这更是对老师辛勤工作的最好回报，是老师最大的欣慰，最快乐的满足。

我要把最好的礼物送给我的老师。

【案例】家长眼中的国旗下课程

【案例一】 　　　　　　**源自国旗下课堂的教子之道**

四（6）班胡珺家长　陈永平

"妈妈，您知道吗，原来邓亚萍连 26 个英文字母都不能写全呢!"中午去接儿子放学,儿子一到车上话匣子就打开了。

"可是在2001年北京申办2008年奥运陈述会上,我觉得邓亚萍的英语讲得很好啊!"

"妈妈,那是她后来进入清华大学英语系学习后才那么棒的!"

"没有任何英语基础,还敢直接去清华大学英语系学习。她也忒牛了吧!"

"不光如此,后来她还到英国剑桥大学学习,并获得了剑桥大学的博士学位呢!"

"你怎么知道得这么多?"

"今天我们校长告诉我们的!今天是开学第一天,我们举行了升旗仪式。校长给我们讲了邓亚萍的故事。说她刚开始练球时,没有任何人看好她,可是她肯吃苦狠练和顽强拼搏,最后当上了世界乒乓球坛皇后!后来为了学好英语,她每天早晨5点准时起来学习,晚上学到12点。"

"哦,怪不得人们常说,勤能补拙。成功是99%的汗水加1%的天分。要想成功,首先得勤奋,得拼搏才行!"

"不光如此,邓亚萍的故事还告诉我们任何事情从现在做起都不晚!只要努力,持之以恒地努力,我们就会一点一点地进步,一天比一天有进步,并最终获得成功!"儿子抢着补充说。

不知不觉,我们到家了。非常庆幸地看到,在经过一个漫长的暑假之后,孩子仍然像往日一样兴趣盎然,津津乐道学校这固有的周一早间"八点档"——国旗下课堂。

跟以往一样,吃完中午饭,我们便开始上网寻找与国旗下课堂故事相关的知识。由于儿子酷爱乒乓球运动,所以这一回对邓亚萍的搜索花去了整整一个中午的时间,包括当年申奥陈述会上邓亚萍演讲的视频,以及所有对邓亚萍的专访视频。看见儿子信心满满的样子,我相信,今天下午的班队活动,他一定会有精彩的发言。

晚上,孩子的"国感"一气呵成。"邓亚萍姐姐做得到的,我也一定要做到。正如李校长告诉我们的,不管过去怎样,只要从现在开始,从这新的学期开始,为自己确定奋斗目标,并且能够努力,持之以恒地努力,那么我们就会一点点进步,朝着目标越来越近,并最终实现梦想！"句句话都说得铿锵有力。不管是复述校长的讲话也好，还是班队会上的总结语也好，现在孩子写进自己的"国感"里，至少孩子受教育了，孩子已经开始自我认识和自我教育了。欣赏完孩子的"国感"，一番真诚而由衷的赞叹之后，我知道，这时候我该出手了。

"李校长国旗下的课太精彩了，而你的感悟和决心让妈妈深受鼓舞！宝贝我将和你一起学习，一起反思自己过去还做得不够的地方。从这一刻开始，做一个'超级行动者'，好吗？"

儿子陷入了沉思，开始绞尽脑汁琢磨和反思。好大一会儿，他才用他招牌式的微笑轻轻告诉我："妈妈，上个学期以来，其实我改掉了好几个坏习惯。写字握笔姿势改了很多，视力也提高了，现在做作业或者考试基本上能做到又快又好；电脑游戏时间也越来越短，没以前那么贪玩了；乒乓球教练也说我之前打球时不正确的姿势改了好多，基本上算是球队男一号了。平时碰到困难时，我也不再像以前那么急躁了。日记我天天坚持写了，可是写来写去，没有新意，没有文采。妈妈，也许你说得对，现在我需要的是在看书阅读的同时，多些思考和摘录。每天记录一点，坚持下去，知识就多了，写文章写日记就容易了。"

儿子的一席话，让我颇生感慨：新学年国旗下课堂教育让孩子不经意间进行了一番彻头彻尾的内省，远超过我在开学前夕三番五次地督促他写反思，写新学年新打算。于是，我趁热打铁："说得太好了！其实我跟你一样，每天不停地工作，不停地学习，可是少做了最重要的一件事，那就是思考和积累！孔子说，'学而不思则罔'，学习了但不去思考等于没学！还有数学家华罗庚爷爷说过，'聪明在于学习，天才在于积累'。平时学习生活中，听到的、看到的、感受到的所有美妙的东西，包括好词、好句、好观点都可以记下来，写出来。以后妈妈跟你比赛，看看谁积累得多，谁坚持得久！"

到如今，一个多月过去了，我和儿子的积累本都厚厚地写了大半本了。

其实，纵观一学年来的国旗下课堂，从"给予比接受更幸福""漂亮是天赋，教养是选择"到"种下一颗童年的种子"；从"在错误中进步""分数是最好的奖励"到"读书，这么好的事"，每次我们都会将它视为一次净化思想的"美味佳肴"，孩子的心智也因此正向成长，以前弱化的好习惯又回来了，并不断得以强化。而在此过程中，做父母的我们则收获了更多的轻松和快乐、温馨和幸福！

"珍视童年价值，培育生命自觉"是我们滨海小学李唯校长倡导的独一无二的办学理念，而国旗下课堂正是这一特色办学理念孕育出来的花朵，芳香四溢。很有幸，我们的孩子能沐浴其中，度过别样的七彩童年。同时她也像一双无形的推手，推动做父母的我们不断地学习和反思，提高自身素质，顺应现代家庭教育观，从而更好地引领自己的孩子走向生命自觉，走向一个追求真善美的广阔原野，而不只是书本知识的胡同。

【案例二】　　国旗下课堂让我的孩子健康成长

四（2）班　代贤晨家长　王元姝

每到周一，孩子的心情就激动万分。因为在这一天，能在庄严的国旗下听见李唯校长向全校师生讲述那一个个感人肺腑的故事，让孩子终生受益匪浅。

孩子的每一步成长和进步，都得益于每周的国旗下课堂，让他从中感悟到了前所未有的自信和坚强，想想四年前刚踏入一年级的时候，代贤晨还是一个非常自卑甚至有些孤僻的男孩，不敢大声回答问题，不敢举手发言，不敢参加班级的任何活动，甚至遇到一点小问题他就用哭泣来解决，在他心里他始终认为自己不如别人。

可是这四年以来，每周一李唯校长的一个个小故事感染和激励了他，让他懂得了怎样做一个高尚的人，怎样才能让自己自信起来，怎样才能把自己的学习成绩提高，怎样尊重长辈，怎样做一个诚实守信的好孩子。"只追前一名"这是李唯校长最经典的故事，我的孩子现在就是按照这个目标不断地提升了自己学习和各方面的能力。

现在，他不仅学习成绩名列前茅，性格也发生了翻天覆地的变化，不但能在各种大型活动中上台展示自己的才华，还能在众人面前滔滔不绝地讲述自己的故事。每当他遇到挫折时，他就会想起国旗下李唯校长的故事。是这些平凡而感人的故事激励了他，让他现在充满自信，从自卑和挫折中坚强地走了出来，朝着自己的奋斗目标不断前进。

四年的光阴，如今的他信心十足，变成了一个阳光开朗的孩子。看到这可喜的变化，我们都为他感到骄傲和自豪！

感谢滨海小学的老师给孩子很多锻炼的机会，孩子的每一点进步都和老师的辛勤汗水息息相关，更感谢李唯校长给孩子讲述一个个感人的故事，让孩子在故事中不断地成长和进步！我相信这一个个平凡而感人的故事一定会给孩子的童年留下最美好最珍贵的回忆！

【案例】教师眼中的国旗下课程

【案例一】　　　　　　　　点燃生命自觉的火把
尹笑梅

在今年的教师节来临之际，我们迎来了师生共同期待的时刻——国旗下课堂。今天，李唯校长讲的是"拿什么送给你，我的老师"！

"同学们，教师节快到了，你们想给老师送什么样的礼物呢？"李唯校长话音刚落，台下学生就举起了小手，跃跃欲试。李唯校长邀请了低年级的一个学生，话筒传来他稚嫩的声音"我想买一束鲜花送给我的老师！"接着邀请了高年级的罗璇同学做现场采访："罗璇，教师节到了，你想拿什么送给你的老师呢？"罗璇同学大方地说："我想买一张贺卡，写上对老师真心的祝福，送给老师。"李唯校长一一点头。

随即李唯校长对全体师生说："同学们，你们想知道老师最想同学们送他们什么礼物吗？我们也来采访几位老师，听听老师们的心声吧。"

首先，李唯校长请出了刘娜老师做现场采访："刘娜老师，教师节到了，你最想收到什么礼物？"刘老师亲切地回答："我希望我们班的孩子每天进步一点！"接着邀请出杨颖老师，杨老师微笑着说："我希望孩子们每天健康成长，认真完成各科作业。"

采访完毕，李唯校长说："同学们，我相信现在你们都已经明白老师们最想收到的礼物是什么了，是一张你亲手给老师做的心意卡；是上课时候的认真听讲；是遇到老师时一声甜甜的'老师好'；当然，老师最想收到的礼物是同学们每天认真地完成家庭作业，用自己的努力换来优异的成绩……"

下午的班会课，"拿什么送给你，我敬爱的老师！"我收到了许许多多精美的礼物。郭霄涵双手奉上一个笑脸："尹老师，平日里我们惹你不高兴，现在我把这个笑脸送给您，希望您看到它能笑口常开！"李心语、阙心怡牵着黄柏芝的手，捧着一束"鲜花"："老师，在这特别的节日里，我们送您这束美丽的'鲜花'，祝您永远美丽如它！"……杜航宇和五位同学，则幽默地表演了自编自导的相声《推销》。

这些，就如人生没有彩排，都是现场直播。看着心爱的礼物，想着孩子们越来越可爱懂事，我想这是李唯校长国旗下课堂呕心沥血创造的回报。

几年来，李唯校长细心观察学生的行为习惯，及时了解学生的思想动态，结合学生的心理和年龄特点，从学生的生活中提炼出国旗下课堂的主题，有效有针对性地开展主题班会活动。譬如，有段时间李唯校长发现不少同学在用完厕所之后没有做到"去也冲冲"，甚至连手都不洗。她便让德育处做了调查，结果发现，上完厕所不冲水的学生占52.9％。于是，她就选择了"你有良好的卫生习惯吗"为主题，希望同学们加以重视，予以改进。一个星期后，德育处再次调查，同学们上厕所的行为有了很大改善，其中冲水率为80.67％。于是李唯校长趁热打铁，在第二周国旗下课堂中给同学们讲了一个故事：一个七八岁男孩上完厕所以后，因为冲刷设备出了问题，他没有把脏东西冲下去，因此他就一个人蹲在那里，千方百计地想修复那个冲刷设备。通过这个故事李唯校长告诉同学们，一个只有七八岁的小男孩，竟然有如此强烈的负责精神，可以说这种负责精神已经完完全全成了他的习惯。继而选择"责任心可以让我们把事情做完整"作为第三周的主题。真实的故事和循循善诱的教育，终于让学生的上厕所的冲水率提升为90.5％，洗手率也比原来提高了近30个百分点。这让李唯校长和全体教师再次感受到国旗下课堂无法阻挡的魅力！

基于学生日常生活的国旗下课堂一经提出，很容易地获得了同学们的共鸣、老师们的支持。同学们和老师们通过邮箱告诉李唯校长身边的好人好事，推荐值得一讲的国旗下演讲主题。通过这种集思广益的方式,许多国旗下课堂的内容应运而生,如"天使的爱"、"做一个尊重他人的好孩子"、"坚持每一周改掉一个毛病"、"只追前一名"……

与此同时,李唯校长提倡唯有发生在学生层面的并且与之内心产生真实互动的德育,才是真实的德育;而真实的德育是一种"静悄悄"的过程。因此,李唯校长提倡有效的道德情境,让学生在道德情境中获得生命自觉。

以往的班会,都是班主任一手操办,而滨海的主题班会教师退居二线,每个班的班会组织都是学生自己完成,从推荐主持人、课件制作到黑板主题书写以及背景画面,都是学生主动参与,这些为学生提供了广阔的心理场,作用于学生的心理,促使他们积极地投入课堂中。在主题班会"没有钱的布施"中,主持人精心设计了一个个情境:如现在我们正在公交车上(在情境中,事先挑选学生扮演老人、小孩等需要帮助的群体),然后请学生把自己想对谁,给予什么布施写在纸上。很多人都写,我要给没有座位的老爷爷、老奶奶、孕妇、小朋友让位让座,有人写我要给爷爷奶奶捶背,也有人写要教小朋友唱歌……学生融入具体情境中,共同感受,一起为有需要帮助的人布施。那一刻,他们忘记了是在创设的情境中,就在他们无条件地向别人给予自己的财富的过程中,给予比索取更愉快已经无声地植入了内心。

在总结中,教师告诉学生,"没有钱的布施"都是我们的举手之劳,它可以打开心扉,开启心中的宝藏,可以缝补人生中的漏洞,还可以让你获得许多快乐。这种思想隐含在整个国旗下课堂中,传达给学生。不把德育当成道德说教,而是让孩子们在具体的生活情境中真实体验,让情境比教条传达更丰富更有效的内容。

每当周一,旭日初升,当全体师生还在仰望徐徐升起的国旗时,学校围墙外面已经站满了听众,其中有家长,有过路人,有还未上学的小朋友,也有白发苍苍的老人,他们已成为滨海校园外一道独特的风景线。这是国旗下课堂连锁的反应,它凭借着这种反应,已经让自身发展成李唯校长、教师、学生和家长的共同教育阵营。

开学的时候,我接到杜航宇家长来电:"我现在很喜欢听李唯校

长在国旗下的讲话，在家里的时候我可以用这个来教育小孩。上次
航宇没考好，有点闹情绪。我突然灵感一现，就问他：'记不记得李
校长第一周国旗下课堂给你讲了什么故事？'没想到他将邓亚萍学英
语的故事讲得非常完整。讲完故事他就说：'爸爸，我知道你的用意
了，我会记住李校长说的，做什么事都要自己努力，任何事从现在
做起都不会晚！'"

当李唯校长发现家长已不知不觉加入了这个颇具潜能的教育阵
营时，她抓住了各个契机，相继开展了"家长义工队""家长早餐
会""家长一日班主任"等活动，让家长更加深入地参与到学校教育
中来，让滨海这个教育阵地变得越来越强大。

【案例二】　　　　今天，我们来上课
刘宏金

开学快两个月了，每个星期我们都盼望着国旗下课堂。今天是
国旗下课堂，今天，我们来上课。

国旗下课堂，我们可以一起听校长讲故事。

我们听邓亚萍的故事懂得了任何事情从现在做起都不晚；从英
国小女孩蒂莉那儿明白掌握安全救生知识是多么的重要；在老木匠
身上看到了自己的影子，立志做任何事都要尽最大的努力；富商的
第三个儿子教会了我们原谅和宽容，做一个高尚的人……

国旗下课堂，我们可以大显身手。

每个星期的国旗下课堂，老师不再是主角。上课前，班里面有
绘画才艺的同学就已经分工合作，用笔把黑板装饰得五彩缤纷，每
一次的主题都不一样，每一次的黑板画都妙趣横生，每一次的我们
都赢得掌声。"三（1）班第七周主题班会现在开始！"你以为这是老
师说的班会开场白吗？不，这是我们班的小小主持人在主持国旗下
课堂呢。小主持人从一开始的紧张、怯场，到现在应变自如、对答
如流、hold住全场，这么大的改变可都是在一次次国旗下课堂里磨
炼出来的。在国旗下课堂里，我们还可以朗诵优美的诗歌，可以一
展歌喉，可以当一回小辩手……

国旗下课堂，我们可以说身边事。

快到教师节了，我们在一起讨论"拿什么感谢你，我的老师"。有的同学说要做一份心意卡送给老师，有的同学说要自己折一朵花送给老师，还有的同学说要送老师巧克力。其实我们都知道我们认真地上好每一节课，就是给老师最好的礼物。健康是一切生活的出发点。我们一起讨论怎样做一个健康的人。除了身体健康，还要心理健康，有道德，社会适应能力强。做一个有道德的人，我们不能捉弄别人。周腾辉举了一个发生在他身上的例子，班上有同学经常摸着他的脸说："哎哟！我的小乖乖！"全班同学和两个在旁边一起听的老师都忍不住地笑了。刘曦乐被林圳凯不小心打了一拳，被打哭了，可是她没有去跟老师告状。别的同学跟老师说了，老师问她，她只是小声地说了一句："当时很痛，所以才哭的，老师我现在不痛了，你就不要罚他了。"多么善良的刘曦乐！多么宽容的刘曦乐！是她的宽容和善良赢得了我们班所有同学的掌声，她是我们班的一个高尚的人。国旗下课堂并不远，它就在我们身边。

国旗下课堂，我们可以当小老师。

在国旗下课堂里学习到的知识，回家我们可以教爸爸妈妈和爷爷奶奶。教他们做一个健康的人，教爸爸不要抽烟，让妈妈多做运动，劝爷爷不要只吃青菜还要多吃肉，还告诉在老家生活了一辈子的奶奶要慢慢适应这儿的生活，适应我们一家人在一起。"安全是回家唯一的路"这个国旗下课堂里，我在同学们那儿，还有老师那儿学到了很多防险避灾的救生知识，回家我一一讲给爸爸妈妈和爷爷奶奶听，他们都说这些知识很多是他们以前不知道的，都夸我是个知识渊博的小老师。

国旗下课堂，是我们的课堂。今天，我们来上课！

（注：本篇为教师从学生的视角出发，以学生的口吻写作。）

【案例三】　　　　　喜爱你，敬畏你
郑亚平

高高飘扬的国旗，人们仰慕它、敬畏它。但对滨海人来说，它不仅庄严、神圣，它的每一次升起，都是对灵魂的洗涤，是道德的诉说，是掷地有声的教诲。

对国旗下讲话的喜爱

"懿青，你怎么又迟到了？"

"我，我起床太晚，动作太慢，所以来晚了。"

"那下次记住动作加快一点，争取不迟到好吗？"

这是我和班里的罗懿青同学的对话，这样的对话好像不止一次。这个孩子做事情比较拖拉，很喜欢磨蹭，所以她经常迟到。我去她家家访过，也找家长谈过，家长每次都焦急地对我说："哎！我真拿这孩子没有办法，做什么事情都是不紧不慢的。"于是我开始仔细观察她，后来发现一个规律：只要是周一，她一定准时到校，从来不迟到。于是在一个周一的早晨，我首先在班上表扬了她，说她战胜了自己，今天没有迟到，是好现象。然后我私下再找她谈心，想知道这其中的奥秘。我得到的回答令我震撼，朴实的话语令我至今难忘。她是这样说的："周一李校长都会在国旗下给我们讲话，我很喜欢听，我怕来晚了听不到李校长的讲话了。"原来校长每周坚持的国旗下讲话已经扎根在孩子们内心深处，他们是如此喜爱。

于是我借这个机会，让她试着把每天当做周一，每天拿出周一冲向学校的那股动力去上学。她真的做到了，值日表上再也没有出现她迟到的名单。

对国旗下讲话的敬畏

曾经一段时间，班里特别流行一句口头禅：校长说的，要努力做一个高尚的人。

每当同学们犯了什么错误，总是会有一些正义的声音，很威严地在提醒犯错误的同学：校长说了，这样是不对的。马上就会发现犯错误的孩子满脸惭愧的样子。于是每次我都会选择把握这个契机，给他们讲一些小道理。没想到，这个时候他们是听得最认真、最仔细的。我想大概也是怀着一颗敬畏的心吧！就像家长总是对老师说，孩子就听老师的话。而老师有力不从心的时候，也发现孩子更听校长的话。

校长的国旗下讲话不仅走进孩子们的心灵深处，在其他方面也切实有效。就拿写作来说吧！三年级刚起步的时候，孩子们往往找不到中心，不知道自己要说的主题。但是慢慢的，我发现他们在写作方面竟然有了明显提高，这应该得益于国旗下讲话。因为校长每周讲话都有一个主题，而我们每周一下午都要围绕这个主题开一次班会。日复一日，所以孩子们的写作能力在不知不觉中提高了，特别是我们本单元学习的童话故事，同学们在展开想象描写几个动物的时候竟然也赋予了小猫小狗一些高贵的品质。我想这应该都是深受国旗下讲堂的启发。

生活中，我们往往会忽略一些很小的细节，可恰恰是细节见证品质，小事成就大事。

来到滨海快两年了，在生活中、在工作上，当我们漫无目的的时候，常常想起校长说的"有梦想才有远方"；当我们光说不练，没有付诸行动的时候，常常想起校长说的"坐而言不如起而行"；当我们为了一件小事斤斤计较，争得面红耳赤的时候，常常想起校长说的"世界上最宽阔的是人的心灵"；当我们遇到困难，灰心丧气的时候，常常想起校长说的"任何事情从现在做起都不晚"……

正是校长的一言一行，正是庄严的国旗下的谆谆教导，引领着我们滨海人一步一步走向正确的路。

【案例四】　　　　　　小故事，大智慧
盛　璜

"Ok, boys and girls, let's start with a song!"这是开学的第一课，也是我调入滨海小学的第一课，我信心满满地走上讲台，希望有一个全新而愉快的开始。"又——是唱歌，有什么好唱的？幼稚！"音乐还没有开始，一个颓废又颇具挑衅的声音就刺进了我的耳朵，和谐轻松的课堂气氛瞬间紧张起来。我顺着声音看去，果然是他！五年级有名的学生。开学初，原来的英语老师就已经重点提过他的名字了，没想到第一节课，就敢冒犯新老师！胆子可真不小啊！想到这里，我的火"噌"地蹿上来了，三步并作两步冲到他面前，正想发作，转念一想，第一节课一定要给孩子们留一个好印象，于是我强压怒火，故作平静地说："这是老师精心挑选的一首歌，还没听，怎么就说不喜欢呢？你先听听，说不定会喜欢！如果实在不想唱，也可以先欣赏。"他瞟了我一眼，懒懒地趴在了桌子上。为了不耽误上课的时间，我也只好作罢。接下来的日子里，他不是上课捣乱，就是不交作业，单词听写从来都不能过关，单元考试更是一塌糊涂。一看到他，我就不由自主地皱眉头，找过家长，也跟本人谈过几次话，小到口头表扬，大到物质奖励，能用上的方法全试了，换来的不是沉默就是冷眼，甚至还有顶撞，看来是没有希望了，放弃吧！已经很尽力了，坏习惯是从小养成的，这么多老师都无法改变，我更是无能为力了！我不得不这样安慰自己。一周时间过去了，我们似乎相安无事。他不理不睬，我也不冷不热。

转眼又到了星期一，今天的国旗下课堂李校长先给孩子们讲了一个小故事，一个叫希罗的小姑娘在逆境中从愤世嫉俗的小姑娘成长为拯救世人的天使。校长鼓励孩子们也要像希罗一样做关爱他人的天使。接着她还读了一封来自滨海学生的信，信中说想为一名身患地中海贫血的小学生募捐，最后校长发动全校师生为身患重症的丘斯桔捐款。这已经是我参加的第三次国旗下课堂了，虽然这种形式是一种创新，但总感觉不过是对学生进行品德教育，有必要校长亲自上课，全校师生都参加吗？下午第二节是各班的国旗下班会，作为副班主任的我必须到班做记录。今天的主题是"如果身边没有天使，那就自己做天使"。当主持人问到看完丘斯桔的报道，同学们有什么想法的时候，他居然第一个举手，并大声说，"我想帮助他！"主持人又问，"你想如何帮助他？"他毫不犹豫地回答："我会捐款！"怎么可能是他呢？懒散，冷漠，甚至无情，怎么今天……不会是开玩笑吧！可是他说得坚定而诚恳。短短的两句话居然打动了我。我不得不开始问自己是否对他太早下结论？是否对他了解不够？是否……难道说是校长在国旗下讲的一个小故事打动了孩子的心？而孩子的一个小心愿也感动了我？这次的国旗下课堂成了我和他之间的一个契机，我开始关注国旗下课堂，令人惊喜的是几乎每一次国旗下课堂都冲击着我固守的教学理念，让我不得不反复思考，不断改进，而这种可喜的变化却也发生在那个原本看似不可能再有进步的他身上。

因为和他有了第一次心灵的碰撞，我开始试着转变自己的态度，也许是因为开学初先入为主的印象影响了我对他的感觉，所以之前的想法全部清零，一切重新开始！于是我对他有了更多的耐心、细心和关心，可是一周下来收获甚微。我发现他上课不是不听，而是根本听不懂，作业不是不做，而是根本不会做。于是我计划着为他量身布置作业，上课的时候也把最简单的问题留给他，可是计划容易，实施起来却很难，我开始考虑计划种种不可行的理由。正当我想放弃这个计划的时候，第五周的国旗下课堂给了我一剂强心针。这次的主题是"just do it"！说得好，不如做得好！没有尝试，又怎么知道会失败？而成功的丰碑不正是一次又一次的失败铸成的吗？既然都想到了，为什么不付诸行动呢？我把这句话放进了 QQ 签名中，用来时刻提醒自己。也许是他感受到了我对他的用心，课堂上他讲小话的时候少了，作业缺交的次数也少了，原来心动真的不如行动啊。

小学生的持久性和受挫性真的很差，刚有了一点起色，一次单元考试的彻底失败，又把他打回原形了。每天一副无所畏惧的样子。老办法是行不通了，新办法也想不出来了。还是放弃了吧，他自己都放弃了，这一次我真的累了。不知道这周的国旗下课堂是什么？不清楚从什么时候开始，我开始盼望国旗下课堂了。"你竭尽全力了吗？"这一周的主题仿佛是为我们量身定做的！我看了他的国旗下感想，原来他也想有进步，也对这句话深有感触。那天放学后，我们聊得很晚，他说他也很想做好，只是很多时候都控制不住。我说要战胜自己真的很难，有时候我们总觉得自己够努力了，可是看看别人为什么在同等条件下能做得更好？那是因为相比之下，我们真的没有全力以赴。他说老师，我会记住李校长说的话，也会记住你说的话，以后一定会尽力赶上的。我轻轻地拍着他的肩膀，然后重重地点点头。

接下来的日子里，我经常把课文里的重点词句，打印出来给他，把知识点化难为易，一点点地帮助他记忆，鼓励他背诵，虽然很辛苦，虽然他还是时而想偷懒，但是我们最终坚持了下来。经过半个多学期的努力，他的期末考试成绩从期中的 30 多分，一下上了及格线。我高兴地给了他一个大大的拥抱，看着他得意而自信的表情，我知道我做到了李校长在国旗下课堂中说的"用行动成人之美"！我成就了一颗心灵！现在的他不仅上课遵守纪律，还能主动记笔记。每次作业都按时完成，而且还参加校田径队的训练，对老师和同学的态度也温顺柔和了很多。他像一朵迟开的玫瑰，渐渐吐露芬芳。而我也对自己的教育生涯有了更深刻的认识。现在的我少了点软弱，多了份执著，少了点抱怨，多了份豁达，少了点愤怒，多了份幽默。

从不置可否到充满期待，短短半个学期，我对国旗下课堂有了很大的改观。希拉里的宽容和幽默，富兰克林的正视缺点、追求进步，滨海小学海之声合唱团的奋斗历程，哈佛女孩朱成的只追前一名，这些看似简短的小故事，却隐含着深刻的大智慧，它像春夜的细雨，悄然滋润着孩子们的心灵，又像黑暗中的明灯，当我失败困惑想要放弃的时候，为我点燃希望，指明方向。期待下一周的国旗下课堂！

【专家点评】

学校转型性变革呼唤校长的价值领导力

提升校长领导力，培养教育家型校长成为当下教育变革的主流声音。校长领导力的构成要素以及教育家型校长必备的素质也成为研究和讨论的热点。学校的国旗下课堂的实践启示我们：校长领导力中一个必备的要素应该是校长的价值领导力，这也是一个校长能推动学校转型性变革所必需的能力。价值观是学校文化的核心和前提。校长的价值领导力，即校长对某一核心价值的理解、运用、转化和创造的能力。其中的关键词是"转化"。在我看来，校长的价值领导力至少包括以下几个方面。

一是对社会主流价值的理解力和把握力。校长的一个重大责任就是把握时代发展的脉搏，把社会的核心价值、主流价值通过学校传递给我们的下一代。学校以"珍视童年价值"为前提，尊重学生个体的差异和个性化的选择，这种做法正是体现了李唯校长对民主、公平、自主、尊严等当代社会主流价值观的尊重。

二是对当代基础教育改革中主流价值的选择力和执行力。在改革的时代，校长必须在多种价值取向中作出选择。李唯校长正是在凝练学校办学理念的过程中，选择了当代基础教育的主流价值——培育生命自觉，将其作为学校的办学理念，进而转化成为全校师生的自觉实践。

三是对本校主流价值的提炼力和变革力。一个校长进入一所学校后有两大任务：第一个任务是要承接学校的传统，不要做革命性的改革家，不要匆匆忙忙就颠覆和否定传统，因为没有传统就没有根基。第二个任务是在传统的基础上再造新传统，这个过程体现的就是校长对本校主流价值的提炼和引领。滨海小学作为一个新建学校，表面上看起来没有来自传统方面的压力，但李唯校长在办学过程中充分尊重了学校所在社区的教育传统，并在此基础上结合新的教育理念提出了学校的办学理念，这样也就形成了学校的新传统，成为学校发展的指挥棒。

四是对主流价值的渗透力和转化力。校长的价值领导力最终体现为对学校确立的主流价值的渗透力和转化力，体现为"文以化之"或"以文化之"的能力。这在校长价值领导力中是最核心、最重要、最关键的因素。渗透和转化可以有多种途径，包括制度化、环境化、课程化等。李唯校长将"培育生命自觉"的主流价值转化成学校日常实践的方式之一就是课程化，因此她力主创设了国旗下课堂这一校本课程，通过课程化的方式将学校的办学理念渗透和转化到了全校师生的观念和日常行为中。

（李政涛）

（二）铸造特色文化

富兰说，"重大的改革不是在实施单向的革新，它是在变革学校的文化与结构"。学校改革的落脚点就是要实现学校文化的变革，因为文化解释着我们的生活方式。改革如果只以成果的方式呈现——如学校实现了多少课题，学校完成了多少活动，学校争取到多少经费——显然改革还没有扎根、入心，它只是告诉我们在做，但是做的效果如何还没有完全显现出来，这样的效果具有多少的延续性还不能确定，教师和学生心中新添的东西有多少难以衡量。简单来说，改革不落实到我们的行为方式中来，就总让我们不踏实。形成新的学校文化，就是要变革我们的行为方式。行为方式的变革起始于我们的价值观和思想观念，而价值观和思想观念又正好是文化的核心内容。无论是教师，还是学生，或者是学校领导，只有从旧有的教育观念转变为新的教育观念，才能实现自己行为方式的转变。

滨海小学的变革最终要落实到文化变革上来，铸造学校的特色文化。普通变革到文化变革，相距很近，也很遥远。说很近，是因为学校一般变革，本身就是学校的一种行为方式，它本身就在履行自己的职责，应该怎么做，实际怎么做，都能够在一般变革中有所展现，而且，一般变革本身就是文化形成的一个过程，在实践中收获、稳固和发展；说很远，是因为一般变革如果不在同一目标的指引下，以学校历史为基础，不能够对复杂多样的变革类型进行整理和沉淀，那么变革就会成为任务，来了就做，做完就丢，没有效果，也不会长久。

对一般变革和文化变革进行比较思考，是滨海小学在踏上变革之路之初就始终坚持的。我们始终认为，从文化角度来思考学校变革更加具有针对性和时效性，是学校变革的重要视角，是真正实现学校变革的必经之路，这也是国旗下课程的出发点和落脚点。从一般变革走向文化变革需要满足以下几个条件。

首先，变革的重心放在人和人的观念上。一般变革的重心不在人，而在物，不在心，而在事。一般变革强调显见的物件，可以衡量的，可以目睹的，时效性强的，一般变革把中心放在立竿见影的物和事上，所以，一般变革似乎显得比较忙乱，学校的设备多了，硬件设施多了，建筑漂亮了，设施也齐全了，但是功能却发挥得一般；另外，学校的课题多了，支持的经费多了，建立的工作室多了，但是盘活学校的事情却不多，相互之间的联系非常少。从学校的一般变革转向学校的文化变革，就要实现重心转移，学校变革的重心是人的变革，要实现人的观念的转变，实现人的行为方式的转变。滨海小学坚持学校的文化变革，坚持学校的办学目标，"学生健康成长，教师幸福工作，学校优质示范"，把学生和教师放在学校变革的重心地位，实现教师和学生的观念转变和行为转变。

其次，变革更加强调整体性。学校的一般变革其实并不能称其为变革，因为这只是在做事，事与事之间缺乏内在的联系，没有相互的沟通和呼应，每一次变革都指向一个独立的方向，每一次变革都单独为营，所以，它们之间不能形成一个整体，没有形成合力，甚至相互之间是抵触的，反映在教师和学生上，就是师生都难以明白学校的变革究竟指向何方，学校的变革究竟走到哪里去，自己应该怎么做也就模糊不清。而学校的文化变革，必须强调整体性，强调它们之间的联系和内在一致性。这说明，文化变革视角中的学校变革是一个系统工程，它不是对学校某一方面的小修小补，它的步骤可能比较小，但是它的每一步都指向统一的目标，举措之间都可以相互解释。

最后，变革更加强调连续性。学校的一般变革因为并不注重整体性，没有从系统工程的角度来考虑学校的转型，所以，每一次变革都是一个新的尝试，每一次变革都是一个新的开始，它总在开始，但似乎永远没有前进，就是因为每次尝试都是中断的，下一次变革并没有紧接着上一次的成果继续前进。学校的文化变革则不同，文化变革都有一个明确的目标，也是统一的目标。文化变革要转变的是人的生活方式、行为方式，所以它必须具有一定的持久性和连续性，才能形成新的行为方式。一个人的行为方式要发生转变必须有持续的刺激、变化和坚持。学校文化变革往往是一个系统工程，而且是一个长久的工程，它不会在一时半刻之间完成，学校如果在不同的变革类型之间来回辗转反复的话，并不足以形成新的行为方式。所以说，学校的文化变革更加强调变革的连续性。

我们也是从文化变革的视角来解读国旗下课程的，从文化变革的视角来安排、设计和发展国旗下课程的。国旗下课程本身就是一个长期的实践形式，它具有连续性；其次，国旗下课程非常强调整体性，这种整体性一是来自国旗下课程内部，保持内部所有内容的一致性，二是国旗下课程同外部的学校其他变革的一致性；最后，国旗下课程一直都把教师和学生放在课程的重心上，着力促进教师的专业发展和学生的健康成长，始终围绕生命这一话题来展开。概括来讲，国旗下课程已经初步促进了学校三种文化的形成。

1. 国旗下课程促进学校的学习性文化的形成

国旗下课程把学生和教师都视为一个发展中的个体，这也和终身学习的教育理念相符合，人必须通过终身学习才能适应社会的发展。国旗下课程的开展能够激发学生和教师的学习兴趣，对于自己感兴趣的学习内容，个体的学习将会更加主动，对于同自身发展关系密切的知识，个体的学习才会更加积极。所以，国旗下课程把调动学生和教师学习的积极性作为出发点的第一步，使教师和学生对学习形成正确的认识，能够把学习视为生存的必备条件之一。同时，国旗下课程不仅强调学习的重要性，更强调学习方法的重要性，鼓励学生和教师的自学、互学、助学。

学习成为学生和教师的行为方式，成为他们生活中必不可少的一部分，这对于学校的发展来说至关重要，因为它使学习真正成为学生个体的、教师自身的事情，能够不在约束和框架之中展开，成为个体发展的需求。国旗下课程一直强调，让教师和学生自己说话，让他们自己找材料，让他们来告诉自己。其目的就是不仅让学生和教师爱上学习，更重要的是让他们学会学习，正如在《学会生存》中所强调的那样，学会学习是我们的生存技能。

爱上学习，认识到学习的重要性；学会学习，体会到学习的乐趣。国旗下课程本身就在做这样的工作，不仅是校长，还有学校的所有其他教师和学生，都应该在共同的任务里面，在同样的号召下，为了共同的目标一起努力。形成一个学习的氛围，滨海小学本身也会成为一个学习的天堂。我们的目的就是要让滨海小学充盈书香气息，创造一个乐学、善学的氛围，学生能够在其中受到熏陶，形成学习的校园文化，使学生和教师能够自觉地融入到学习中去。当然，学习型学校也一定是一个具有生命自觉精神的学校，这里的学生和教师都是具有生命自觉意识的生命体。

2. 国旗下课程促进学校的研究性文化的形成

国旗下课程本身就是一个待探索的课题，是一种校本研究。所以，国旗下课程促进了学校研究性文化的形成。国旗下课程的话题不充分，那么就寻找相关话题；国旗下课程的讨论无法展开，就思考为何存在这样的问题，又该如何展开；国旗下课程还太过局限，那么就去考虑如何保持国旗下课程的开放性，如何生成开放的局面。

教师是国旗下课程的研究主体，他们不但要面对新的课程组织形式，更重要的是形成自己的看法与思路，他们总会遇到困难，如知识方面的、技巧方面的。他们在学习的过程中思考，像对待一个研究内容那样分析、思考、展开实践、总结、反思、再实践。研究进入教师的教学工作中，使教师在实际的工作中不断掌握研究的方法，并能够把研究视为自己工作与发展的重要内容。这也是国旗下课程的目的之一，让教师能够在研究中展开自己的工作，让教师始终持研究的态度，转变传统的一线教师不可能进行研究的古老看法，在实践中研究，通过研究来指导实践。鼓励他们，并指导他们，然后通过国旗下课程来检验他们。这也是国旗下课程促进教师专业发展的重要成果。

学生也是国旗下课程的研究者。他们既是被研究的对象，也是研究者。国旗下课程不但陈述话题，也提出问题。问题的解答需要学生查阅资料、理清思路、表达观点、形成结论。他们是在做一项研究，并没有一个统一的答案，或者即使有统一的答案，也有很多不同的路径可以到达那里。学生就是要找到这个路径和答案，并给出自己的理由与说法。学生的研究精神从小学阶段就需要培养，使他们能够自己组织自己的思维，组织自己的活动，形成一个统一的、整体的解决方案，并付诸实践。小学阶段的这种研究精神对于学生以后的发展以及研究学习都有很大的帮助。

3. 国旗下课程促进学校合作性文化的形成

国旗下课程的开展本身是合作的结晶和成果，它鼓励学校内部的合作以及学校外部的合作。学校内部的合作包括学生之间的合作、教师之间的合作和师生之间的合作。学生和学生之间需要共同合作完成一个话题的讨论，资料的搜集往往是多人合作的结果。同学之间的合作有利于友谊的培养和形成，也有助于学生掌握交往的技能和沟通的技巧，能够形成正确的价值观，提高自己的协作能力，培养学生的团队合作精神。对教师而言，教师之间的合作是教师专业发展的重要途径。教师既可以就专业知识进行讨论和相互学习，也可以就教学技巧进行研讨和学习，国旗下课程成了教师之间交流沟通的桥梁。他们往往也是教师科组研讨的重要内容，有助于教师科组文化的形成和发展。师生之间的合作则是国旗下课程开展的重要保障，当然也是它的主要内容。师生合作的效果决定了国旗下课程的效果。

校外合作主要是学校和家庭的合作，把家庭纳入国旗下课程扩大了教育的参与范围，使学校和家庭建立良好的合作关系，让家庭不仅同学校保持联系，更重要的是让家庭也承担起教育学生的责任，共同促进学生的健康成长。

【案例一】同一个学校，同一个梦想（李唯）

老师们，同学们：

早上好！

今天是新学期的第一天，我们全校师生聚集在崭新的升旗台前举行升旗仪式，我的心情格外激动。这个学期，我们滨海大家庭又增添了近500名新的家庭成员，让我们以热烈的掌声欢迎他们，祝他们在滨海学习、工作愉快！

昨天我在五（2）班的板报上看到这样一句话：同一个学校，同一个梦想。我觉得他们说得真好，所以我把今天国旗下讲话的题目定为：同一个学校，同一个梦想。

是的，我们每一个滨海人都怀着同样的梦想，我想那就是：学生都能健康成长，教师都能幸福工作。有一天我们会为曾经在滨海学习过、工作过而骄傲、而自豪！

但是梦想是要靠坚持不懈地努力才能实现的。在新学期里，我希望同学们能从以下几方面努力：

1. 做一个身心健康的人。爱护环境，讲究卫生，不带零食和饮料到学校来吃，积极参加学校的社团活动，勤于锻炼，每天保持好心情，才能使自己更加健康。

2. 做一个懂得尊重的人。不仅要尊重师长，还要尊重同学，尤其要懂得尊重爱护小弟弟、小妹妹，团结友爱。我们还要懂得尊重班规、校规。不在学校里、教室里追逐打闹，不说伤人的话。师生之间互相尊重，同学之间和睦相处。一个懂得尊重的人，才是一个真正富有爱心的人。

3. 做一个诚实守信的人。自己的事情自己做，不会做的作业要问老师，要想办法弄懂，而不是去抄同学的作业；做了错事，要勇于承认，不能为了怕批评找借口、说谎话。承诺要做到的事情就要努力做到。承诺了要好好学习，承诺了不打游戏机就要努力做到。

4. 做一个勇于负责的人。每天上学不迟到，上课认真听讲，按时完成作业，做好值日生的工作，都是勇于为自己负责的表现。同学们，我们的升旗台的底座上镌刻了这样一句话：为中华之崛起而读书。作为学生，努力读书，长大报效祖国，是我们应尽的责任。

同学们，只要我们谨记"健康、尊重、诚信、责任"，我们就一定可以实现我们的梦想。同学们，只有看到你们健康的成长，老师们才能体会到辛勤工作的幸福。

同一个学校，同一个梦想！老师们，同学们，让我们为我们共同的梦想一起努力吧！

谢谢大家！

2008 年 9 月 1 日

【案例二】朝着同一个方向奔跑（谢伟）

开学初，李唯校长以"同一个学校，同一个梦想"为题作了新学期寄语。是的，我们每一位滨海人都怀着一个同样的梦想，那就是：学生都能健康成长，教师都能幸福工作。这些年来，我们滨海人为着同一个目标努力，朝着同一个方向奔跑，一起见证这所年轻学校的成长，一起分享这所教育名校的荣光……

记得那是第一次带六年级毕业班，同时那也是滨海小学的第一届毕业生，我深知肩上的担子有多重。每天我花大量的时间和孩子们在一起，我和他们谈心，我给学习暂时还没跟上的同学补习功课，我希望我的努力能感染到孩子们，我也以为我和孩子们是心连心的，他们已经具有生命自觉意识，能主动学习。可是，那个星期，我出差了，回来得到的消息却让我非常失望，孩子们并不自觉，上课纪律不好，布置的作业不能按时完成，卫生没有做完，劳动工具摆了一地，人就已经走了……回到深圳的当晚，从电话里听到班长气愤的声音，我的泪水无声落下，我感到特别无助，我觉得自己已经尽力了，孩子们却依然没有改变。我提起笔给校长写信，写我的无助、无奈，希望从校长那儿得到一丝慰藉。可是却惊讶地发现李校长竟然将此事在第二周的国旗下讲话中特别提出，她对六年级的孩子们说，你们的老师为了你们真的付出了很多，希望六年级的同学能够努力学习，争做生命自觉的学生。更让我没想到的是，当天下午的班会课，李校长竟然来到班上亲自主持我们班的这次班队会课。那一节课，让我永生难忘。我相信，对于那个班的每个孩子来说，也是永远无法忘记的。校长那天说了什么我不记得了，只记得自己感动得泪流满面，只记得孩子们一个个站起来，跟我说"老师，请相信我，请相信我们，我们一定会努力的"。从那节课以后，孩子们像突然长大了一样，变得乖巧、懂事，学习也异常主动自觉起来。我想，如果不是为了那同样的梦想，校长怎需这样劳神费力，而我也不需付出如此这般的心血。

有人说，在滨海小学是累并幸福着。是的，我深有同感，一年一度为期三天的缤纷节、每年的六一儿童节的"快乐的和声"、毕业典礼、社团……为了让孩子们能够在活动中玩，在玩中体验，在玩中享受童年，老师们精心策划，精心指导，虽然付出很多，确实比较辛苦，但看着孩子在活动中灿烂的笑容，幸福总在心中荡漾……

记得那是第二届毕业生，已经考完试，快要毕业典礼了，校长突然召集毕业班的老师到学校外操场开会，我们一路狐疑来到外操场，才得知，校长想给毕业班的孩子办一次毕业典礼。她说："从来没有一个小学为她的毕业生举办毕业典礼，但是对于小学生来说，小学是他们待得最长的学校，也可以说是他们成长的摇篮，这里留下了他们成长的足迹，一定要有一个与众不同的仪式，让他们记住这所学校，让他们记住这所学校带给他们的温暖。"于是，仅有的两天里，我们做方案，给孩子写台词，排练节目，请家长，做道具……每天忙到深夜才能拖着腰酸背痛的身体回到家。可是毕业典礼当天的场景却让我们忘记了所有的疲劳，当孩子们在舞台上深情地一遍遍感谢着老师们对他们的付出，当孩子们手拉着手穿过由气球和鲜花编成的七色拱桥——与老师们拥抱告别时，当会议结束后，孩子们依然拉着老师的手不愿意离开时，在场的家长、老师、来宾无不落泪。我相信，这对孩子们来说，是一次感恩之旅，是一次激荡心灵之旅，而对老师们来说，无论多么辛苦，一切都是值得的。

一路走来，为什么我们的脚步如此轻快，为什么我们的目光如此坚毅？因为，我们心里怀揣同一个梦想；因为，我们从未忘记出发的原因，从未迷失前行的方向！

【案例三】滨海，梦想的家园（罗云梅）

记得那一年，当李校长兴奋地驱车带我到创业一路的时候，校园，还只是海风中那一处圈了围墙的空地，和纵横堆积的一些建材。这个连名字都还没有的学校，却让当时的李校激情澎湃。站在车边，翻飞的长发掩映不住她的憧憬，她神采飞扬地对我勾勒着学校未来的模样。

一年后，这所年轻的学校，已经蜚声宝安新中心区，新闻报道如风一般席卷深圳。

两年后，居然有朋友向我打听如何才能申请子女到滨海就读。也是那一年，我来到了滨海。

记忆犹新的是，刚来就被召集培训了一场。接到通知时我还纳闷，都老教师了，有什么还要念叨的呢？呵呵，去了之后才知道，这学校，连教师平时的反思和教案，封面和内容的文字字体、字号、间距，都有严格规定。一直到了后来，优质化评估需要提交各类教学资料的时候，大家非常迅速而且规范地递交了历史资料，那时候，我不由得在心里暗暗赞叹，未雨绸缪，果然厉害！

那时候的我，已经年近 40。滨海的教师们，却都是那么年轻，那么朝气蓬勃。正在暗自嗟叹的时候，却接到了学校让我开区级公开课的通知。我惊讶且惶恐，能吗？行吗？在这次准备中，才体会到滨海的团队是如此强大。语文组淑萍多次组织大家听课和锤炼课程细节，计算机组的春燕、红兵，协助处理课件的音像文件一直到凌晨两点。而滨海的感召力也如此惊人，连教科培也过来试听和提意见。最后电视台的直播，学生和听课教师的感动，已经不在意料之外了。因为那时候我已经明白，那已经不是我一个人在讲课，是滨海借一个教师的实体，在展示着整个学校的实力！

也还记得，学校里有一个年轻而羞涩的女孩，是一个应届毕业的新教师。她默默工作，从不张扬。但是教师会上，校长却大大表扬了她的合作、吃苦和脚踏实地。在会场上，侧面看到女孩又一次因害羞而涨红的脸颊时，我体会到了女孩被认可的感动。

更有意思的是，学校每一次活动，大家都那么投入。每逢节假日，除了学生有文艺汇演，教师团体也不例外。每个小组都激情澎湃。聪慧的虹霖居然跑去摘了很多绿藤做成野战军帽。当红头绳绿草帽一身军装还带大旗帜飘扬，这小组一出场，全场哗然。也记得还有的小组准备得非常充分，但是评分略低，组长大人居然现场大哭。泪也罢，笑也好，点点滴滴记载了滨海的激情。更有曾昭曙一首慷慨的《虞姬啊虞姬》，令无数新兵竞折腰。那样的字正腔圆，那样的荡气回肠，让语文组的明超几乎着魔，每天走进走出办公室，都会学曾老师的语气突然吼一句："江山而已！社稷而已！"绕梁三日而不绝！

这就是滨海，她不让任何一个教师落寞，无论你的年龄，你的资历。滨海欣赏你，让你找到你自己的位置；滨海引诱你，让你的才思泉涌；滨海磨砺你，让你觉得疼。但是，你可以在这里成为珍珠。

写下这些文字的时候，我已经远在大洋彼岸。可我怎会忘记，我的新房曾经在滨海，那里聚集了那么多同事的爱心和真诚的笑脸。现在，虽然新移民的苦恼期已过，事业顺利，心情和花一样美好，但是如果有机会，我还想问一问那个在心里翻腾了 100 次的问题：李校，我还可以回去吗？

班上的孩子，总是亮亮地闪着 QQ 头像在等我。而我总是潜水，生怕一冒泡，就被孩子们淹没了。可是有一天不小心闪了头像，马上有孩子快乐地说：

老师，我是马逸颖，您在啊？

是的。（躲不掉了啦。）

老师，您什么时候回来？

嗯，大概，也许……在计划中。（无法回答，女儿还在高考中。于是反问……）每年还是有缤纷节吗？

对呀，每年都有呢。

开心吗？

每年都不一样，很新颖。嗯，很开心。

李校长每周一还有国旗下的讲话吗？

对呀，都是在鼓励我们。

哦，那多好啊。李校长还是那么漂亮吗？

对呀，校长还是那么漂亮，学校变化也很大，也很漂亮哦。老师您什么时候回来？……

（2011年10月28日写于芝加哥。）

【专家点评】

学校的深层变革应该是文化变革

对于一所学校而言，学校变革的表现可以有多个方面，制度更新、环境更新、课程更新甚至师资更新都是其表现。但是，从根本上说，在根基处推动学校变革的是学校的文化，因此，学校变革的深层应该是文化变革。

那么，什么是学校文化？学校文化即学校师生和领导者有特色的生活方式，有特色的价值观、思维方式和行为方式。创建一种学校文化，就是要创建一种校长理想的有特色的生活方式；推进学校文化变革，就是要改变学校中人的生活方式，这是一项艰难的事业。

纵观国旗下课堂，我们发现，李唯校长和学校管理者所要做的工作正是以推动学校文化变革的方式来从根本上推进学校变革。看到国旗下课程中一篇篇语重心长的演讲，看到学生们、老师们发自内心的困惑、反思以及坚定的决心，我们也看到了学校文化变革的成功。

其一，师生的价值观变了。从国旗下课堂中我们看到，"珍视童年价值"已经成为管理者和教师认同的价值，尊重儿童个体差异已经成为他们共同的准则；"培育生命自觉"更是他们笃信的理念，也是他们身体力行并极力引导学生要达到的境界。这种价值观上的转变带来了学校整体氛围和文化的更新，反过来又从根本上推动了学校的快速发展。

其二，思维方式变了。学校管理者和教师在"培育生命自觉"理念的引领下，自身的思维方式也发生了显著的变化。学校的规划、规章制度、教育教学等各方面的设计和思考不再是只针对眼前，而是有了更长远的眼光，教师的教学也不再是割裂的知识传递，而是将知识讲授与育人价值开发相结合，一切以培育学生生命自觉为归宿。

其三，行为方式变了。行为是价值观的外显，价值观的变化必然带来行为方式的变化。在学校，做事积极主动成为每位教师内在的行为准则。他们自发组建教师共同体，主动分享教学和阅读的收获，自觉将生命自觉的理念转化到自己的日常教育教学中。这些点点滴滴的变化带来的是学校整体的质的提升。

从文化变革的角度来看，成功的文化变革的特征在于：改革参与者旧的生存方式已经提升为新的生存方式，这意味着改革的理念已经内化，变成了改革者价值观的一部分，变成其思维方式的一部分，从此以后，他将以新的眼光和视角来看他人之事和自己之事。同时也意味着，改革追求的文化精神已经变成了改革者的行为，即实现了理念的外在化。通过内化和外化的循环反复，促使改革者的思想和行为不断迈入更高的境界。更重要的是，这种新的生存方式会变成改革者日常习惯的一部分，因此稳定下来，并带动后来的改革参与者习惯于在新的生存方式下、新的工作框架内工作。

以此来看学校的变革实践，我们也可以说，学校已经从文化变革的意义上实现了转型性变革。相信这种文化变革的成功也必然会对学校今后的发展起到决定性的作用，必然会带动滨海小学走向追求生命自觉的新境界。

（李政涛）

第五章　国旗下课程展望

至此我已从学生成长、教师发展和学校变革三个角度对国旗下课程进行了详尽的阐述。在写作的过程中，我不仅重新整理了自己的思路，对过去走过的路进行了总结和反思，使心中的想法和实践中的做法都更加澄明，而且也产生了一些新的想法和新的观点。从这个意义上来说，写作的过程就不仅仅是一个对过去的复述过程，它本身就是一个创造的过程。

把过去的路程和经验记述下来并不是改革的终点，因为真正成功的改革都是立足脚下，并看着远方的，改革一旦停止，就必然走向衰败。我想，能够总结过去的经验是一种收获，而对过去的经验进行反思，找到其中存在问题也显得非常紧迫，这也是我这一章着力要做的事情：对国旗下课程进行反思，找到实践中存在的问题，并对未来的发展提出建议和展望。

一、存在的问题

国旗下课程从产生之日起就与问题相伴而生，和所有新生事物一样，在它成长的最初阶段，总是表现出这样那样的问题，但问题本身并不可怕，可怕的是漠视问题。国旗下课程存在的问题有的是因为缺乏经验而导致，也有的是因为实施过程出现的新情况，还有的是因为学校在整体把握上出现问题。我把存在的问题概括为四个方面（当然，这里的问题并不具体指向国旗下课程，还包括国旗下课程的改革之路）。

首先，尝试多而反思少。改革的最初阶段容易犯的错误并非尝试不够，或者不尽力，而是做得多而想得少。做的多是值得肯定的，但是过多的做往往意味着反思过少，也就难免盲目。在国旗下课程的发展过程中，也出现这一问题。学校从开始着手国旗下课程到现在，做了很多新的尝试，如对国旗下课程的话题选择进行新的尝试，加入教师与学生的研讨环节，加入家长和学生的研讨环节，等等。但是，我们缺少了对这些尝试的反思，并没有深入分析这些尝试的效果如何，效果产生的原因何在，所以更不会去思考是否有更好的举措代替现行的这些方法。缺少反思，也就缺少总结，缺少一个风险评估机制，缺乏一个反馈机制，不可能对现在的改革作出调整。往前走的时候多，回头看的少，但是改革的过程中我们需要时不时地往回看，以避免迷失自己，以避免走错方向。

其次，内容多而结晶少。发展的过程应该成为一个产出和结晶的过程，对学校教育改革而言，更是如此。无论是教师，还是学生，都希望在改革的过程中看到自己努力的痕迹，最好的方式莫过于以结晶的方式把我们的成果呈现出来，把过去的经验以文本的形式呈现出来。结晶的过程既是一个总结反思的过程，也是一个自我肯定、自我鼓励和自我期许的过程，同时也是一个再创造的过程。

国旗下课程走过这几年，无论从规模还是内容上来说，都扩大了很多，新的话题也在不断增加进来，但是学校还没有在这些内容上做进一步的思考和沉淀，没有将其通过文本课程的方式总结开发出来，没有对所有国旗下课程的内容进行整理，而现在迫切地需要这样的结晶作为改革的阶段性成果，为学校、教师和学生提供一个可供掌握的资料，这也是学校现阶段需要着力解决的问题。

最后，活动多而整合少。在改革的最初阶段，我们希望通过活动来使全校师生参与进来，活动容易带动改革，使改革找到抓手，活动也适合我们进行尝试。滨海小学在建校的这几年，非常重视活动，强调学生和教师的参与，也举办了很多活动，有的活动甚至已经固定下来，形成一种日子还不长的"传统"，也逐步展现出滨海特色，如"缤纷节"等。

但是，增加活动并不是改革的目的，改革是为了形成一个更为完善的结构，形成一套更加完美的制度，我们是通过活动走向目的，活动只是我们的过程和路径。因此，活动最终都必须在一个统一的目标下面运作。但是，滨海小学这几年的改革依然存在活动多而整合少的现象，当然这和学校所处的发展阶段有关，也和我们所做的反思不够有关，而现阶段的任务就是对活动进行反思，从整体的角度思考问题。

国旗下课程在前期的发展过程中，思考自身比较多，内容增添比较多，但是它还没有融入我们学校的整体发展中，或者说融合得还不够好，而且也没有同学校其他创新举措（如缤纷节、国学朗诵、学校运动会等）进行联系、沟通和整合。这也是我们在今后对国旗下课程以及所有学校改革进行思考的重要方面，使国旗下课程能够在整个学校改革中找到自己的定位，使国旗下课程和其他学校活动联系起来，使国旗下课程在学校的活动整合中找到自己的新的发展源泉。

二、发展建议

任何课程编制大抵离不开三项基本原则：传承和发展人类文化遗产；回应社会现实；满足儿童发展的需求。国旗下课程既然也要从课程的视角找到发展的灵感，那么，它自然也应该符合这三项基本原则。我认为滨海小学国旗下课程也完全符合这三项要求。它是在传统的国旗下讲话的基础上演变而来的，具有非常浓厚的传统气息，而且对传统的文化与人类遗产都进行很好的传播和宣扬；在传承和发展人类文化遗产的同时，国旗下课程也没有忘记对社会现实进行回应，其实对社会现实的回应本身就是国旗下课程形成和发展的动力；另外，国旗下课程坚持儿童立场，着力培育儿童生命自觉，这也是滨海小学的教育理念。所以，国旗下课程具有自己的价值，也发挥着自己的作用，在滨海小学的整个教育教学中占据独特的地位。

根据前文对国旗下课程存在问题的反思，提出下面几条建议，作为未来滨海小学国旗下课程努力的方向。

第一，提高师生和家长的参与度。

师生和家长的参与对于教育的成功至关重要，前面的论述中也不断提到教师、学生和家长的参与。参与不仅可以提高教师、学生和家长的能力，促进他们自身的发展，还可以增加他们对于学校发展的深入了解，能够更加自觉地投入到自己的、他人和学校的发展中去。当然，参与度也是国旗下课程的要求之一。但是，就目前的发展来看，师生和家长的参与还不充分，参与的途径还比较单一。因此，国旗下课程的改革必须继续加大学生、教师和家长的参与度。在教师层面，希望能够让教师就自己感兴趣的话题、自己擅长的话题进行演讲。周一国旗下讲话的内容再一次从我这里继续回归到教师手里，我会继续自己的演讲，而教师们也应该参与进来。其实教师的力量非常强大，他们既可以提供比我个人提供的更为丰富的内容，也可以增强教师的自信心。当然我也可以从中超脱出来，既是一个参与者，也是一个观察者和组织者。对学生而言，有两个重要的场合可以加强他们的参与。一是在班会上，通过班会活动围绕国旗下话题进行讨论，甚至辩论。当然，这里的形式可以是多种多样的，关键是要引起学生的思考，使学生在讨论与反思中获得认识，增强他们的理解。二是家庭小讨论，家庭或许是一个学校比较难接触和观察的场所，但是我们可以要求学生对父母的观点进行梳理和总结，对自己和父母的观点进行对比，形成总结报告，并以文本的形式向班级提交，向学校汇报，我想这是完全可以做到的；还有就是家长，我们会要求家长对国旗下话题发表自己的意见和看法，形成文本字样，不仅仅是说同意或者不同意，关键是指出其中的原因和道理，并可以提出一些方法、技巧和加强学校德育等方面的意见。这样，既在国旗下课程的范围内建立了家长和学生、家长和学校、家长和教师的联系，也为家长参与到学校国旗下课程建设、学校德育建设和学校发展建设中来提供了平台。

第二，对国旗下课程进行扩展，不断丰富国旗下课程。

这里的扩展不是无缘无故地增加新的内容，增加不必要的负担，而是希望继续寻找到国旗下课程新的发展点，并对新的情况做出回应。根据前面的叙述，国旗下课程的扩展包括四个方面，一是时间的扩展，从原先的周一，扩展到一周，甚至一个学期。这里的一周或者一个学期并不是说全部围绕国旗下课程来做，而是说从原先的局限中走出来，对周一的国旗下话题的讨论完全由学生和班级自己选择进行组织，因为它取决于活动的形式，这种解放后的国旗下课程将更加自如，更加自由。另外也可以让学生通过一周的思考、讨论，甚至是实践，来总结自己的经验和结论，然后在下一周向教师提交，这样的思考就会更加的深刻和细致，同时也因为有了一周的实践时间，理解会更加全面。学校也可以通过国旗下课程，以其中某一个话题为主题展开，或者就对整个学期的国旗下课程进行反思，以班级为单位，形成一个国旗下课程学期总结报告，这对于学校的发展、国旗下课程的发展和教师、学生的发展都有好处。二是空间的扩展和人物的扩展。国旗下课程主要是在学校中展开的，也扩展到了家庭，但却将社会以及社会人员排斥在外，或者没有给予足够的考虑。今后的国旗下课程应该在这一方面给予足够的重视。其实，把社会纳入国旗下课程既是因为学校发展离不开社会这一基本道理，也是因为我在周一的国旗下讲话时候的观察，有很多的社会人士在校园的围墙处朝里观看，他们对滨海小学的孩子们充满兴趣，对滨海小学充满兴趣，也对国旗下课程这一形式充满兴趣。兴趣和好奇往往蕴藏了机遇，既然社会的人们这么关注这里，我们为什么不利用这样一种机会去改革我们的国旗下课程呢？把社会纳入国旗下课程扩展了国旗下课程的空间，把社会人员纳入国旗下课程则扩展了国旗下课程的人物。无论是空间扩展，还是人物扩展，都为国旗下课程的发展与丰富增添了新的源泉。我们可以在学校的围墙处设立国旗下课程宣传栏，向社会讲解和宣传滨海小学这一创新举措；同时，也可以围绕国旗下课程所提出的话题让学生进入社区，为社区服务，利用学校的影响力造福社区。这样，就使学校、社区、家庭形成一个良性的互动。

第三，对国旗下课程进行反思和总结，形成一定的文本，如教材等。

前面已经谈到，国旗下课程的反思和总结应该有一个实体，它能够反映滨海小学的成果，而且能够为滨海小学继续开展国旗下课程起到指导作用。围绕国旗下课程进行的尝试这么多，学校完全有能力形成文本。这里的文本类型是多样的，比如，我们可以以校报的形式进行报道，形成一个国旗下课程专项报道，向学校师生进行详细的说明；另外，也可以形成国旗下课程专刊，围绕国旗下课程本身进行讨论，也可以围绕国旗下课程的某一个话题进行讨论，刊登教师、学生，甚至家长的文章和观点；此外，也是我最为看重的，通过对国旗下课程进行反思，形成一个研究系列，并围绕讲话内容构成学校的德育教材（社会生活教材），教材的呈现能够为学校教师和学生展开进一步的学习提供良好的素材和文本，也在课程的发展中踏出了最坚实的一步，教材的内容既可以包括我们所提供的话题，也可以包括话题的展开方式、课程的展开方式、基于的原则、学生的讨论、教师的意见，以及一些相关的课外阅读。教材成型之后，今后的国旗下课程的开展就会更加的有依凭之物了，教师进行国旗下课程也有了参照，还能为以后的发展提供参照。

第四，对国旗下课程进行整合。

对国旗下课程进行整合，进一步完善国旗下课程。整合的过程既是一个做加法的过程，也是一个做减法的过程，关键是要找到一个整合的平台。①在一个共同的、始终如一的教育理念之下展开国旗下课程。滨海小学以"珍视童年价值，培育生命自觉"作为自己的教育理念，那么国旗下课程也应该在这里找到自己的根，能够把所有的课程和内容放在这里进行检验，符合的保留，不符合的删除，以保证国旗下课程有清晰的目的和统一的发展目标。②找到国旗下课程的主线和核心，围绕主线和核心展开。当一个事物的内容不断增多的时候，就需要对其进行梳理，找到它的核心内容，围绕核心展开问题，找到它的主线，通过主线串联问题。国旗下课程的核心是"课程"，所以它的发展和丰富的过程也是围绕课程来做，国旗下课程的主线是"学校—家庭—社区"，所以，我们应该把国旗下课程的内容通过这一主线串联起来，同时，所有新的内容和丰富的东西都应该从这一主线上找到适合自己发挥作用的位置。整合的过程必须使国旗下课程显得更加精练，更加浓缩，它绝不能成为教师和学生的负担，所以，那些重复的话题和没有价值、不能引起学生兴趣的活动都应该从国旗下课程的内容中剔除，一遍可以实现的就不用两遍，两个活动如果都为了发挥同样的目的，而一个又显得更加精简的话，就毫不犹豫地用一个好了。我想，做减法的教育本身充满着魅力和智慧。

第五，把国旗下课程放在整个学校发展中，使学校发展更加系统化。

除了要实现国旗下课程本身的整合之外，也要对整个学校的发展举措进行整合，把国旗下课程放在整个学校系统里面通盘考虑，使学校发展更加的系统化。滨海小学富有特色的活动和社团很多，如缤纷节、国语朗诵会、教师科研工作室、运动会、学生社团、家长教师学生合唱团等，类型多样。学校需要回答国旗下课程应该在其中占据一个什么样的位置，理清国旗下课程和这些活动之间的关系，同时，也要思考国旗下课程能不能促进其他活动的开展，其他活动能不能为国旗下课程带来灵感和动力，弄清它们之间究竟是相互促进的关系，是互不相干的关系，还是相互掣肘的关系，这对于在整体理解国旗下课程非常重要。接下来，学校应该主动在国旗下课程与其他活动之间建立联系，通过这种联系，促进相互的发展，甚至可以融合两者，变两者为一者，使其更加精简。当然，还有一个重要的方面，就是把国旗下课程放在整个学校教育教学中来看，国旗下课程又占据了一个什么样的位置，我们可以思考国旗下课程如何促进常规教学，国旗下课程如何为学校德育工作作贡献，是否可以从国旗下课程出发展开我们的学校德育工作。我想，这些探索都将非常有益。

第六，制定国旗下课程相关制度，使其制度化。

尝试和实验还是要通过制度的形式使其固定下来。把国旗下课程固定下来，制定相应的制度，为所有教师、学生和家长所接受，并内化在他们的行动中。不但让他们参与进来，更让他们觉得这是一件有意义的事情，更让他们觉得这就是滨海的特色，是滨海有别于其他学校的一面旗帜。此外，制度化的国旗下课程可以减少一些组织和管理方面的工作，使我们能够将精力更多地集中在国旗下课程的内容，以及如何促进国旗下课程的发展上。当然，制度也是文化的一个组成部分，一套完善的制度能够为国旗下课程的开展和后续发展提供保障，也为教师、学生和家长提供了行为指南。作为行为方式的文化也在学校制度建设的过程中得到发展，而围绕国旗下课程来促进学校文化的形成正是我们的目的之一。

结　　语

　　写完了围绕国旗下课程的内容，我感到前所未有的舒心，多年来为国旗下课程做一点思考、为学校改革做一次整理的心愿终于实现了。这一工作是否成功、是否完善都不是关键，关键的是我迈出了这一步，而且我自己收获不少。从这个角度来说，从我个人愿望的起步来说，从期待与心愿的释怀来说，我能够安安心心地画上一个句号，而不觉得羞愧。

　　如果要为这一句号再加一点个人的激励和学校的热情的话，是可以的，也是必要的。一个新成长起来的学校，在短短几年的时间里，做着同样一件事，坚持与梦想从开始阶段就弥漫在学校的空气中，贯串整个的成长路程，无论它繁荣也好，遭遇挫折困难也罢，都可以无愧于探索精神。这难道不值得为学校和学校所有人写上一笔吗？为教师书写，为学生书写，为学校的一草一木书写，更重要的是为学校的精神书写。社会进步与教育发展是附着于每一个个体身上的，也寄托于大大小小的集体所从事的大大小小的变革与进步。高山起微尘，当我们能够赋予这些努力以价值的时候，也是自我肯定的起始，是社会豪迈步伐的起始。从这个角度来说，为所有尝试再添一个鲜艳的感叹号是理所应当的。

　　释怀并不代表可以懈怠。正如我所提到的，变革停滞正如不变革，变革如逆水行舟，不日进，则日退，一个死寂的、止步的、自满于现状的学校本身就是在坐以待毙，它憧憬于未来而无行动，满足于过去而不进取，从而把学校的精神从探索与精益求精的维度上拉回到颓废与无所事事的泥沼，学校之魂也委靡的仿似非洲大陆上的饥饿婴儿，正如后者是人类愚蠢的结果，而不是真正缺乏食物的缘故一样，学校之魂的委靡也是学校教育工作者怠惰的结果，而不是缺乏促其成功的机遇。所以说，从事教育者如果是快乐的，它的含义并不是给你解释教育的轻松俏皮，对教育事业中的每个人来说，他在从事一项怎么说重要都不为过的事业，背负着责任与义务的光荣使命。

每每思考到这些，我宁愿给自己多加一点重担，生命不能承受之轻，教育也不能承受之轻，让教育落在更坚实的大地上，从大地的土壤中获取成长之营养。对于改革的每一个阶段，它都不能以"到此为止"这样的轻巧话语一带而过，"到此为止"对教育而言，对教育变革来说难道不是最不负责任的一种行为吗！所以我也希望滨海小学的变革之路不是戛然而止，不是到此一游和不负责任的浅尝辄止，让我们鼓起精神，继续走下去。

这也就提出了新的问题。是的，新问题！无论我们过去走的多么辉煌，未来规划的多么周详备至，对于环境和未来我们还不能说一切尽在我掌控之中，这种无知的豪迈留给别人吧，滨海小学的所有人都应该带着问题赶路。让我们多问问自己：现阶段是哪个阶段，未来的路又在何方？为我们所称颂歌唱的变革会不会如同海面下隐匿的恐怖冰山一样，随时准备撕裂我们变革的航船，给我们致命一击？我们是否带足了兵马粮草，是否有着坚实的精神铠甲，是否坚韧得像个斯巴达勇士，无畏无惧，披荆斩棘？是的，多问问我们自己吧！这也是我要在行文的最后，凝神屏气、庄重而又自信地画上一个问号的原因，作为对于句号和感叹号的回应，让它来指引我们，鞭策与激励我们。

李　唯

2012 年 2 月

摆渡者教师书架（现已出版部分）

丛书名称	主编或作者	书名	定价（元）
大师背影书系	张圣华	《陶行知教育名篇》	24.90
		《陶行知名篇精选》（教师版）	16.80
		《朱自清语文教学经验》	15.80
		《夏丏尊教育名篇》	16.00
		《作文入门》	11.80
		《文章作法》	11.80
		《蔡元培教育名篇》	19.80
		《叶圣陶教育名篇》	17.80
教育寻根丛书	张圣华	《中国人的教育智慧·经典家训版》	49.80
		《过去的教师》	32.80
		《追寻近代教育大师》	29.80
		《中国大教育家》	22.80
杜威教育丛书	单中惠	《杜威教育名篇》	19.80
		《杜威学校》	25.80
		《杜威在华教育讲演》	29.80
班主任工作创新丛书	杨九俊	《班集体问题诊断与建设方略》	19.80
		《班主任教育艺术》	22.80
		《班级活动设计与组织实施》	23.80
新课程教学问题与解决丛书	杨九俊	《新课程教学组织策略与技术》	16.80
		《新课程教学现场与教学细节》	15.00
		《新课程备课新思维》	16.80
		《新课程教学评价方法与设计》	16.80
		《新课程说课、听课与评课》	16.80
新课程课堂诊断丛书	杨九俊	《小学语文课堂诊断》（修订版）	18.60
		《小学数学课堂诊断》（修订版）	18.60
		《小学综合实践活动课堂诊断》	23.60
		《小学品德与生活（品德与社会）课堂诊断》	22.80
名师经验丛书	肖川	《名师备课经验》（语文卷）	25.80
		《名师备课经验》（数学卷）	25.60
		《名师作业设计经验》（语文卷）	25.00
		《名师作业设计经验》（数学卷）	25.00
个性化经验丛书	华应龙	《个性化作业设计经验》（数学卷）	19.80
		《个性化备课经验》（数学卷）	23.80
	于永正	《个性化作业设计经验》（语文卷）	20.60
		《个性化备课经验》（语文卷）	23.00

丛书名称	主编或作者	书　名	定价(元)
深度课堂丛书	《人民教育》编辑部	《小学语文模块备课》	18.00
		《小学数学创新性备课》	18.60
课堂新技巧丛书	郑金洲	《课堂掌控艺术》	17.80
课改新发现丛书	郑金洲	《课改新课型》	19.80
		《学习中的创造》	19.80
		《多彩的学生评价》	26.00
教师成长锦囊丛书	郑金洲	《教师反思的方法》	15.80
校本教研亮点丛书	胡庆芳	《捕捉教师智慧——教师成长档案袋》	19.80
		《校本教研实践创新》	16.80
		《校本教研制度创新》	19.80
		《精彩课堂的预设与生成》	18.00
		《让孩子灵性成长:青少年野外活动教育创新》	20.00
		《联片教研模式创新:一题一课一报告》	23.00
美国教育新干线丛书	胡庆芳	《美国学生课外作业集锦》	35.80
美国中小学读写教学指导译丛	胡庆芳　程可拉	《教会学生记忆》	22.50
		《教会学生写作》	22.50
		《教会学生阅读:方法篇》	25.00
		《教会学生阅读:策略篇》	24.80
提升教师专业实践力译丛	胡庆芳　程可拉	《创造有活力的学校》	22.50
		《有效的课堂管理手册》	24.00
		《有效的课堂教学手册》	32.80
		《有效的课堂指导手册》	24.80
		《有效的教师领导手册》	25.80
		《提升专业实践力:教学的框架》	30.80
		《优化测试,优化教学》	22.50
		《有效的课堂评价手册》	26.80
中小学教师智慧锦囊丛书	费希尔	《初为人师:教你100招》	16.00
	奥勒顿	《把复杂问题变简单——数学教学100招》	17.00
	格里菲思	《精彩的语言教学游戏》	17.00
	墨菲	《历史教学之巧》	18.00
	沃特金　阿伦菲尔特	《100个常用教学技巧》	16.00
	扬	《管理学生行为的有效办法》	16.00
	鲍凯特	《让学生突然变聪明》	17.00
	库兹	《事半功倍教英语》	17.00
	鲍凯特	《这样一想就明白——100招教会思考》	17.00
	海恩斯	《作文教学的100个绝招》	15.00
教育心理	俞国良　宋振韶	《现代教师心理健康教育》	25.80

丛书名称	主编或作者	书　名	定价（元）
教师在研训中成长丛书	胡庆芳　林相标	《校本培训创新：青年教师的视角》	21.80
		《教师专业发展：专长的视野》	21.60
		《听诊英语课堂：教学改进的范例》	31.60
		《提升教师教学实施能力》	22.00
中小学课堂教学改进丛书	胡庆芳　王　洁	《改进英语课堂》	32.80
		《改进科学课堂》	26.00
		《改进语文课堂》	28.00
		《改进数学课堂》	31.00
		《点评课堂：博览教学改进的智慧》	28.00
其他单行本	胡庆芳	《美国教育 360 度》	15.80
	徐建敏　管锡基	《教师科研有问必答》	19.80
	杨桂青	《英美精彩课堂》	17.80
	陶继新	《教育先锋者档案》(教师版)	16.80
	单中惠	《西方教育思想史》	59.80
	孙汉洲	《孔子教做人》	27.90
	丰子恺	《教师日记》	24.80
	陶　林	《家有小豆豆》	27.00
	徐　洁	《教师的心灵温度》	26.50
	赵　徽　荆秀红	《解密高效课堂》	27.00
	赖配根	《新经典课堂》	29.00
	严育洪	《这样教书不累人》	27.00
	管锡基	《中小学综合实践活动课程资源包》	39.80
	孟繁华	《赏识你的学生》	29.80
	申屠待旦	《教育新概念——教师成长的密码》	27.00
	严育洪　管国贤	《让学生灵性成长》	28.00

"新课程教学问题与解决丛书"荣获第七届全国高校出版社优秀畅销书一等奖！

《陶行知教育名篇》荣获第八届全国高校出版社优秀畅销书一等奖！

"大师背影书系"荣获第八届全国高校出版社优秀畅销书二等奖！

《名师作业设计经验》（语文卷）、《名师作业设计经验》（数学卷）、《名师备课经验》（语文卷）荣获第 17 届上海市中小学幼儿园优秀图书三等奖！

《西方教育思想史》荣获全国第二届教育科学优秀成果二等奖（1999）！

在 2006 年全国教师教育优秀课程资源评审中，"新课程教学问题与解决丛书"中的《新课程教学组织策略与技术》《新课程教学现场与教学细节》《新课程备课新思维》和《新课程说课、听课与评课》被认定为新课程通识课推荐使用课程资源，《陶行知教育名篇》被认定为新课程公共教育学推荐使用课程资源，《课改新课型》被认定为新课程通识课优秀课程资源，《小学语文课堂诊断》被认定为新课程语文课优秀课程资源，《小学数学课堂诊断》被认定为新课程数学课推荐使用课程资源！